国际服务贸易
前沿问题研究

Frontiers of Research on
International Trade in Services

○ 蔡宏波 蒙英华 周 密 李宏兵/著

中国财经出版传媒集团
经济科学出版社
Economic Science Press

图书在版编目（CIP）数据

国际服务贸易前沿问题研究/蔡宏波等著 . —北京：经济科学出版社，2016.11（2018.7 重印）
ISBN 978 – 7 – 5141 – 7558 – 5

Ⅰ.①国… Ⅱ.①蔡… Ⅲ.①国际贸易 – 服务贸易 – 研究 Ⅳ.①F746.18

中国版本图书馆 CIP 数据核字（2016）第 304056 号

责任编辑：李晓杰
责任校对：王苗苗
版式设计：齐　杰
责任印制：李　鹏

国际服务贸易前沿问题研究

蔡宏波　蒙英华　周　密　李宏兵　著
经济科学出版社出版、发行　新华书店经销
社址：北京市海淀区阜成路甲 28 号　邮编：100142
总编部电话：010 – 88191217　发行部电话：010 – 88191522
网址：www.esp.com.cn
电子邮件：esp@esp.com.cn
天猫网店：经济科学出版社旗舰店
网址：http://jjkxcbs.tmall.com
北京密兴印刷有限公司印装
710×1000　16 开　15 印张　270000 字
2016 年 11 月第 1 版　2018 年 7 月第 2 次印刷
ISBN 978 – 7 – 5141 – 7558 – 5　定价：46.00 元
（图书出现印装问题，本社负责调换。电话：010 – 88191510）
（版权所有　侵权必究　举报电话：010 – 88191586
电子邮箱：dbts@esp.com.cn）

本书受到上海高校知识服务平台上海对外经贸大学上海国际贸易中心战略研究院的资助

本书是上海市人民政府决策咨询研究基地"黄建忠工作室"系列成果之一

前　言

20世纪70年代以前，服务贸易在世界经济研究中还不是一个引人注目的领域。随着经济全球化的深入和全球产业结构的调整，世界服务贸易实现了跨越式发展。1970年，各国服务出口只有710亿美元，在这之后的10年间，服务出口与货物出口均保持快速增长且大体持平。进入20世纪80年代，服务贸易依然保持较快的增长势头，年均增长率5%，开始超过货物贸易，是其同期增长率的两倍。到了20世纪90年代，服务贸易年均增速呈波动下降态势。1993年，世界服务贸易额达到10300亿美元，占国际贸易总额的1/4。1994年《服务贸易总协定》的签署标志着各国进一步开放服务业市场和服务贸易自由化，使得进入21世纪以来全球服务出口实现稳定增长，增幅逐渐回升，2004年首次突破2万亿美元，2015年达到92450亿美元。[①]

如今，提升服务业发展水平和服务贸易国际竞争力成为各国共同面对的紧要问题，中国也不例外。改革开放以来，国内服务业和对外服务贸易获得了前所未有的快速发展，日益成为国民经济的重要组成部分。中国服务贸易额从1982年的44亿美元增长至2015年的7130亿美元，30多年间增加160多倍，占世界服务贸易总额的比重也由0.6%提升到7.7%。虽然2009年受到全球性金融危机的影响，世界服务贸易增长放缓，但中国服务进出口占全球服务贸易总额的比重不仅没有降低，还略有上升。与此同时，中国服务业开放领域得到进一步拓宽，现阶段覆盖了《服务贸易总协定》160多个服务部门的60%以上。

值得一提的是，近5年来国际服务贸易在中国对外贸易乃至整个国民经济和社会发展中的地位空前提高，党中央、国务院针对服务业和服务贸易问题多次指示并颁布文件，国家发展改革委、商务部等迅速落实并制定相应政策。毫无疑问，过去5年是中国服务业和服务贸易发展的黄金时期，打好了基础、凸显了潜力。现实的快速发展势必要求理论和政策研究加快脚步，本书从新时期构建对外

---

① 商务部《中国服务贸易统计2015》。

开放新格局过程中服务贸易的作用出发,量化分析区域服务业开放和服务贸易自由化水平及其影响因素,同时应用贸易限制性指数(STRI)创新服务贸易保护水平的评价体系,而后通过构建集聚指数、检验区位选择等比较中国制造业和服务业对外直接投资的行业内和行业间地理集聚效应。针对贸易与劳动力市场这一国际经济学的经典命题,本书实证分析了服务贸易发展对就业和工资的影响,还特别以服务外包为例,检验了其对加快劳动力市场调整的作用。最后,本书利用企业数据构造了服务业双向投资与创新竞争力指标,就双向投资如何影响企业创新竞争力进行了分行业和分重点省市的考察。

本书作者自 2015 年开始依托上海高校知识服务平台上海对外经贸大学上海国际贸易中心战略研究院的支持进行团队建设,一年多来骨干成员已经在 *China Agricultural Economic Review*、《管理世界》《统计研究》《国际贸易问题》等相继发表多篇论文,并联合申报北京师范大学学科交叉建设项目、国家社会科学基金项目、教育部哲学社会科学研究后期资助项目成功立项,在北京师范大学出版社陆续出版《国际服务贸易(第 3 版)》《国际外包与中国劳动力市场》等教材和专著,负责中国版《国际贸易手册》服务贸易部分也已进入最终统稿阶段。毋庸讳言,服务贸易知识服务团队已然硕果累累、未来潜力巨大。

本书就是上海高校知识服务平台上海对外经贸大学上海国际贸易中心战略研究院服务贸易研究团队取得成果的一次集中检阅,当然,限于作者的水平和精力有限,不妥之处也请各位读者批评指正。

经济科学出版社李晓杰编辑极其专业而又耐心细致的工作让本书得以顺利问世。

蔡宏波

2016 年 8 月于意大利罗马

目 录

第一章　服务贸易促进形成开放新格局 …………………………… 1
　　第一节　TPP 跨境服务贸易内容及对中国的影响 ………………… 1
　　第二节　服务贸易补贴及中国政策绩效评估 ……………………… 8
　　第三节　服务贸易开放对中国的影响 ……………………………… 20

第二章　区域服务业开放与贸易自由化 …………………………… 28
　　第一节　区域服务贸易自由化相关问题及文献评述 ……………… 28
　　第二节　《中国—东盟服务贸易协议》第二批承诺评估分析 …… 39
　　第三节　管制政策在服务贸易中的两难 …………………………… 50

第三章　服务贸易保护的度量
　　　　　　——STRI ……………………………………………………… 63
　　第一节　国际协定对降低服务贸易限制性发挥重要作用 ………… 63
　　第二节　服务贸易限制性指数概述 ………………………………… 66
　　第三节　主要国家的 STRI 得分情况 ……………………………… 72
　　第四节　STRI 的科学性和局限性 ………………………………… 102
　　第五节　服务贸易限制性指数对中国服务贸易的影响分析 …… 105
　　第六节　中国的对策 ……………………………………………… 106

第四章　服务业投资的空间集聚效应 …………………………… 109
　　第一节　计量经济模型的建立和样本说明 ……………………… 110
　　第二节　对外直接投资的行业集聚指数 ………………………… 112
　　第三节　服务业对外直接投资区位模式选择 …………………… 116

第五章 服务贸易发展影响就业和工资 …… 124
第一节 服务贸易与工资 …… 124
第二节 服务贸易与就业 …… 147

第六章 服务外包加快劳动力市场调整 …… 164
第一节 国际外包水平的计算方法及比较 …… 164
第二节 服务外包与劳动生产率 …… 175
第三节 服务外包与就业 …… 185
第四节 服务外包与工资 …… 191

第七章 服务业双向投资与创新竞争力 …… 199
第一节 以往研究概述 …… 200
第二节 双向投资影响中国创新竞争力的典型事实 …… 203
第三节 理论分析、模型构建及数据说明 …… 205
第四节 实证研究及结果讨论 …… 211
第五节 结论及政策启示 …… 218

参考文献 …… 220

第一章

服务贸易促进形成开放新格局

第一节 TPP 跨境服务贸易内容及对中国的影响

当前,国际经济秩序重整加之全球贸易投资规则及治理结构加速重构,这为中国创造了加入 WTO 的时空条件;与此同时,以 TPP、TTIP、TiSA 为代表的新型贸易投资规则大量涌现,以更高水平的开放对中国新一轮的对外开放形成了冲击。

沪津闽粤自贸试验区作为我国新一轮开放型经济的战略高地,除贸易领域以外,需要在政府职能转变、金融制度创新、外商投资准入和税收管理政策等多个重要领域大胆试验;而且,与其他三个自贸试验区相比,首个设立的上海自贸试验区被寄予厚望,不仅肩负了试验挖掘改革开放二次红利的重要使命,而且需要承担"积极探索可复制、可推广的自贸区模式"之重要任务。因此,需要密切跟踪和紧密对接国际贸易投资新规则的走势和动向,通过先行先试与更高标准的国际规则衔接,不断完善上海自贸试验区的制度框架和实施细则,为中国参与国际贸易投资规则的制定提供有力支撑。但在现阶段,上海自贸区作为衔接更高标准国际贸易投资规则的试验田,在服务贸易开放、外商投资管理等诸多方面距离新型国际贸易投资规则仍差距明显。因此,本节主要对 TPP 中涉及服务贸易的跨境服务的条款及对中国的影响进行解释与说明。

一、TPP 的跨境服务贸易规范

TPP 跨境服务贸易专章以 NAFTA 为基本模板,主要根据美国最近签署的自贸协定的范围和承诺制定，不仅意图实现更高水平的服务贸易自由化，更是在一个单一文本中建立起有关货物贸易、服务贸易和投资规则的系统范例，以适应21世纪"贸易—投资—服务相互联系"的新型贸易模式。虽然我国自贸协定缔约实践取得了新的进展，但是与TPP相比，在覆盖领域、谈判模式、内容框架上服务贸易规范还有一定差距。以TPP为代表的高标准贸易投资规则在加快促进服务贸易自由化的同时，也将对我国参与国际规则制订以及改革国内管理体制形成更大挑战。

（一）TPP跨境服务贸易谈判的背景

服务部门是重要的经济支柱和增长引擎，占全球GDP的比重超过68%。服务贸易是世界贸易当中最为活跃的部分，约占世界出口总额的20%，占美国出口总额的30%。服务部门也是外商直接投资最主要的流向。特别是随着用户人数增加以及电信资费下降，网络使得跨境服务贸易较之从前变得更加容易。服务贸易自由化将在创造就业机会、提高经济效率、降低交易成本等多方面带来巨大利益，因此全球经济发展强烈需要服务贸易进一步自由化。

目前，服务贸易壁垒仍然很高，发展中国家尤其如此。即便对于服务业高度发达的美国而言，服务贸易也远低于应当实现的程度。这反映出复杂的服务贸易准入限制和禁止措施，使得企业往往选择在海外投资而非从母国出口，严重影响了全球服务贸易的发展。这些限制主要包括以下几方面，（1）要求提供服务之前必须建立实体。考虑到开办海外办事处的必要开支，这对中小企业来说负担较重；（2）政府垄断市场或者偏向政府垄断提供者，如交通和物流等行业；（3）有利于国内企业的监管体制不透明，或导致进口机会降低，等等。

但是，WTO多边服务贸易谈判止步不前，显然已经无法适应跨境服务贸易迅速发展的现实需要。一方面，由于发达成员与发展中成员利益关注点迥异，WTO框架下的服务贸易自由化停滞不前。另一方面，乌拉圭回合谈判结束以后，以服务为中心爆发的技术革命空前重大，在推动跨境服务贸易快速增长的同时，也对GATS服务贸易规则提出了很大挑战。而服务贸易规则的缺失和滞后对所有服务部门而言，可能导致贸易体制的长期损害。

因此，受到寻求更大的市场准入的驱使，区域、双边、诸边贸易协定迅速增长，越来越多地涉及服务贸易领域。其中，由美国主导、部分WTO成员组成的"服务挚友"（Real Good Friends of Services）开展的"服务贸易协定"（Trade in Services Agreement，TISA）谈判颇受关注。TISA于2011年开始探索不同的谈判模式和策略，致力于推动服务贸易自由化。而TPP谈判更是在一个单一文本中建立起有关货物贸易、服务贸易和投资规则的系统范例，以适应21世纪"贸易—投资—服务相互联系"的新型贸易模式，为其他自贸协定树立标杆。

(二) TPP 跨境服务贸易规范的主要内容

TPP 跨境服务贸易专章为第十章，共 13 条，两个附件。TPP 跨境服务贸易专章以 NAFTA 为基本模板，主要根据美国最近签署的自贸协定的范围和承诺制定，旨在解决服务提供商跨境提供服务长期面临的问题。

1. 定义和适用范围

TPP 所指的"跨境服务贸易"包括自一缔约方领土内向另一缔约方领土内提供服务、在一缔约方领土内向另一缔约方的人提供服务以及一缔约方的国民在另一缔约方领土内提供服务三种跨境提供服务的方式。TPP 有关跨境服务贸易的定义与 NAFTA 的规定基本一致，包含 GATS 模式 1 跨境提供、模式 2 境外消费以及模式 4 自然人流动这三种服务提供模式。GATS 模式 3 商业存在则属于 TPP 投资专章所规范的对象。当然，有关自然人流动的条款在 TPP 第十二章"商务人员临时入境"中有专门规定。

TPP 跨境服务贸易专章适用于一缔约方采取或实施的影响另一缔约方服务提供者的跨境服务贸易的措施。这些措施包括影响以下方面的措施：①服务的生产、分销、营销、销售与交付；②服务的购买、使用或支付；③获得和使用与提供服务有关的分销、运输或者电信网络和服务；④另一缔约方的服务提供者在一缔约方领土内的存在；⑤作为提供服务的条件，提供保函或其他形式的财务担保。

虽然 TPP 将服务提供模式区分为"跨境提供"和"投资"，但是依据第十章的规定，有关市场准入、国内规制以及透明度等涉及监管法规的规定，同样适用于影响该协定所涵盖的投资行为的措施（亦即一体适用于 GATS 模式 3）。但是，第十章并不适用于下列措施：①第 11.1 条定义的金融服务，但若金融服务是通过不属于缔约方领土内金融机构的涵盖投资所提供者，则本章有关市场准入、国内法规以及透明度的相关规定应予适用；②政府采购；③行使政府职权时提供的服务；④一缔约方提供的补贴或援助，包括政府支持的贷款、担保与保险。可见，除了少数例外，TPP 涵盖的服务部门相当广泛，几乎包括所有的服务部门。

2. 核心义务

TPP 跨境服务贸易专章包括 4 项核心义务。(1) 国民待遇。第 10.3 条规定，各缔约方给予另一缔约方的服务和服务提供者的待遇不得低于其在相似情况下给予本国服务和服务提供者的待遇。(2) 最惠国待遇。第 10.4 条规定，各缔约方给予另一缔约方的服务和服务提供者的待遇不得低于其在相似情况下给予任何其他缔约方或非缔约方服务和服务提供者的待遇。(3) 市场准入。第10.5条规定，任何缔约方不得在其某一地区或者在其全部领土内采取或维持以下措施：施加如下限制：①（a）无论以数量配额、垄断、专营服务提供者的形式，还是以经济需求测试要求的形式，限制服务提供者的数量；(b) 以数量配额或经济需求测试要求的形式限制服务交易或资产总值；(c) 以配额或经济需求测试要求的形式，限制服务业务总数或以指定数量单位表示的服务产出总量；(d) 以数量配额或经济需求测试要求的形式，限制特定服务部门或服务提供者可雇用的、提供具体服务所必需且直接有关的自然人总数；或②限制或要求服务提供者应通过特定类型法律实体或合营企业提供服务。(4) 当地存在。第10.6条规定，任何缔约方不得要求另一缔约方的服务提供者在其领土内设立或维持办事处或任何形式的企业或成为居民，作为跨境提供服务的条件。

3. 其他主要规范

（1）不符措施。根据第10.7条的规定，TPP缔约方同意以"负面清单"为基础接受TPP核心义务。这意味着除了在不符措施清单中列明的服务部门以外，所有领域均要向其他缔约方开放。上述保留在两个附件中列明：①附件一。附件一列明缔约方维持的与国民待遇、最惠国待遇、市场准入和当地存在四项核心义务不符的现有措施。对于附件一中列明的措施，缔约方承诺"维持现状"，即确保未来不符措施的限制程度不会更高，同时承诺"禁止反转"，这意味着如果未来不符措施修正后的限制程度更低，则新的、更加优惠的待遇将作为维持现状要求的基准。②附件二。附件二列明的不符措施使得缔约方完全有权维持现有措施或采取新的限制。第10.7条第3款还规定，如果缔约方认为另一缔约方的中央政府和地区政府采取的不符措施，对前一缔约方的跨境服务提供构成实质障碍，该缔约方可要求对此措施进行磋商。

（2）国内规制。第10.8条规定，缔约方应保证所有影响服务贸易的普遍适用的措施以合理、客观和公正的方式实施，同时完全承认缔约方进行监管以及采取新的法规的权利。普遍适用的措施包括有关资格要求和程序、技术标准和许可要求等的措施。国内规制条款要求授权提供服务的申请程序应当公正和透明，为此，基于美国的实践，该条纳入了新的所谓"良治"准则，包括程序的时间表、通知申请人其申请状态、收取申请费用以及其他申请问题。

（3）透明度。第10.11条对缔约方制定新的服务贸易法规的透明度提出了若干要求：①缔约方应维持或设立适当的机制以应对利害关系人就与服务贸易相关法规提出的询问；②如缔约方未能在服务贸易法规公布之前提供事先通知和评论的机会，则应在可行的范围内，以书面或其他方式通知利害关系人不提供的理由；③在可行的范围内，缔约方应允许在最终法规公布和生效日期之间给予一段合理期限。

（4）承认。根据第 10.9 条的规定，一缔约方可承认在另一缔约方领土内或非缔约方领土内获得的教育或经历、满足的要求或授予的许可和证明。此类可通过协调或歧视方式实现的承认，可依据缔约方或有关缔约方的协定或安排，也可自动给予。给予承认的方式不得构成在缔约方之间或缔约方和非缔约方之间实施歧视的手段，或构成对服务贸易的变相限制。这意味着缔约方可以灵活决定是否承认另一缔约方的服务提供者的证书，而无须承认所有缔约方的服务提供者的证书。

（5）拒绝给予利益。第 10.10 条规定，一缔约方可拒绝将本章的利益给予另一缔约方的服务提供者，如服务提供者是由非缔约方的人拥有或控制的企业，且拒绝给予利益的缔约方对该非缔约方或该非缔约方的人采取或维持禁止与该企业进行交易的措施，或者如果给予该企业本章的利益将会违反或规避上述措施，或者服务提供者在拒绝给予利益缔约方以外的任何缔约方领土内均无实质性商业活动。

（6）支付和转移。与跨境服务提供有关的资金应当自由和无迟延地进出，使用可自由使用的货币，并且按照转移时市场上的主要汇率进行。但允许有例外，缔约方可通过公正、非歧视和善意适用法律的方式，阻止或延迟支付和转移，以确保政府保留采取措施的灵活性，包括非歧视的临时保障措施，如经济危机下的资本控制，或采取谨慎措施保护金融系统健全和稳定。

（7）附件。除了列明特殊例外的附件以外，跨境服务贸易专章还包括两个特殊部门附件：①专业服务。专业服务附件主要涉及工程和建筑服务、建筑师的临时许可或注册、法律服务，鼓励就承认专业资质、许可等以及其他监管问题开展合作，以增加专业服务贸易的机会。②快递服务。快递服务附件希望各缔约方维持协定签订之时快递服务的市场开放程度，要求维持邮政垄断的各缔约方应基于客观的标准界定垄断的范围，包括数量标准如价格或重量最低限额，以解决私人服务提供者在快递领域与政府所有或授权的邮政垄断相竞争面临的特殊挑战。这对中小企业尤为重要，因为中小企业通常高度依赖快递服务嵌入全球供应链和分销网络。

二、TPP 跨境服务贸易规范对中国的影响

我国正在加快实施自贸区战略，目前已经签署自贸协定 14 个，涉及 22 个国

家和地区。加入 WTO 之后直至中韩 FTA 签署之前，我国缔结的自贸协定普遍水平较低，基本以关税减让为主，在服务部门一直没有做出大的、进一步的开放承诺。中韩 FTA 是我国签署的首个新一代 FTA，首次设立单独的金融和电信专章，以及环境与贸易专章；首次涉及电子商务等"21 世纪议题"，设立电子商务专章；首次纳入地方经济合作的相关内容，均体现了中韩 FTA "全面的、高标准自贸协定"的定位。在随后签署的中澳 FTA 中，澳大利亚成为首个对我国以负面清单方式做出服务贸易承诺的国家，我国则列入最惠国待遇条款，承诺如果日后以负面清单签署自贸协定，将给予澳大利亚同等待遇，体现了我国自贸协定缔约实践新的进展。但是与 TPP 相比，我国自贸协定的跨境服务贸易规范水平还有一定差距，建设高标准自贸区仍然面临很大挑战。

（一）适用范围的差异及影响

除了政府采购、行使政府职权时提供的服务、补贴或援助等以外，TPP 跨境服务贸易专章几乎涵盖所有的服务部门，金融服务则由金融服务专章规范。我国自贸协定服务贸易规范的适用范围可能还会排除海运服务中的沿海和内水运输服务，影响一方自然人寻求进入另一方就业市场的措施，或在永久基础上有关公民身份、居住或就业的措施等。而且 TPP 还在部分专业服务、快递服务的自由化方面做出了进一步突破。

（二）谈判方式的差异及影响

在服务贸易领域，谈判方式不同是我国目前签署的自贸协定与 TPP 的主要区别。我国自贸协定的服务部门采用 GATS 类型的正面清单谈判方式进行市场开放的谈判，亦即只有缔约方对相关服务部门和提供模式的市场准入进行具体承诺后，才承担向外国服务和服务提供者开放市场的义务。而且，缔约方尚可在具体承诺表中列明继续保留的市场准入与国民待遇限制。再者，这些保留的限制措施通常不区分现有的不符措施以及未来将要采取的不符措施。

TPP 的服务部门采用负面清单谈判方式进行市场开放的谈判。在 TPP 负面清单谈判方式下，除非承诺表列明不符措施，否则所有服务部门都要遵守国民待遇、最惠国待遇、市场准入和当地存在的义务。并且 TPP 针对现有的不符措施以及未来的措施分别列明保留。TPP 还包含不符措施禁止反转机制，除了对越南规定了 3 年过渡期之外，任何保留措施未来的自由化都将自动锁定。可见，TPP 呈现出较高水平的自由化和透明度，因为除了数量有限的保留措施之外，实际开放程度已经阐明，并且已有适当的管理架构。可以说，虽然从理论上讲两种谈判方式可能产生大致相当的自由化结果，但是两者可能导致质的不同，而从国内和国际监管的角度来看这种差异是十分重要的。

我国正在通过上海、天津、广东、福建自由贸易试验区的先行先试，对接高标准国际贸易投资协定。但是，目前自贸试验区试点的标准仍然低于 TPP 的规范水平。例如，自贸试验区负面清单管理模式仅适用于外商投资，而不适用于跨境服务贸易，此外也没有规定禁止反转条款；再如，自贸试验区负面清单本身透明度不高，对于负面清单之内和之外的行业的投资要求，仍然难以形成一个完整的认识，广受外国投资者诟病。未来我国如果要在自贸协定中采用负面清单谈判方式，不仅需要充分预见可能对服务部门产生的影响，更加需要着力提高管理措施的透明度，依法公开行政，营造稳定、透明、可预期的法治环境。

（三）核心义务的差异及影响

TPP 跨境服务贸易专章包括国民待遇、最惠国待遇、市场准入和当地存在 4 项核心义务。我国自贸协定的相关规定则与 TPP 不尽相同。

在国民待遇条款方面，TPP 在跨境服务贸易和投资专章都有规定，不过有关规定与我国自贸协定有所不同。我国自贸协定一般规定"每一成员在影响服务提供的所有措施方面，给予任何其他成员的服务或服务提供的待遇，不得低于其给予本国同类服务或服务提供者之待遇"，TPP 的规定则为"各缔约方给予另一缔约方的服务和服务提供者的待遇不得低于其在相似情况下给予本国服务和服务提供者的待遇"。我国自贸协定的表述是"同类服务或服务提供者"，TPP 的表述则是"相似情况"，两者相比，TPP 规范的涵盖范围较宽，保护标准更高。

在最惠国待遇条款方面，我国有些自贸协定并无明文规定，有些则有规定。与国民待遇条款类似，我国自贸协定最惠国待遇条款与 TPP 的区别也在于措辞不同，即我国自贸协定的表述是"同类服务或服务提供者"，而 TPP 的表述是"相似情况"。

在市场准入条款方面，TPP 与我国自贸协定的条款制定方式有一定区别。我国自贸协定的市场准入条款表述与 GATS 第 16 条完全相同，进一步消除市场准入条款的 6 项市场准入限制措施，即为协定的主要自由化目标。TPP 跨境服务贸易专章有专门的市场准入条款，投资专章则没有。尽管不像早期 NAFTA 类型协定通常仅仅包含类似数量限制的规定，以及禁止对服务提供者的数量或经营施加任何配额类型的限制，但是 TPP 市场准入条款规范方式与 GATS 第 16 条的规定相似，不过排除了外资持股限制。排除外资持股限制并不表示其目的是促进服务贸易的高度自由化，而是因为外资持股限制可能被置于国民待遇条款中规定。

在当地存在条款方面，TPP 明确规定缔约方不得要求另一缔约方的服务提供者在其领土内设立或维持办事处或任何形式的企业或成为居民，作为跨境提供服务的条件，以降低跨境提供服务的成本，促进区域服务贸易的发展。而我国的自贸协定往往没有此项要求。

此外，TPP 规定了不符措施禁止反转条款，作为确保缔约方进一步自由化的方式。我国自贸协定则无类似规定。禁止反转条款要求缔约方未来所采取的单边自由化措施，成为具有约束效果的承诺，亦即现有限制（承诺表所保留的不符措施）一旦取消，便不得恢复。换言之，禁止反转条款的比较基础，并非协定生效时所存在的措施，而是该措施本身的优惠程度是否受到减损。设置禁止反转条款的目的在于防止缔约方自主推行的政策变革出现倒退。禁止反转条款是 NAFTA 类型贸易协定的结构特征，在跨境服务贸易和投资章节均是如此。而 GATS 类型的贸易协定几乎没有禁止反转条款。即便是有，也往往采用诸如"尽最大努力""应当考虑"此类约束力不强的表述。对于越南，TPP 做出例外规定，在 3 年过渡期内仅仅要求其维持现状。所谓维持现状条款，是指要求任何新的或修正措施的待遇，不得低于协定生效时的既有措施。维持现状条款在所有 NAFTA 类型的贸易协定当中都有规定，但是只在大约 30% 的 GATS 类型的贸易协定当中有所规定。

除了自由化条款之外，在我国的自贸协定之下，商业存在模式要受到国内规制等服务贸易规范的规制。而 TPP 显然超越了我国的自贸协定，因为服务领域的投资（包括模式 3）要受到广泛的投资规范的规制，包括征收、最低待遇标准、投资者—国家争端解决等。

总的来看，相比我国自贸协定的服务贸易规范，TPP 实现了更高水平的自由化，不仅在覆盖领域、谈判模式、内容框架上大大拓展，而且"超 WTO"条款的自由化程度也不断深化。以 TPP 为代表的高标准贸易投资规则在加快促进服务贸易自由化的同时，也将对我国参与国际规则制订以及改革国内管理体制形成更大挑战。

第二节　服务贸易补贴及中国政策绩效评估

一、导言

在经济结构调整背景下，实施服务贸易补贴政策可迅速提高我国服务部门自主创新能力、加快制造业升级转型、缓解对外贸易结构性失衡、促进文化业与服务外包发展、降低贸易摩擦风险。《国际服务贸易总协定》的生效，使得服务贸易壁垒成为非法的贸易措施，并且受到WTO体制的严格规制和限制使用，服务贸易补贴因应成为众多国家促进本国服务出口的常用措施，并因为缺乏明确可执行的国际性规范而游离于WTO规则之外，尽管目前不少国家力图推动服务贸易纪律谈判，但因为分歧太大而一时无法达成协议，这为我国利用这一时机推动服务贸易发展提供了良好的机遇。

但长期以来，我国并不善于运用WTO规则允许的补贴政策对服务业进行培育（出口促进效应），因此造成服务贸易逆差显著增加、新兴服务贸易部门发展滞后、外商投资服务贸易比例偏低的现象。而近几年各省市为发展服务外包所实施的补贴政策，补贴政策较为单一，临时性较强，并没达到真正意义上的政策创新和机制创新，这不仅容易造成对服务外包的过度补贴，同时也对其他产业造成资源和竞争扭曲的负效应。为更好利用服务贸易补贴这一已被实践证明的促进服务业发展与创新、扩大服务出口以及吸引外国直接投资的战略性贸易政策工具，需要设计符合我国国情的服务贸易补贴政策。此外，与货物贸易补贴相比，服务贸易补贴形式要更为多样、内容更为复杂、隐蔽性和灵活性更强，使得对其监管要比货物贸易补贴艰难得多，而且，除政策目标之外，服务贸易补贴政策也同时会对其他经济或社会变量产生影响。为此，在服务贸易补贴政策实施过程中，为有效利用补贴资金、促进资源有效利用、避免政策效果的不确定性及负面效应的发生，同时预防可能造成的国际贸易摩擦，都迫切需要我们对所实施服务贸易补贴政策进行绩效评估。

二、国内外研究现状

为避免服务贸易补贴所产生的扭曲作用，1996年WTO秘书处最先发起了对各国服务贸易补贴政策的对比研究，其中最主要的工作是通过审议各国的贸易政策而发布的系列报告（1998~2009），[1] 其中覆盖了106个成员国的服务贸易补贴信息，因此也成为众多学者的研究素材，但TPRM报告仅提供了补贴的有限信息。[2] 到目前为止，国内外相关研究主要侧重从法学角度探讨如何在服务贸易总协定（GATS）框架下完善服务贸易补贴的相关政策，而对相应的经济分析则较

---

[1] Trade Policy Review Mechanism Reports (TPRMs).
[2] See "State Support Measures for Services: An Exploratory Assess ment with Scanty Data", United Nations Conferenceon Trade and Development, Feb 2005.

为欠缺，因而在政策操作上缺乏必要的理论依据。

1. 服务贸易补贴的福利分析

贝尼塔（Benitah，2006）认为，服务贸易补贴会扭曲竞争、改变各国以比较优势为基础的服务贸易和资源分配，并通过货物与服务之间互动与重叠的乘数效应，对货物贸易产生影响，因此对补贴国家和世界经济而言都意味着一种福利损失。尽管在理论上服务贸易补贴政策是无效率和非理性的，但大多研究认为，它是应对市场失败、利用经济规模及达到社会目标的一种政策方式，在不对称的世界体系里，它仍是发展中国家一种必要的战略性贸易政策工具，但一定要注重政策目标的正确制订、计划与实施安排（UNCTAD，2003）。而且，对发展中国家而言，通过实施服务贸易补贴可以公共政策目标、改善环境、加快落后地区发展、加快研发技术水平，而这是在 WTO 规则里是可以进行豁免的。阿胡亚（Ahuja，2005）认为，覆盖整个经济体的、非针对特定部门的服务贸易补贴产生的贸易扭曲效应最小，因此应禁止对特定公司进行补贴，尤其是对金融与电信部门，但对已做出开放承诺度较高的服务部门除外，另外也应对消费补贴应进行控制。国际组织的介入对避免服务贸易补贴的扭曲作用十分重要，否则将会扩大现有世界经济体系的不对称性（Prylinski & Mongialo，2003；UNCTAD，2005）。侧重从公共服务的角度，付亦重（2010）尝试对服务补贴的绩效评估进行了初步探讨，但并未涉及补贴的进口替代与出口促进作用，与服务贸易补贴的定义与政策目标差距较远。

2. 服务出口补贴的相关研究

在 WTO 的《补贴与反补贴协议（SCM）》内，以预期的出口实绩为条件的出口补贴被列为禁止性补贴，这是由于出口补贴不仅会引起补贴国内部资源配置的扭曲，还会通过负面的贸易效应影响外国市场，尤其对仅有甚少部门具有比较优势的发展中国家而言，发达国家的出口补贴行为更为应当进行限制。目前，在一些地区经济协议里出现了对服务出口补贴进行规制的相关条款，其中最为全面的是欧共体协议（ECTreaty）。另外，Andean Community、MERCOSUR、ANZ-CERTA 等区域安排协议也出现了相关条款。ESF（1999）和格罗索（Grosso，2008）的研究基本得出一致结论：目前服务出口补贴政策在发达国家与发展中国家中广泛运用，其中对商业服务、运输、旅游以及金融服务部门的补贴最为明显，发达国家主要针对视听服务进行补贴，发展中国家大多针对旅游服务进行补贴；另外，直接税收优惠是最为主要的补贴政策，其次是间接税以及为促进出口而对进口中间投入品所实施的进口税减免等。而由于发达国家比发展中国家具有明显的资金与产业发展优势，因此补贴覆盖的服务部门范围更广，采用的补贴方式更为多样化（金孝柏，2011）；艾素君（2009）指出，WTO 成员实施服务补贴的措施大多是通过信贷优惠和担保、资金注入、税收激励、免税区及直接补贴等方式进行，且税收激励等间接补贴方式多于直接补贴；谢理（2009）通过对美国、欧盟、日本等国家的服务贸易补贴政策进行回顾后，认为可通过出口奖励、税收优惠等手段，推进海运、中医服务、汉语教育服务等中国有比较优势的服务出口。

3. 对服务贸易补贴的规制和服务贸易反补贴制度

目前 WTO 各成员对的服务贸易补贴措施主要受各自的服务贸易具体承诺表约束。与货物贸易补贴相比，服务贸易补贴的多边纪律比较松散。普瑞林斯科和蒙吉尔特（Prylinski & Mongialo，2003）指出 WTO 成员国已经意识到补贴在某些情况下会对服务贸易产生扭曲效应，因此需要通过谈判制定多边规则来规避这种扭曲效应。江帆（2005）分析了 GATS 下服务贸易反补贴制度存在的问题，认为应专门建立《服务贸易补贴与反补贴协议》，其主要内容可包括服务补贴的定义、分类、补贴效果的衡量、补救措施和对发展中国家成员的优惠措施等。石静霞（2006）对新一轮服务贸易谈判进行研究，指出不当补贴可能对国际服务贸易产生扭曲作用，因此对服务补贴的规制被认为是公平竞争的重要前提，并进一步提出，在多边谈判中最核心的问题主要在于："服务补贴"及"扭曲贸易的服务补贴"概念的界定、补贴的衡量标准、对补贴的社会目标作出具体评价等。针对 WTO 反补贴协议对货物贸易补贴可以进行控诉的"政策特定性"特征，贝尼塔（Benitah，2006）对是否应该将提供模式作为一种"特定性"进行了说明。阿德隆（Adlung，2007）认为，与跨境交付与境外消费模式相关的补贴政策应纳入多边规制的框架，而与商业存在与自然人流动模式相关的补贴则可以不用考虑。波雷蒂（Poretti，2009）对 GATS 框架下服务补贴规制的缺陷进行总结，并提出相应的弥补条款及反补贴政策。

总之，从文献资料来看，目前对如何设计服务贸易补贴政策及进行绩效评估，可供参考材料并不丰富。

三、服务贸易补贴的定义与讨论

（一）服务贸易补贴的定义与分类

贸易补贴是指国家政府或者公共机构采取直接或间接的方式向本国出口企业提供现金补贴或者财政优惠政策，以降低企业出口的成本从而提高竞争力。据此，WTO秘书处曾参照WTO《补贴和反补贴措施协议》的有关条款提出六种服务补贴措施，基本为各成员方所接受：直接拨款、优惠信贷和担保、股权注入、税收优惠、对投入品的免税及自由贸易区政策、其他补贴方式等。而在实践中，服务补贴还包括对基础性服务贸易部门的随意性、临时性补贴、特定部门的补贴、鼓励购买国内商品（服务）的补贴、消费补贴等方式（Ahuja，2005）。[①]

应当指出的是，在研究中，我们必须要严格区分服务业补贴与服务贸易补贴两者之间的区别，而在许多文献中，对于上述两概念通常会混淆。国家对所有部门实施的政策，其中一部分政策会影响到服务贸易，如图1-1的外圈A，这是GATS协议所覆盖的内容；其中的一个子集B涉及专门对服务业的补贴政策；最内圈C为会扭曲贸易与投资的对服务业补贴政策。

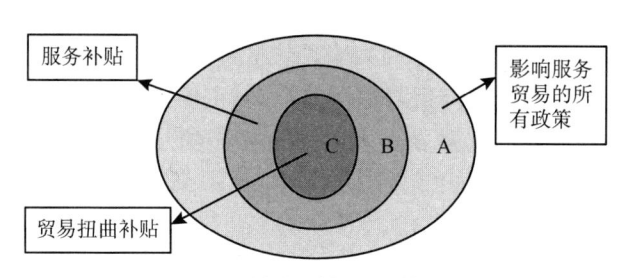

图1-1 服务补贴相关政策的关系

服务业补贴的原因，可能是由于本国服务业发展落后、服务企业或部门出现问题或危机[②]、部分服务业具有较大的外部性，能提高社会整体福利等；而服务贸易补贴的主要原因在于提升本国服务业的国际竞争力、增加服务出口额或通过补贴增加国内服务的供给，从而减少从国外相关服务的进口，或者吸引国外资金向本国服务业进行的投资等。据此，服务贸易补贴可以划分为加强出口的补贴、进口替代补贴和投资转移补贴等3种类型（Abugattus，2002）。因此，服务业补贴与服务贸易补贴两者之间的主要区别在于服务补贴并不一定会引起"跨界影响"，而服务贸易补贴会对国外服务的生产和消费产生影响。而为了防止一国的服务贸易补贴政策而对其他国家所产生的贸易扭曲作用是当前WTO谈判的核心

---

① Benitah（2006）指出，给予消费者补贴这种方式并不能称之为服务贸易补贴，因为这种补贴并没有扭曲竞争以及并没有保护当地市场，所有的服务提供商都有同样的机会在市场上提供他们的服务产品。
② 如金融危机期间，美国对本国金融服务业进行援助的相关政策。

问题之一。①

另外，有学者认为，鉴于货物贸易是通过跨越国境的形式来实现的，因而可以将补贴划分为出口补贴和国内补贴，但在服务贸易领域，由于存在着多种提供模式，而在这些模式下，在提供补贴的国家境内同样会发生贸易扭曲的情况，因此，货物贸易领域中出口补贴和国内补贴的划分，在服务贸易领域并不适用。

（二）服务贸易补贴与四种提供模式

与货物贸易只通过跨境交付一种提供模式实现交易不同，服务贸易可通过四种方式提供：①跨境交付。指从一国境内向另一国境内提供服务，服务者和消费者都不需要流动出境，实际流动的只是服务，这类贸易并不涉及人员的流动，如电信、邮政和金融等服务（模式1）。②境外消费。指在一国境内向其他国家的消费者提供服务，其他国家的消费者作为旅游者、留学生或病人等等前往服务提供者境内进行服务消费。一般是通过服务的消费者的跨境流动来实现的，诸如参观博物馆和风景点是境外消费的常例，而非居民的医疗和境外学习也属于此种提供方式的范畴，此外，境外船只维修等服务也包括在内（模式2）。③商业存在，指一个国家通过在另一个国家境内建立商业机构（如附属企业、子公司或代表处等）提供服务，如建立外资服务业企业（金融机构、会计事务所、维修中心、研发中心等）从而向东道国境内提供服务（模式3）。④自然人流动。指一个国家的个人在另一国家境内以自然人存在的形式向当地提供服务，通过服务提供者的过境流动来实现，如外籍教师、律师、艺术家等在另一国境内提供服务（模式4）。

1. 通过四种提供模式的服务出口补贴政策

模式一：A国政府给予本国跨国公司外国子公司服务收入的税收减免；根据本国居民给外国提供软件出口服务的收入比例，政府给予的税收减免政策；国际海运服务收入的税收优惠政策。

模式二：政府根据旅游公司所带入的外国游人的数量所给予的现金补贴；为吸引外国学生到本国私人教育部门学习而设置的基金。

模式三：对服务公司向外国直接投资的税收优惠政策；对在国外进行的建设

---

① 国际服务贸易补贴的贸易扭曲的含义是，每个国家最好专门生产与其他国家相比自己效率最高的服务。国际服务贸易补贴向补贴接受公司传达了一个关于其实际生产成本的错误信号，这种错误信息会导致该公司过度生产接受补贴的服务。因此导致资源分配的扭曲，使得具有更高社会价值的服务生产不足，对于补贴国家的国民经济和世界经济来讲，都意味着一种福利损失，因为接受补贴的服务阻止了其他国家以更有效的方式生产相似的服务产品。在实践中，扭曲贸易的补贴可以基于两个标准进行判断：补贴的专向性和补贴向接受者提供的在自由市场上无法获得的一种利益。

项目的税收豁免。

模式四：通过以自由人的形式在国外所取得的服务收入实施收入税豁免。

2. 四种服务贸易提供模式所涉及的"领土"概念

服务贸易补贴与货物贸易补贴所涉及的"领土"概念有所不同。在货物贸易补贴情况下，一种货物生产得到了 A 国补贴，然后该货物在 A 国内进行生产，并且 A 国居民没有消费掉的货物最终出口到其他国家，由其他国家的居民分别在他们各自领土内消费掉。而对于服务贸易而言：

提供模式 1，例如 A 国向位于其领土内的一个电信企业提供补贴（税收减让或直接资金支付），该电信企业可以以更低的服务价格向外国提供其移动电话或互联网服务，这与货物贸易补贴相类似；提供模式 2，例如 A 国向位于其领土内的一个本国旅馆提供了补贴，因此旅馆可以降低价格以提高竞争力，而到 A 国旅游的外国游人因此增加了对此旅馆的消费，而减少了在 A 国开设的其他外国旅馆的消费，这也可以算作一种贸易扭曲行为，① 此时，服务的生产与消费都发生在补贴国。提供模式 3，假设 A 国提供补贴，支持本国服务公司在 B 国设立子公司，就可以认为 A 国的补贴政策对 B 国领土内的服务提供行为产生影响；或者跨国公司在东道国建立服务子公司，子公司受到了东道国的补贴，而这种待遇在母国自由市场上并不能够获得。在模式 4 这种情况下，例如印度给予一个印度计算机程序员一项补贴，然后该程序员到美国为美国公司提供服务，这与货物领域的典型情况相反，产品并不是在印度领土内生产的，至少部分生产程序发生在授予补贴的国家领土之外。

通过上述比较我们可以得出如下结论，服务贸易补贴给服务公司带来的利益并不必然局限在补贴国领土内的自由市场上无法获得的东西。例如，因为印度可以为待在美国的计算机程序员支付部分旅馆花费。② 而且，上述四种补贴方式扭曲的贸易表现也有所不同。

（三）服务贸易补贴的政治经济分析

图 1-2 描述了服务出口补贴的效应。在局部均衡条件下，S 与 D 分别代表

---

① 但这种补贴所引起的贸易扭曲应该与国内、外公司之间的歧视性待遇区分开来。在商业存在模式下，外国服务提供者有权要求享受与国内服务提供者相同的待遇，包括接受政府的财政资助等。但是在跨境交付和境外消费情况下，由于外国服务提供者是在东道国以外的其他成员境内提供服务，从经济角度而言，要求进口国政府对其他所有可能具有贸易利益的成员方相关部门的竞争情势进行正确评估并提供公平的竞争环境，无疑是不合理的。因此，国民待遇义务并不要求成员方将此种待遇延伸适用至另一成员方境内的服务提供者。但是，这仍然给以后将给予服务提供者的补贴转化为与服务有关的形式，并且延伸适用至进口的或者在境外消费的同类服务的可能。

② Marc Benitah (2006).

本地市场的服务供给与需求曲线，给予服务出口公司补贴将会导致从国外进口价格（Pw）下降到 Ps，而本地市场的服务价格也必将降到同样的 Ps 水平。因此，消费者剩余将会增加 a + b + c + d 的面积，而生产者剩余将会减少 a 部分的面积。在这种情况下，受损的当地服务生产商（不出口）将会游说政府实施反补贴政策来寻求保护。假如反补贴政策是成功的话，将会对进口服务品征收关税 c。因此，这种反补贴政策将会消除出口补贴对贸易的促进影响。

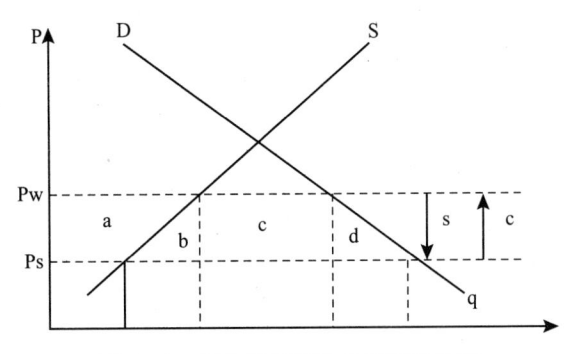

图 1-2 服务贸易补贴的经济学分析

目前，发展中国家正向处于较高价值链的服务生产移动，假如服务贸易遵循货物贸易的发展规律的话，它们很有可能在所具有比较优势的服务部门与提供模式上逐渐赶上发达国家，而发达国家向本国服务部门的补贴无疑会抑制发展中国家服务贸易的增长，正如在发达国家所实施的农业补贴一样，从而抑制了发展中国家比较优势的发挥。因此，通过彼此协商，对服务贸易补贴进行规制成了必不可少的程序之一。而这样的规制政策除了对发展中国家的经济增长有帮助外，通过对不正当补贴行为的控制，也同时会对环境保护起到正面作用。[①] 在多边区域协定谈判中，很多发展中国家认为，如果发达国家不对本国的服务补贴政策赋予更大透明度和规制政策的话，它们将不同意开放本国的服务市场，这个主题对于在特定服务业已经形成竞争优势的国家和地区而言尤为激烈，如巴西、智利和中国香港。总的来说，发展中国家的服务贸易补贴政策会受到自身金融能力有限的限制，同时发达国家相类似的政策也会减弱或扭曲它们的政策效果。

---

① 例如对于旅游业的补贴会造成对自然资源的过度开发及利用，或对周边自然环境造成严重的破坏影响。

四、中国服务贸易补贴政策经验及评价

（一）中国服务贸易补贴政策回顾与特点

近十年来，中国逐步建立与完善专门的服务贸易管理机制和促进体系，并不断加强服务贸易平台建设及信息服务工作，这对于国内服务企业的国际交流和合作起到了非常重要的促进作用。此外，为促进服务贸易发展，国家各部委及各省市分别出台了多项促进政策。除此之外，我国促进服务贸易的相关政策还体现在所签订的双边或多边区域合作协议中，如《内地与香港关于建立更紧密经贸关系的安排（2003）》（CEPA）、《中国—东盟自贸区服务贸易协议（2007）》等。

通过近几年中国政府所出台的与服务贸易补贴有关的政策文件来看，呈现出以下特点。

（1）服务贸易补贴政策的相关文件所涉及的产业变化存在着一定的规律性，随着时间趋势变化，政策文件所支持和促进的服务行业变化趋势为：技术服务——软件服务——运输服务——会计服务——文化服务——服务外包——中医药服务，体现了对中国政府对有潜在竞争优势的新型服务贸易的高度关注。这也主要是由于以前无论是GATS或国内经济学界对服务贸易的具体定义还不明确，但随着服务贸易额的迅速增加及研究深入，对服务贸易的定义、产业划分界限也越加清晰，从原来单纯把服务贸易理解为技术贸易慢慢扩展到各个服务产业的贸易。

（2）促进政策涉及范围从原来的针对性行业补贴、促进政策逐步细化到微观重点服务企业的直接补贴，从单一部门的补贴、促进政策演化为其他部门对扶持服务产业的跨部门支持政策。而从政策工具与补贴范围来看，主要包括：①针对特定服务行业与重点服务企业的补贴，包括营业税与所得税的减免、优惠贷款、资金的直接补贴、相关金融产品的创新或优惠等方式；②对经济特区、经济技术开发区、高新技术园区、示范城市的税收优惠政策，如对上海浦东经济特区的税收优惠政策；③国家政策性银行（包括国家开发银行、中国进出口银行、中国农业发展银行）的优惠贷款；④为增加某服务行业贸易而出台的相关政策；⑤鼓励服务外包的相关政策；⑥鼓励投资者进口技术而对相关设备的关税和增值税的减免待遇；⑦其他补贴政策。

（3）服务贸易补贴立法涉及部门多、立法内容散乱。我国服务贸易补贴立法包括国务院、商务部、财政、金融、税收等中央各职能部门所颁布的一系列行政

法规，也同时包括地方政府发布一系列行政法规、地方法规和规章，造成重复立法、多头立法的现象，不利于补贴的统一和公正实施。另外，地方政府及其职能部门为了政绩工程或迫于经济增长的压力，会改变（主要是加大）国家规定的服务贸易补贴的力度和范围，造成事实上的政策扭曲。

（4）从补贴工具来看，补贴没有考虑不同服务部门的特殊性需要，没有形成像美国、欧盟、澳大利亚等国家和地区实行的、富有成效的服务贸易补贴政策体系。目前我国政策所出台的服务贸易补贴政策包含了不少WTO的禁止性专项性补贴。如：①出口补贴，如针对服务产品或服务出口企业的税收、折旧等方面的优惠政策，②进口替代补贴，对一些进口替代型企业给予的特殊税收减免优惠及财政资助，实质上构成了进口替代补贴。虽然WTO尚未制定出服务贸易补贴的统一纪律，在短期内，我国仍然可以继续实施这一类补贴，但从长远来看，我国应该未雨绸缪，尽早制定对策。另一方面，对WTO体制允许的研发类和技术进步等方面的补贴缺乏规划，补贴力度不够，补贴对象的范围过窄，不利于提高服务贸易企业的创新能力和国际竞争力。

（5）从2012年商务部所确定的中国进出口银行重点支持的133个服务贸易企业和项目来看，虽然对重点企业进行补贴可以起到示范效应和迅速提升企业的竞争力与贸易量，但由于针对特定服务部门和企业的补贴产生所产生的扭曲效应较大（竞争、贸易与资源分配），在具体实施过程中应把这种补贴方式应用于特色企业或具有强大正溢出效应的企业或部门，而长期应尽量避免大范围采取这种补贴方式。

（二）中国服务贸易补贴政策效果

分部门来看，2010年中国服务出口额增长最快的三个部门分别是金融（202.3%）、专利使用费和特许费（93%）和运输（45.1%），而对于这三个部门，国家在当年都出台了较为有力的促进政策，如金融服务贸易，出台的文件有《关于鼓励服务外包产业加快发展的复函，2010》与《关于示范城市离岸服务外包业务免征营业税的通知，2010》；对于专利使用费和特许费，出台的文件有《关于鼓励技术出口的若干意见，2009》；运输服务贸易：《关于海峡两岸海上直航营业税和企业所得税政策的通知，2009》、《关于国际运输劳务免征营业税的通知，2010》。另外，从中国政府所估计的文化服务出口来看，2010年，中国核心文化产品和文化服务出口的增幅达28.7%，取得了可喜的成绩。

而从各省市来看，2010年，上海服务出口额增长最快的三个部门分别是金融（637.5%）、专利使用费和特许费（212.5%）和电影、音像（82.5%），而在 2009 年，中国政府支持在上海建立四个中心的目标。① 此外，对这些服务部门，上海市也相应出台了较有力的促进政策，如：《上海市集聚金融资源加强金融服务促进金融业发展的若干规定，2010》、2007 年上海在外高桥保税区率先搭建上海国际文化服务贸易平台，《上海市文化"走出去"专项扶持资金管理办法，2010》等。2010 年，北京文化贸易出口额由 2006 年的 6.75 亿美元，增至 2011 年的 13.96 亿美元。这与北京市政府出台的一系列对文化贸易企业"走出去"政策密切相关，如资金支持动漫游戏海外推广平台建设；推动成立北京文化贸易专家顾问委员会；北京海关通过优化通关环境、对不同的文化产业提供高效便捷的服务，实施税收方面的优惠政策等。因此，从上述数据可以看出，目前中国政府鼓励服务出口所作出的政策激励作用是起到明显促进影响的。

（三）服务贸易补贴政策的评价与经验

通过对全国各省市的服务贸易补贴政策进行归类与总结后，我们发现目前所推行的一些服务贸易补贴政策存在着不足，需要进行调整或引入新的政策。

（1）目前，各省市对服务外包的促进政策更多关注于低层次的软件外包服务，国内接包企业的业务主要是国外企业的非核心业务，涉及高端的服务外包内容并不丰富，比如高端的会计服务外包、法律服务外包、设计服务外包、研发外包等，目前仍非常有限。这种政策导向忽视了服务外包对中国国内服务产业发展的带动作用。此外，政策应同时对国内企业的发包需求有所重视，然而目前的政策依旧缺失。

（2）在政策实施的具体细节上存在着很多技术性问题。例如目前各省市所推行的直接资金补贴政策，补贴对象一般是产值较高的服务企业，对于创新性和发展潜力较大的中小企业重视程度不够，而且申领补贴的手续烦琐，影响企业申领积极性。今后宜合理搭配不同的补贴方式，如将税收优惠与直接性资金补贴相搭配，或直接税收与间接税优惠相搭配的政策。在对各服务行业采取相同的直接税优惠的同时，对于生产性服务业、高新技术服务业、文化产业等具有战略性、前瞻性的服务行业，可有侧重地实行间接税优惠；对不适于使用税收优惠的补贴对象，但对服务业和服务贸易发展有重要影响的领域和企业对象实施直接性资金补贴，作为税收优惠的有益补充。

（3）适当注重补贴的贸易导向。目前，服务贸易补贴政策多关注于国内服务产业发展，而对于服务产业的贸易导向作用，并无针对性的措施。在全球化背景

---

① 上海要建设的"四个中心"，包括国际经济中心、国际金融中心、国际贸易中心、国际航运中心。

下,服务业与服务贸易发展有着相互的促进效应。因此,除直接税、间接税优惠以外,进口税减免和出口退税也将是重要的补贴措施。

(4)重视建立服务贸易补贴政策的退出机制。在强调建立健全服务贸易补贴措施的同时,必须对补贴这一政策的副作用有清晰认识。过度的补贴可能会损害服务业和服务贸易的长期发展,对国民经济起着负面影响。因此,应建立服务贸易补贴的绩效评价机制,以利于政府在适当的时间对补贴政策进行调整或取消。

(5)借鉴其他发达国家的经验,创新性地设计新型补贴方式。如韩国为了促进本国文化产业的国际影响,就出台了以国家补贴外国旅游者的政策,同时给创意产业工作者开设了众多的国内交流与国际交流项目。

另外,在对全国各省市的服务贸易补贴进行分析后,我们同时注意到,浙江省有很多有益的经验值得其他省市进行借鉴和推广。如浙江省针对各具体服务行业发展的关键性投入要素及部门发展特点,除了国家规定的基本税收优惠外,分别针对信息服务业、科技服务业、文化服务业和社区服务业等行业的具体情况,以及对国家重点扶持的高新技术企业、小型微利企业、新办软件生产企业、集成电路设计企业等类型的企业,均制定了企业所得税减免的相应措施;第二,对于具有重要作用的生产性服务,如国际货物运输劳务、部分保险服务、离岸外包服务、技术转让和技术咨询等服务等,都实行了免征或不同程度的减征优惠;第三,为了鼓励服务企业做大做强,浙江省还规定企业在合并、分立、兼并等企业重组过程中发生转让企业产权涉及的不动产、土地使用权转移行为,不征收营业税;第四,为吸引国内外的服务业大公司、大集团落户浙江,发展总部经济,为吸引金融机构总部,浙江省给予了三年内免征房产税、城镇土地使用税和水利建设专项资金的优惠;第五,为了引进高端人才,浙江省规定,对从事服务业的高技术人才、高技能人才和特殊人才,报经省政府认可后,其发放的奖金免征个人所得税。

五、总结及政策建议

由于服务贸易补贴涉及行业与政策工具较多,并且其在"提供模式"、"领土"等问题上较为复杂,因此服务贸易总协定(GATS)中并没有对服务贸易补贴的定义、纪律与适用范围做出明确规定;从经济分析角度而言,虽然服务贸易补贴对补贴国家和世界经济而言都意味着一种福利损失,但由于"扭曲贸易的服务补贴"并没有在 WTO 条款中得到很好界定,因此发达国家可以广泛利用服务贸易补贴政策来作为培育新兴服务业、促进服务出口的战略性贸易工具之一。

作为发展中国家，我国完全可以而且应该充分利用发展中成员的身份，用足、用好WTO体制赋予的权利，最大限度发挥服务贸易补贴在促进我国服务贸易发展和实现外贸发展方式转型中的引导和促进作用，着力提高服务贸易部门的自主创新能力，提升服务贸易的国际竞争力，加快推进服务贸易健康发展。通过对近几年中国各部委、各省市所出台的服务贸易补贴政策进行回顾后，发现目前的服务贸易补贴政策虽然可以明显提升我国服务贸易的国际竞争力，但同时也存在着很多不足，需要对政策进行经验总结、调整设计及推广。

另外，为避免WTO对专向性补贴的禁止政策，我国在制定相关补贴政策时，可应充分借鉴美国、欧盟、日本等发达国家和地区在服务补贴方面的经验，采取灵活多样的政府补贴措施，利用我国东西部经济发展的差异，利用国家经济转型和产业升级的契机，侧重于研发项目、落后地区的补贴、环保支持等方向。

第三节 服务贸易开放对中国的影响

一、服务经济波动对中国宏观经济影响的效应研究

服务经济开放问题一直以来都是理论界所关注的热点，而对于服务经济开放的波动性及外部因素对服务经济开放的影响研究则从20世纪90年代后期以来才逐渐得到较多的关注和探讨，而且随着近年来全球失衡、中国内、外失衡问题的凸显从而使服务经济波动性问题更加严峻，成为目前影响全球经济失衡及经济波动的一个很重要的因素。

从目前关于服务经济波动的相关文献来看，主要是回答和解决以下两个基本问题：服务经济波动所呈现出来的相关特征？什么因素决定了服务经济的波动性？而从研究方法上来看，部分研究沿用了原有的国际贸易相关理论与指数进行比较分析，尚缺乏在一个开放经济宏观系统下进行考察的总体思想。目前，对服务经济波动进行研究主要涉及以下四个方面。

（一）经济波动的贸易国际传递问题

目前相关研究依然局限于对传统的货物贸易如何影响经济波动在世界范围内的传递。大量研究表明，贸易发展与经济周期的协动性具有正向关系的结论。但贸易渠道对经济波动的传导效应，还会受到与贸易有关的经济变量的影响，如双

边贸易强度（Frankel & Rose, 1998）、产业结构相似度（Baxer & Kouparitsas, 2004）、贸易结构相似度（Baxer & Kouparitsas, 2004），除此之外，学者们在基础模型基础上还不断地加入一些新的元素，如不可贸易品、南北贸易模式等，试图对贸易传导机制进行更详细的描述。国内相关研究多集中于进出口对经济增长的影响（刘学武，2000；潘向东，2005），而对于国际贸易与宏观经济波动之间相关性和作用机制的研究比较欠缺。孙立坚、孙立行（2005）用EGARCH－VAR模型检验了对外开放和中国宏观经济波动的关联性；杜婷、庞东（2006）通过国际贸易乘数效应研究国际贸易冲击对经济周期性波动的影响。车维汉、贾利军（2008）用SVAR模型对国外需求冲击与供给冲击对中国经济波动的影响进行了实证研究。上述文献研究均表明，近年来中国经济波动与国际贸易呈现出较大的相关性。

我们知道，服务贸易有四种提供模式（相对于货物贸易的一种跨境支付），而且服务贸易的实现往往需要东道国生产要素的投入（而不仅仅是交易对象的跨国流动），因此，经济波动的服务贸易国际传递问题要比货物贸易更为复杂。

（二）服务经济波动对宏观经济影响的效应分析

传统观点认为，国际贸易对经济波动的冲击主要体现在收入效应和价格信号效应上（Macbean, 1966; Krugman, 1985）：出口收入的不稳定会传导到国内经济，使国内需求出现变化，这种变化以及获得进口原料机会的不确定，会挫伤投资者的积极性，不利于经济平稳增长；出口不稳定也可能会扰乱相对价格传递的信号，投资者因此无从选择能使产出最大的投资，在既定的投资水平上降低了经济增长率。以弗里德曼（Friedman, 1993）为代表的货币主义学派的永久性收入假说，在微观基础上则提出了相反的结论：他们认为，如果出口收入的不稳定传导到家庭，他们将更多储蓄，该国也就能为更多的投资融通资金，经济会得到更快增长。而在实证研究上，大卫（David, 1993）则从计量经济学角度检验了国际贸易波动对GDP的冲击效应。我们知道，服务经济有着与实体经济不相一致的特性，如生产者服务业对制造业的生产率或就业等方面会产生重大影响，因此相关产品的进、出口波动必然会对实体经济造成冲击。综合以上原因，服务经济波动对宏观经济影响的传导机制问题要更为复杂，随着服务经济占国民经济比例的不断增加，我们有必要对此问题进行深入分析。

另外，也有众多学者从服务经济周期性对宏观经济影响的角度进行研究。如彭斯（Burns, 1960）、富克斯（Fuchs, 1968）、厄克特（Urquhart M., 1981）、鲁拉和阿巴尔卡（Roura & Abarca, 2001）、于丹（2007）等利用美国和西班牙等国服务业的相关波动数据进行分析后,指出:服务业对经济周期不太敏感,因此,服务业在经济衰退时表现出一种"免疫性"或者"弱周期性"的特征。但同时,也有学者对此提出相反的结论柯克(Kirk,2006)。除了从服务业的角度进行考察以外,波切特和马图(Borchert & Mattoo,2009)对在当前经济危机下服务贸易所表现出的波动特征进行了分析。作者认为,尽管目前货物贸易、与货物贸易密切相关的运输服务、旅游与金融服务贸易受金融危机的冲击较大,但商业、专业技术服务等贸易额却在上升,作者把这个特点归纳为服务贸易的"弹性"(Resilience)特征,这与江、科勒和威廉姆斯(Jiang, Koller & Williams,2009)的基本分析结论一致。因此,与服务业可以对宏观经济发挥"稳定性"一样,服务贸易在经济危机期间也可以发挥相类似的稳定作用。

(三) 中国服务经济波动性研究

关于我国服务经济的波动特征,学术界均认同目前我国服务经济无论是总量或是结构上都呈现出波动性特征,而且有着规律的周期性(陈怡,2006),但对于服务经济波动的表现形式及原因,各方观点和认识却存在着差异。如王小平(2006)的研究结果表明,1982年以来的中国服务贸易经历了8次短周期波动、3次中周期波动,2次中长周期波动,服务贸易长波与GDP长波具有基本相同的特征;另外,王小平(2007)认为改革开放以来我国服务价格波动经历了5次完整的周期波动,并具有长周期性特征。

另外,从目前国内对服务经济波动对宏观经济影响的文献资料来看,大部分学者集中于从经济增长角度对此问题进行探讨,如潘菁(2005)具体分析了我国服务贸易对经济增长带动不足的原因;潘爱民(2006)认为,中国服务贸易进口、出口与经济增长之间存在一个长期稳定的均衡关系,服务贸易进口的短期波动对中国经济增长的短期变化影响比较明显;尚涛、郭根龙、冯宗宪(2007)利用脉冲响应函数方法对我国服务贸易进、出口冲击对经济增长的影响进行分析;李平、梁俊启(2007)对我国不同部门服务贸易影响经济增长的效应进行了实证分析。

上述研究主要立足于中国本身立场进行考虑,对世界服务经济(贸易)的波动对中国服务经济影响的研究涉及较少,我们应意识到,对服务经济的波动性分析更放在全球服务经济发展变化背景下进行考察,因此,这待于我们对此问题的进一步深入研究。

(四) 外部冲击对服务经济波动产生影响的因素分析

目前,这方面研究主要集中于对服务需求波动对服务经济变量所产生的效应进行分析。例如张卿（2004）根据服务产品运动的特有规律并按照突发事件—随机性外生冲击—消费者群体心理变化—服务需求波动的传导途径对引入随机性外生冲击时的服务需求波动作了相关探讨；杰卡单普利（Jay Kandampully, 2000）以旅游产业为例对服务需求波动影响服务质量作了实证分析；梅塞可摩卡瓦（Masayuki Morikawa, 2008）通过对日本 6 个个人服务产业的数据进行了实证分析，结果表明短期的需求波动降低了个人服务产业的生产率，因此，作者表示，通过把年假日进行分散有利于烫平需求，进而提升了个人服务产业的生产率水平。

从文献来看，虽然目前对中国经济内、外失衡的原因，已经有学者从服务经济波动的角度进行关注，但需指出的是，目前众多数研究通常只侧重于某一特定方面，缺乏一项对现有分散的研究进行综合和统一的工作。而且我们知道，随着全球经济的融合速度越来越快，服务生产要素的跨国界流动成为越来越普遍的现象，因此，从这个角度而言，对一国（外国）服务供给波动的相关研究也同等重要，因此，这为后来者提供了一个进一步研究的空间。

随着全球经济融合的速度越来越快，服务生产要素的跨国界流动与共享变得越来越普遍，因此，服务经济的波动必然会对宏观经济带来一定的冲击效应。而从上述国内、外相关文献来看，对此问题的研究尚处于起步阶段，而且也并没有深入到服务经济波动的国际传导机制（如供给、需求、制度等）问题，另外，目前相关研究主要立足于对服务经济的总体波动情况进行分析，缺乏从构成服务经济内部的结构波动情况进行深入探讨，例如对服务各行业（如金融、保险业等）的产值、贸易额等指标的波动情况及其贡献率等方面进行结构分析和横向比较，面对迅猛发展的经济全球化以及变化多端的全球经济不平衡现象，我国的服务经济必须从这种不平衡中寻求一种"稳定器"，通过对服务经济资源的重新整合以及通过对与世界服务经济联系传导机制的重新疏导，这无疑是对目前我国在金融风暴背景下保证经济的持续稳定增长起到一种积极的正面影响。

二、基于服务贸易提供模式的服务贸易政策研究及中国的政策选择

自 20 世纪 70 年代以来，服务贸易自由化已经成为世界经济中的一个重要现象。国际服务贸易正以赶超货物贸易的速度发展，全球贸易结构迅速向服务贸易倾斜，成为国际贸易活动中最具活力的部分与重要力量。在过去的 10 年里，服务贸易政策已成为国际贸易领域一个备受关注的话题，它主要回答和解决以下两个基本问题：(1) 如何通过服务贸易政策来达到开放利益的最大化？(2) 什么

因素决定着一国服务贸易政策的制订？从已有的文献资料来看，大部分学者都是基于从区域、国家、服务部门、服务企业的角度展开研究，尚缺乏从服务贸易提供模式角度对服务贸易政策制订进行深入探讨，因此，我们有必要将上述两个问题相联系起来，以拓宽服务贸易政策的政策空间。

与货物贸易不同，服务的提供必须把服务提供者与消费者相联结起来，因此，服务贸易在 GATS 里被定义为四种提供模式：跨境交付、境外消费、商业存在和自然人流动，不同的服务贸易提供模式分别对应于不同的要素禀赋与贸易壁垒。虽然多种服务贸易提供模式的存在为服务贸易政策的制订提供了较大空间，但同时也给服务贸易政策的制定带来了复杂性与困难：首先，服务贸易四种提供模式之间是会相互影响的（替代性或互补性），这对服务贸易政策的实施效果产生直接影响，如对教育服务而言，政府放宽外国教育运营商在本国建立教育机构的限制（模式3）可能会减少国内消费者到海外进行学习（模式2）或者通过网络的远程教育（模式1），因此，为避免服务贸易政策的最终效果产生扭曲的、无效的或是不可预知的结果，我们有必要对此问题进行研究。

其次，在服务贸易自由化进程中，一国在对某种服务贸易提供模式实施开放的同时，必须在国内实施相应的管制政策，否则一国就难以获得服务贸易自由化的巨大收益。例如，一国对某服务部门在商业存在提供模式上采取完全开放，但在跨境支付提供模式上却采取限制政策，同时对国内服务供应商实行市场准入的限制，在此情况下，最终的结果是把租金转移给外国服务供应商，而且降低了国内的福利水平（Francois & Wootton，2001）。

再次，为获取服务贸易自由化的最大利益，一国的服务贸易政策应建立在本国服务贸易提供模式的比较优势基础之上，否则会对该国的服务产业造成严重冲击；此外，在不同发展阶段，各国有可能会在服务贸易四种提供模式中的比较优势发生动态转换，因此，为进一步推进服务贸易自由化，我们有必要对各国在服务贸易四种提供方式的比较优势和政策选择进行分析。

最后，代表不同服务贸易提供方式的利益集团会游说政府实施他们所偏好的贸易政策，从而给一国服务贸易政策的实施带来困难：一方面，为了获得租金，代表各服务贸易提供模式的"在位的"服务供应商会游说政府对该提供模式进行保护，另一方面，政府为了获得这种经济租，也可能通过拍卖的方式卖出这种特权。为此，在服务贸易自由化进程中需要一个更加统一、有效的政策。

由于上述服务贸易提供模式对服务贸易政策制订的重要性，为进一步推进服务贸易自由化并实现开放贸易利益的获得，对这一问题的深入研究是必要的，而且是紧迫的，否则，服务贸易自由化进程中就有可能陷入一种既不能利用服务贸易的比较优势，又不能获得开放贸易利益的两难境界，从而在多边和双边服务贸易自由化谈判中更为被动。近年来，虽然有学者对服务贸易提供模式问题进行研究，但主要是立足于跨国公司或者从某一种提供模式的角度进行，把服务贸易提供模式与服务贸易政策两者相结合起来的研究相对还较少。因此，为避免服务贸易政策产生扭曲的、无效的或是不可预知的结果，我们有必要对此问题进行深入研究。

目前，对服务贸易提供模式进行研究的文献不多，主要有以下几个研究角度。

第一，从服务贸易统计的角度进行研究。如 2002 年由 UN 等六个国际组织所发布的《国际服务贸易统计手册》；EUSTAT（2007）发布的《关于 FATS 统计的建议手册》；高敏雪、胡景岩（2007）提出的"中国国际服务贸易统计"的基本框架等。

第二，对一种服务贸易提供模式进行研究。沃姆斯利（Walmsley）和温特斯（Winters，2002）分别对自然人流动自由化所取得的总收益进行了估算；郭根龙、冯宗宪（2006）对电子商务和国际外包影响跨境交付提供模式的发展进行了具体分析；王亚飞（2006）指出，目前教育服务在境外消费提供模式上的市场分布呈现出一种极不均衡的状态，我国应该借鉴发达国家的经验大力发展我国教育服务贸易。

第三，对多种服务贸易提供模式进行对比分析。陈宪和谭智勇（2003）、李慧中（2004）、罗楠、杜兆恩（2006）、柯加德（Klrkegaard J.，2008）分别对不同服务行业的商业存在和跨境交付提供模式之间的互动关系进行了实证分析和理论解释；鲁帕·钱达（Rupa Chanda，2004）则通过使用国家、服务部门以及公司的调查数据，对服务贸易提供模式之间可能出现的各种交互效应（互补性、替代性和抑制性）进行了深入探讨；郑长娟、徐建中（2005）、杨锦权、王迎新（2007）结合服务的特征，对跨国服务企业国际化的进入模式与服务贸易四种提供模式的对应关系进行了考察。

第四，对服务贸易提供模式在多边（双边）谈判中的重要性进行研究。菲利普·张（Philip Chang，1998）认为，清楚了解各服务部门在四种提供模式上的重要程度对推进服务贸易在将来的谈判十分的重要；马图（Mattoo）和奥莱瑞格（Olarreaga，2000）则提出了一套把服务贸易四种提供模式相联系起来进行承诺的方法；封旭红、盛斌（2006）指出，GATS 的四种服务贸易提供模式反映了消费者和提供者之间的互动关系，是各服务部门做出减让或约束承诺的依据。

从上述研究可以看出，已有的国内外文献从贸易自由化、服务部门的发展、跨国服务企业进入东道国方面强调了服务贸易提供模式的重要性，但真正涉及服务贸易政策制定方面的研究则相对较少。因此，本书试图从服务贸易四种提供模式之间的交互作用、服务贸易提供模式与服务业管制政策的搭配、服务贸易提供模式的比较优势、服务贸易提供模式的政治经济学分析四个角度构筑起服务贸易政策的体系框架，并对中国推进服务贸易自由化的政策设计做出尝试。

三、服务贸易对中国制造业全要素生产率的影响研究

随着国际产业结构调整的加快，服务贸易对推动技术进步和经济增长变得越发重要。这主要体现在生产者服务进口向制造业的渗透，而作为制造业的中间投入，生产者服务所内含的知识资本、技术资本和人力资本可以降低交易成本、深化专业分工，进而大幅度提升制造业的全要素生产率。而服务进口作为高级的要素投入，提高了中国制造业的分工水平，从而促进中国制造业全要素生产率的提高。

目前，中国制造业增加值率比美国、日本和德国要低，中国制造业已经到了转型与升级的关键时期；但由于我国服务贸易发展水平和结构仍相对落后，服务贸易占贸易总额比重仅为世界平均水平的一半（10%）、新兴服务贸易占服务贸易总份额不足40%（国际为60%），这严重限制了服务贸易对我国制造业全要素生产率的提升作用。

在后危机时期，产业结构调整、渐次拉动内需、促进技术进步将是经济发展的核心；而从区域经济发展来看，珠三角和长三角经济区都在经历着从劳动密集型制造业向以现代服务业为主导的产业结构转型。因此，如何有效利用服务贸易，特别是生产者服务贸易，这对提升我国制造业的全要素生产率，并实现产业结构转型有着非常重要的意义。

目前，从服务贸易角度研究其对一国制造业全要素生产率的研究的相关文献如下。

服务贸易对一国制造业全要素生产率的提升作用主要通过生产者服务进口来实现的，除了与货物进口相类似的 R&D 溢出机制以外（Coe，Helpman，1995；Lichtenberg，Potterie，1998），由于服务贸易本身的特点，还体现在以下四个方面：第一，可以深化生产者服务的专业化分工，使下游产业使用的中间投入品在种类上增加，在质量上提高，并获取规模效应，从而推动制造业全要素生产率的提高（Markusen，1989；Grossman，Helpman，1991；Langhammer，2006）；第二，一旦所进口的服务与当地生产要素发生关联后，会使服务更具"当地化"与"适宜性"，因而更容易促进当地制造业全要素生产率的提升（Acemoglu，2001；

Segerstorm，2000）；第三，促进制造业和服务业在空间分布上的联动效应，从而提高下游制造业的劳动生产率（Helpman，Antras，2004；Anderson，2004；Raff，Ruhr，2007）；第四，深化专业化分工，从而有利于异质性产品的生产控制和协调，最终促进各种异质性最终产品劳动生产率的提高（Francois，1990）。

另一方面，与制造业相比，服务作为一种相对复杂的产品，会更加与本国的资源禀赋、人力资本紧密结合，较难进行国际学习和转移，因此，服务的进口并不一定意味着东道国能从中学习、模仿和使用服务出口国的经验与技术，反而会使服务进口国形成技术依赖，这从长期来说不利于服务进口国制造业全要素生产率的提升（Burgess，1990；Young，1991；Lucas，1993；Clement Yuk et al.，2007）。

在实证研究方面，OECD（2006）的研究表明，服务市场开放所引起的技术转移和扩散效应能促进包括开放服务部门在内的所有经济部门的生产率，而服务贸易的商业存在和自然人流动提供模式是技术扩散的主要渠道；弗朗索瓦和维尔茨（Francois & Woerz，2007）对 OECD 国家进行了研究，结果发现，商业服务进口会提高技术密集型制造业的出口与增加值，但对劳动密集型制造业的出口却存在负面影响；庄丽娟（2007）、伍华佳、张莹颖（2009）认为，服务贸易可通过物质资本积累效应、人力资本效应、制度变迁效应等途径影响一国的技术进步。

综上所述，关于服务贸易对制造业全要素生产率的研究，虽然国内外已有文献已有涉及，但尚缺乏针对发展中国家（如中国）在细分行业视角将服务进口与各制造业部门全要素生产率相联系起来进行分析，而且在实证研究中较多采用服务业 FDI 数据，较少对服务贸易本身和商业存在提供模式数据进行考察；另外，对服务贸易与区域制造业全要素生产率的波动、区域比较优势变化等相关研究也较欠缺。

第二章

区域服务业开放与贸易自由化

第一节 区域服务贸易自由化相关问题及文献评述

2013年在世界经济曲折复苏的背景下,由美国和欧盟等21个高收入国家和地区主导的"诸边服务业协议谈判(PSA)"正在如火如荼地展开。它是美国为搁置WTO、出笼"跨太平洋伙伴关系协议谈判"(TPP)和"跨大西洋贸易和投资伙伴关系谈判"(TTIP)之后,又一个更深刻的服务贸易规则。目前,中国的服务贸易优势集中于旅游、运输等传统较低附加值的服务,而对金融、保险等高附加值、知识密集型的服务,中国则不具备比较优势,如果PSA规则达成,会使我国服务贸易处于新的游戏规则之外,更难培育高附加值服务部门的比较优势,为此,我国应通过有选择性地选取贸易对象签订双边与区域性服务贸易协定,以减少PSA对中国服务业与服务贸易发展带来的冲击。另外,在区域服务贸易自由化浪潮中,区域服务贸易网络错综复杂,中国应如何通过调整化解不利影响,判断区域服务贸易协定对贸易与FDI地区布局的影响,筹划调整自己的区域服务贸易网络,以利于自身发展的产业布局是宏观政策中非常重要的现实问题。

从20世纪90年代开始,涉及服务贸易的区域贸易协定开始大量增加,在2000年以前只有6个区域贸易协定涉及服务贸易,而至2012年向WTO通报的区域服务贸易协定已达到了97个,而且这些协定涵盖了N-N,N-S,S-S等发展差异程度较大的国家。为何各国热衷于签订区域与次区域的服务贸易协定?由于传统贸易理论并不涉及国内政策因素对政府贸易政策选择的影响,因此也就无法对上述现象做出满意的回答。另一方面,自1995年GATS签订以后,多边服务贸易自由化就陷入了停滞(Adlung and Roy, 2005),乌拉圭回合也并未传递任何实质的自由化。博彻特（Borchert et al., 2010）等人提供的证据表明，各国在 GATS 下所做出的承诺中所体现的限制程度约为实际执行政策的一倍。即使在多哈回合之后，上述差距依然存在，因此证明很多国家并不愿意使用 GATS 来作为当前开放程度的"锁定"工具。上述结论是令人疑惑的，经济理论认为，基于 WTO 的非歧视原则和互惠原则，多边贸易自由化会给各国带来更多的开放利益，这意味着在 GATS 框架内，如果成员给予其他成员更大的市场开放时，会从中得到更多的利益。但为何各国热衷于签订区域与次区域的服务贸易协定？为什么各国并不愿意在 GATS 里扩大服务市场的开放？

对区域服务贸易自由化的兴趣反映了以下几个事实：第一，随着关税普遍在世界范围大幅度下降，政策制定者逐渐把兴趣转移到限制国际商业活动的其他壁垒上，而上升的货物贸易及国际生产网络凸显了服务作为中间投入的重要性；第二，技术进步大大扩展了服务进行贸易的可能性；第三，很多国家开始把服务基础设施的提供转移到私有部门。目前，理论界对于区域服务贸易自由化的兴起，提出了以下几个亟待解决的命题。

一、区域服务贸易自由化的政治经济分析

自 20 世纪 90 年代以来，贸易政策的政治经济学成为国际贸易领域的热门研究课题，它为我们研究大量兴起的区域服务贸易协定提供了较好的理论基础。这主要原因在于区域贸易协定要受一系列经济和非经济因素的驱动：第一，由于区域贸易协定在本质上具有歧视性特征，因此往往被政府用来追求政治目标的工具，而区域贸易协定又会在成员和非成员之间产生巨大的贸易转移效应（Grossman and Helpman, 1995; Krishna, 1998）。第二，与货物贸易的关税及其他相关问题相比，服务贸易要受到更多不同政府部门的管制（如管理各种服务部门的部委，各种规制机构，省市政府等）；第三，区域贸易协定也可作为各国进行关税改革合作的承诺工具（Mitra, 2002）；第四，一国在区域服务贸易协定里所做出的承诺，往往并不实际反映本国的服务业的开放（限制）情况，它更多反映的是在法律意义上的捆绑式承诺；第五，其他国际政治经济力量也对区域贸易协定起着影响作用，例如地理上的亲近性会促成两个相邻的国家签订区域贸易协定（Baier and Bergstand, 2004）。因此，受上述因素影响，当我们在分析各国在区域服务贸易协定所做出的承诺大小时，就必须结合各国当时的国内外政治经济环境进行分析。

二、为何各国在区域服务贸易协定里所做出的承诺要普遍大于 GATS 里所做出的承诺？

大量研究表明，各国在区域服务贸易协定中所做出的承诺普遍要高出其在 GATS 里所做出的承诺，尽管承诺在不同协定之间、不同贸易伙伴之间、不同服务部门之间以及不同服务提供模式之间存在着较大差别（Roy et al.，2007，2008；Marchetti and Roy, 2008；Fink & Molinuevo, 2008a, 2008b；Miroudot et al.，2010；Vander Marel & Miroudot, 2012）。而相关事实证明，GATS 仅仅是有效地部分约束了成员已经在实施的单边自由化改革，乌拉圭回合并未传递任何实质的自由化。上述结论是令人疑惑的，因为经济理论认为，基于 WTO 的非歧视原则和互惠原则，多边贸易自由化会给各国带来更多的开放利益，在 GATS 框架内，这意味着如果成员给予其他成员更大的市场开放和国民待遇时，会从中得到更多的利益。但事实上，自 1995 年 GATS 签订以后，多边服务贸易自由化就陷入了停滞（Adlung and Roy, 2005），为什么各国不愿意在 GATS 里扩大他们所做出承诺？而是愿意在区域范围内扩大它们在 GATS 里所做出的承诺？在什么样的经济和政治环境下他们愿意这样做？

标准的政治经济理论表明，贸易协议的互惠原则意味着东道国可以用"一揽子"的降低关税政策来换取外国市场的进入，通过这种方式，国内的利益集团可以得到更好的出口市场，并抑制国内反对力量；其次，贸易协定可以使外国相信本国政府可以遵守协定的相关内容，从而增加对本国进行改革的可信度。但同时众多文献表明，构成上述互惠原则里的主要因素："出口利益"对服务贸易而言并不存在（Hoekman & Messerlin, 2000；Hoekman, 2008），因此基于互惠原则并不适用于服务贸易谈判。马托（Mattoo, 2005）和霍克曼（Hoekman, 2008）进一步指出，GATS 并不比 GATT 在谈判承诺和降低保护水平上有效。霍克曼等人（Hoekman et al.，2007）总结了多边服务贸易自由化没有取得较大进步的五方面原因，在于一些政治经济因素削弱了 WTO 谈判"互惠交换承诺"目标的实现：技术进步导致更多的服务贸易不受政策影响；追求单边服务贸易自由化的动机；双边和多边合作可以很好地替代 WTO 的设想；政治经济力量的影响，如在位的服务提供商害怕自由化会导致租金的减少；对 WTO 影响规制者实施国民标准的担忧。周念利（2008a）对区域服务贸易自由化安排所呈现的四大"GATS+"特征展开分析：基于"否定列表"的服务自由化承诺方式；服务贸易规则与投资规则的"分立"架构；相对自由的服务原产地规则；"非成员最惠国待遇"条款的引入。另外，周念利（2008b）对 32 个经济体在 RTAs 框架下的服务贸易自由化水平进行量化评估，研究表明：经济体在区域贸易安排中的相关承诺所体现的服务自由化水平不同程度地超越了它们在多边服务贸易安排中的相关承诺。服务自由化水平得到最显著提升的多是与美国签署区域贸易协定并基于"否定列表"作出承诺的小的欠发达经济体；大多数经济体在 RTAs 框架下都倾向于采取"扩展"服务自由化承诺的部门覆盖率，而非"深化"既有承诺的方式来提升服务自由化水平。

而博彻特等人（Borchert et al., 2010）提供的证据表明，各国各地区在 GATS 下所做出的承诺所表现出来的限制程度约为实际执行政策的一倍。即使在多哈回合之后，上述差距依然存在，事实证明很多国家并不愿意使用 GATS 来作为当前开放程度的"锁定"工具。米鲁多等人（Miroudot et al., 2010）通过对 56 个区域服务贸易协定进行分析后，证实有 72% 的分部门所做出的承诺要大于成员在 GATS 里所做出的承诺，而其中约有 42% 属于互惠式捆绑承诺。

马雷尔和米鲁多（Marel & Miroudot, 2012）解释了区域贸易协定里的所做出的承诺要超出 GATS 的主要原因，他们认为，成员方经济与市场规模的不对称性、中等技术劳动力禀赋及制度管制对于增加成员在区域服务贸易协议中的承诺起到了正向影响，但金融和建筑部门并不具统计意义的显著性。

除上述分析外，令各国在多边服务贸易谈判中做出较小承诺的其他因素，如很多发达国家在服务业上具有比较优势，它们占据了服务贸易的主要市场，而发展中国家只占较少的市场份额，因此降低了发达国家对发展中国家进行承诺的动机。另外，一国的民主机制也同时起着重要影响，虽然从理论上消费者会从自由化中获得收益，但消费者会害怕开放市场后导致更高的服务价格和更差的服务品质，从而降低了他们的福利，因而消费者也会反对进行承诺，而消费者表达意愿的渠道之一就是当地的民主机制；影响承诺大小的另一种制度力量则来源于服务部门的管理者，贸易改革意味着服务部门管理者的权力会受到相应限制，而自由化也会使管理者的租金减少，因此他们会反对进行进一步的承诺；但如果改革会形成更好的服务业规制制度和更多的外国市场份额，管理者是愿意进行承诺的，因此，这主要取决于规制制度的质量。

此外，即使在区域贸易协定里也会有一些承诺要低于 GATS 的水平，它们会对多边贸易自由化产生不利影响，如侵害第三方（非成员方）向贸易区进行投资的权利（Adlungn and Miroudot, 2012）。据此，这从而产生了以下问题。

三、区域服务贸易协定究竟是多边服务贸易自由化的绊脚石还是垫脚石？

近半个世纪以来，分析家和政策制定者一直争论区域贸易协定对于多边贸易自由化的作用，一个主要的争论在于区域贸易协定是多边贸易自由化的绊脚石还是垫脚石？（Lawrence，1991）。其中，有很多文献支持"垫脚石"的观点，认为区域贸易自由化为多边贸易自由化提供解决新问题的先例，区域贸易自由化所做出的承诺迟早会或多或少地融合进多边贸易自由化里。而为了回答区域服务贸易自由化对于多边服务自由化的作用，文献更注重考察区域服务贸易自由化的政策动态性及服务提供的特征。芬克和詹森（Fink & Jansen，2009）赞同区域服务贸易协定是多边服务贸易自由化垫脚石的观点，他们认为大多数区域服务贸易协议里所包含的原产地规则是自由的，这是因为通过由位于非成员国的母公司在任一成员国里建立子公司的方式，区域贸易利益可以扩散到非成员国，但是有两种情况例外：第一，自由人流动模式下的承诺在区域服务贸易协定下表现出较大歧视性；第二，特惠规制合作（Preferential Regulation Cooperation）在本质上也具有歧视性特征。米鲁多等人（Miroudot et al.，2010）认为，通过区域服务贸易协定中的原产地规则和最惠国待遇，降低了对非成员国服务提供商的歧视，从而将承诺扩展到非成员国，因此作者赞同区域服务贸易自由化是多边服务贸易自由化垫脚石的观点。但是，区域经济组织的快速发展会扩大原产地规则的职能，导致优惠原产地规则成为区域的保护手段，加大了区域贸易转移效应、降低了全球福利水平，与WTO的目标产生了冲突（成新轩、王英，2009）。运用政治经济分析方法，凡·格鲁斯泰克（Van Grasstek，2011）认为，无论从国际政治经济和国内贸易政策角度而言，区域贸易谈判都要比多边贸易谈判涉及更多的政策因素，通过对智利、欧盟、美国、日本的服务贸易政策进行回顾后，作者认同区域服务贸易协定是多边服务贸易自由化垫脚石的观点。周念利（2012）对区域服务贸易安排提供的特惠待遇内容进行政治经济分析，结果显示，由于区域服务贸易安排内涵着"特惠侵蚀"机制："非成员最惠国待遇条款"及相对自由的服务原产地规则，实际付诸实施的区域服务贸易"特惠待遇"远不如根据协定文本测算得那么显著，区域服务贸易"特惠待遇"的"渗漏性"特征会有助于推进多边服务贸易自由化进程。

但与此同时，传统经济学文献提供了一些支持区域贸易自由化是多边贸易自由化"绊脚石"的观点。这方面的研究如拉维（Levy，1997）从理论上论证了中间选民会从双边 RTA 得到比多边贸易协定更多的总收益，因此会破坏多边贸易自由化的进程；克利须那（Krishna，1998）认为，产生贸易转移效应的 RTA 会使成员得到既定利益而不愿意采纳多边贸易自由化；谢建国（2003）构建了一个多国模型，认为区域主义的兴起是贸易合作深化的必然，而且合作的深化导致区域组织规模扩大，越可能使非成员的利益受到区域贸易组织的损害。李恒（2004）认为新区域主义与多边主义有许多的碰撞与冲突，并认为是多边化的法律层面上的例外导致了区域主义的繁荣，而区域主义的繁荣增加了多边主义的困难。而从实证上，利马奥（Limao，2006）最先使用美国的数据验证了区域贸易协定是多边贸易自由化绊脚石的观点。此外，利马奥（Limao，2007）认为，由于非贸易问题是很多区域贸易协定的目标，因此会提高多边谈判中关税降低的成本，因此不利于推进多边贸易自由化。史蒂芬森和罗伯特（Stephenson & Robert，2011）从对区域服务贸易协定是否会加强或弱化 WTO 体系、WTO 的服从性、促进改革功能以及 RTA 对服务贸易的促进功能等方面进行了讨论。米鲁多和夏泊特（Miroudot & Shepherd，2012）认为，尽管过去十年区域服务贸易协定大量增加，但它降低贸易成本的效应非常小，通过使用 66 个区域服务贸易协定数据，作者并且发现在区域服务贸易协定签订之前，贸易成本降低的事实已经发生，因此作者认为区域服务贸易协定仅仅是作为锁定政策改革成果的工具之一。而从这个角度而言，区域服务贸易协定并不能对多边服务贸易自由化产生积极作用。

从上述文献来看，虽然区域服务贸易合作模式兴起已有一段时间，但是由于缺乏对区域服务贸易协定进行定量分析，并不足以对理论假设进行验证，更不能从动态的角度对"绊脚石"还是"垫脚石"的争论做出回答。从而限制了与其相关的谈判模式、效应与相关政策制定的理解，因此得出的研究结论和政策建议在可靠性和可行性方面都十分有限。

四、区域与多边服务贸易协定承诺大小评估及影响因素分析

（一）服务贸易协定承诺大小评估

目前，对自由贸易协议进行评估的方法，以一般均衡 GTAP 方法为主，但在 GTAP 模型中对服务部门的统计数目较少，因此并不能分部门对服务贸易自由化的效应进行全面估计。开创性地，霍克曼（Hoekman，1995）使用"三级分类频度方法"（将"没有限制"赋值为 1，"有保留的承诺"为 0.5，"不做任何承诺"为 0），直接对 GATS 各成员方的承诺减让表进行了量化评估，而这被证明是全

面、有效评估服务贸易自由化的方法之一。此后，一批学者对上述频度方法进行了改进，主要包括：马托（Mattoo，1998）通过给不同的服务提供模式分配权数，特别是为商业存在模式设计更为具体的加权评分系统，以此计算 GATS 协议成员国金融服务的"自由化指数"。澳大利亚生产率委员会研究小组的分部门研究（Findlay & Warren，2001），采用了更为细化的赋值方法及更广泛的数据来源。科莱基亚（Colecchia，2001）为专业服务构造的频度指数与澳大利亚法类似，但其指数不是分值的简单加权平均，而是加权平均值与"基准保护/开放水平"的离差；兰哈默（Langhammer，2005）将四种服务贸易提供模式相联系起来进行赋值，对欧盟在多哈回合中所达成的承诺意愿进行了评估。

从研究方法来看，"Hoekman 指标"的最大优点是计算简单，但该指标只对各国的承诺深度划分为三类，显得过于简单，掩盖了减让表中的很多信息；澳大利亚法和国内学者的研究虽然用更具体的赋值系统做了改进，但所用权数是以其限制经济效应的主观判断为依据，并不能准确评价承诺减让表中各国所表达的"承诺意愿"；另外，兰哈默（Langhammer，2005）的改进方法并不能分别对四种服务提供模式的承诺意愿进行计算。

从研究对象来看，虽然近年出现了一些对双边服务贸易协议进行定量评估的文献，但针对中国进行定量研究的文献还较欠缺。如帕瑟迪勒（Pasadilla，2004）对日本、新加坡和菲律宾三国在 WTO、AFAS、JSEPA 所签订的协议进行的评估比较；史蒂芬孙（Stephenson，2005）对 APEC 成员分别在茂物宣言、WTO 承诺时间表、双边服务贸易协议所做的承诺进行分析比较；马丁·罗伊等人（Martin Roy et al.，2006）对 29 个 WTO 成员方的 28 份双边服务贸易优惠贸易协议进行考察；和保罗·巴特利特（VoTri Thanh & Paul Bartlett，2006）对东盟服务贸易框架协议（AFAS）运行十年来的情况做了总结评估。盛斌（2002）最先使用霍克曼（Hoekman，1995）的方法对中国"入世"协议书进行了量化评估；在此基础上，程大中（2003）将服务贸易承诺的量化结果与服务贸易比较优势相结合起来进行研究；此外，王健（2005）重新对中国"入世"协议书中的服务部门进行了调整和赋值，以此计算中国"入世"协议书中各服务行业的承诺开放度。沈铭辉、周念利（2010）认为 16 个亚洲经济体参与的 32 件区域服务贸易协定所实现的服务贸易自由化水平均不同程度地超越其在 GATS 框架下所做的相关承诺，而且大多数经济体表现出了较强的部门"扩展"倾向。

（二）服务贸易协定承诺大小影响因素分析

哈马斯、马托和舒克内希特（Harms, Mattoo & Schuknecht，2003）对 GATS

中金融服务部门所做出承诺的决定因素进行了解释,他们发现联盟程度、金融部门的发展水平、成员身份、规制质量等因素对承诺大小起着影响作用。在上述研究基础上,沃尔克斯(Valckx, 2004)发现 GDP 增长率和银行部门的绩效等经济政策因素是金融服务部门承诺大小的影响因素。与上述特定服务部门分析不同,针对 GATS 中全部服务部门的承诺情况,艾格和兰茨(Egger & Lanz, 2008)得出与传统理论中人力资本与资本要素缺乏的国家会从贸易自由化获得最大收益观点不一致的结论,他们证实在现实中,反而是富国及高技术劳动力充裕的国家会在 GATS 中做出较大的市场开放承诺,此外他们发现,假如对方也这样做的话,该国将做出更大的承诺。而这与罗伊(Roy, 2011)的观点相类似,作者认为,相对经济规模、要素禀赋、民主以及规制的透明度可以解释各国在 GATS 中所做出的承诺变化情况。

在 GATS 中适用部门都是通过谈判后作为"肯定"清单列出,而许多服务 RTAs 在适用部门上采用"否定"清单的方式,即原则上适用于所有领域,除非特别指出(Roy, Marchetti and Lim, 2007)。虽然并不是所有的"否定"清单协定都比"肯定"清单自由化承诺水平更高,但采用"否定"清单方式的区域贸易协定典型包含一种"棘轮机制",凭借这种机制可以自动将新出现的服务部门锁定在自由化范围内。而且,这种预期对于吸引外资和促进跨境交易都非常重要(Mattoo & Wünsch, 2004)。

针对东亚地区的服务贸易协定,芬克和莫利努埃沃(Fink & Molinuevo, 2008)认为区域服务贸易协定里的承诺只有很少一部分能超过多边区域协定;而与正面清单方法相比,采用负面清单方法会使承诺覆盖到更多的服务部门,但开放承诺度却不高;此外,由于"搭便车"效应的存在,一国参与区域贸易协定的数量会抑制该国在区域服务贸易协定中所做出的承诺。马尔凯蒂和罗伊(Marchetti & Roy, 2012)证实了双边服务贸易协定存在的互惠性特征,即谈判方所做出的承诺跟其他谈判成员在服务部门或非服务部门所做出的承诺有着相关性,其结论对于推动双边与多边服务贸易谈判有着重要的启示意义。

五、区域服务贸易自由化效应及规制改革

马图和索韦(Mattoo & Sauve, 2010)讨论了区域贸易协定的经济学原理以及区域服务贸易协定与货物贸易协定的不同;为减少对非成员方的负面影响,作者强调了第三国在区域贸易协定的多边规制上的重要性;归纳总结了区域服务贸易协定的相关政策和市场开放的经验;最后阐述区域服务贸易协定和 GATS 的不

同特征。

霍克曼和马图（Hoekman & Mattoo，2011）提出了推进服务贸易自由化和规制改革的两种途径：政府应当创造一个"知识平台"以提供给管理者、贸易官员、股东对规制改革的相关内容进行讨论，为进一步开放市场，通过平台可识别出改革的优先顺序以及给利用贸易援助资源提供机会；提出在WTO框架内对商业存在和自然人流动模式的服务贸易进行谈判的新办法。

周念利（2012）认为，发展中经济体对外缔结"区域贸易安排"能对其双边服务出口产生显著的正向影响；单纯缔结"区域货物贸易安排"不会对双边服务出口产生显著的正向影响；对外缔结"区域服务贸易安排"能显著提升双边服务出口流量；"南—北型"区域贸易安排（区域服务贸易安排）对双边服务出口的促进作用要明显强于"南—南型"。

六、区域服务贸易安排对FDI的影响效应

作为发展中的大国，FDI对中国经济发展至关重要，它不仅是提升产业结构的动力，还是解决就业、促进技术进步的重要力量。因此，在区域服务贸易自由化浪潮中，中国应判断区域服务贸易协定对FDI地区布局的影响，筹划调整自己的区域服务贸易网络，以吸引更多的FDI和进行更有利于自身发展的产业布局。此外，中国周边的经济体都在积极地开展区域服务贸易谈判，区域服务贸易网络错综复杂，对中国吸引FDI也构成了造成一定的影响，中国如何通过调整化解不利影响，扩展FDI是宏观政策中非常重要的现实问题。我国能从事多少国际贸易及吸引多少FDI，不仅取决于自身条件，而且取决于与周边地区相比的比较优势及政治经济关系。区域服务贸易协定的签订改变了国家间的贸易成本，从而使区域内、外间的服务贸易与服务业（制造业）FDI流量与流向产生变化。

关于RTA对贸易与投资影响的解释最先来源于"贸易创造""贸易转移"及"贸易偏转"效应和金德尔伯格（Kindleberger，1966）所提出来的"投资创造"和"投资转移效应"。在贸易方面，周念利（2012a，2012b）研究了区域服务贸易安排对双边服务贸易的影响，并指出"南—北型"区域服务贸易安排对双边服务出口的促进作用要明显强于"南—南型"，但大多数相关研究并未严格区分货物贸易协定与服务贸易协定效应的区别。而关于RTA产生投资创造与投资转移的原因，巴格瓦蒂（Bhagwati，1973）认为只有当区位变化能够提高FDI效率时，投资创造才会发生；如果只有FDI数量的增长，而没有生产效率和福利的提高，那只能发生投资转移效应。而选择南—北型区域贸易协定要比南—南型与

北—北型区域贸易协定更容易吸引 FDI 的流入（Blomstrom & Kokko，1997；Venables，2000；Innwon Park & Soonchan Park，2008）。鲍尔温等人（Baldwin et al.，2003）认为，RTA 会产生两个层次的投资转移效应：第一层次是区域一体化会导致生产从区外转移到区内；第二层次是区内产业将向市场规模大的成员转移。杰莫特（Jaemotte，2004）发现，RTA 的市场规模对成员 FDI 的流入有着显著的正效应。吉尔马（Girma，2001）认为，欧洲市场规模的大小与相对单位劳动成本是决定 FDI 流入的更重要的因素。陈丽丽、余川（2011）发现，区域内外的收入和生产率水平差异会影响 FDI 流向和流量。

而从研究对象来看，大多数经验研究主要集中于北—北型和南—北型区域贸易协定，而对南—南型区域贸易协定影响 FDI 效应的研究较少。如对欧盟（Baldwin et al.，1995；Pain & Landsbury，1996；Dunning，1997；OECD，2003），对美洲（Yeyati & Stein and Daude，2003）、NAFTA（Graham & Wada，2000）、拉丁美洲（Bengoa & Sanchez - Robles，2003）、CUSFTA（Chase，2004）自由贸易区的投资效果进行研究，这些文章都旨在揭示与区域贸易协定相关改革对 FDI 流入的影响。

另外必须指出的是，目前笔者尚未发现明确区分货物贸易协定与服务贸易协定的投资效应进行研究的相关文献，而在关于区域服务贸易协定的文献中，主要从最惠国待遇、原产地规则及贸易等方面探讨其与多边服务贸易自由化的关系（Fink & Jansen，2009；成新轩、王英，2009；周念利，2012a、2012b；Miroudota & Shepherd，2012），因此，对于探讨区域服务贸易协定与 FDI 关系的相关研究仍是一块空白。

七、服务贸易自由化：国内管制与国际协调

服务业、服务贸易自由化与管制是近年来研究的热点领域。服务贸易自由化的主要内容是不断地降低服务贸易壁垒。由于服务产品的无形性特征，决定了服务产品进、出口一般不通过海关进行登记，服务贸易壁垒不可能沿用传统的关税限制模式，必然以非关税壁垒形式为主，而这些非关税壁垒又表现为国内对服务业进行管制的各种措施。因此，与货物贸易自由化的赋予产品无歧视的公平竞争待遇的实质不同，服务贸易自由化更多是修改和调整上述管制规定，在国内引入更多国际竞争的过程。但另一方面，垄断、外部性和信息不对称等市场缺陷又需要政府实施管制措施加以纠正，因此，服务贸易自由化不单纯是减少管制，有时甚至需要加强管制。因此，服务业的对外开放是降低管制（拆除进入壁垒、促进竞争）和加强管制（建立合理的法律环境、加强监管当局的权利，增强其独立

性）双向过程的综合，政策必须注意寻求有效的规制和可竞争性市场之间的平衡。其次，由于各国的生产力发展阶段不同、历史传统及偏好各异，全球范围内对服务业的管制标准繁多、方法各异，构成限制服务贸易顺利进行的突出障碍，例如对金融业的管制，就有限制最低资本金、限定经营地域范围和设定股份比例等多种形式。因此，服务贸易自由化不可避免地涉及对管制措施和标准的差异进行国际协调。

　　从文献的丰富程度来看，服务贸易自由化和竞争政策都是研究的热点内容，但将两者联系起来统一进行分析，关注服务贸易自由化对竞争政策的影响以及探讨两者关系的研究明显不足。服务贸易自由化不单纯是减少管制，有时甚至需要加强管制。卡宾和司迪恩（Cubbin & Stern, 2006）使用发展中国家的例子，证明了电信等具有寡头垄断市场结构的行业开放效果与规则的完善程度正相关，再次证明竞争和国内管制规则的健全是这些部门推行服务贸易自由化的前提，服务贸易自由化收益与和国内规章制度的健全状况正相关。

　　管制之于服务贸易自由化重要，主要原因在于服务业的市场结构。服务业市场结构是产业组织研究的热点之一，寡头垄断市场结构在世界范围的服务业中都普遍存在，我国多数生产者服务业的市场集中度也高于工业（顾乃华，2006）。柯南和阿斯切（Konan & Assche, 2006）、弗朗索瓦和沃顿（Francois & Wootton, 2001）等人认为，由于存在高的初始固定成本和法律以及行政规定，逐步推行的对外开放引入了部分竞争者，但是这些竞争者很有可能与本国的垄断供应商结成卡塔尔。垄断联盟成立后，则通过转移垄断租金方式，破坏自由化收益。因此，卡特尔等垄断同盟的出现会严重侵蚀自由化的利益，需要对之加强管制。柯南和阿斯切（Konan & Assche, 2006）认为，由于在发展中国家普遍存在着对金融和电信等服务业的行政垄断，目前服务贸易自由化谈判的突破又多表现在所有权控制度的降低，市场准入的程度相当有限，因此服务业开放后也难以打破寡头垄断的市场结构。他们模拟了一个电信业（只一家企业）开放，引进一家外资的两种情况：如果保持正常竞争，本国福利因此提高 0.65%；如果两家企业结成卡塔尔，则开放会使福利绝对下降 0.25%，他们强调对发展中国家而言，服务业开放之前应健全国内的竞争规则体系。

　　服务贸易自由化的重心之一是协调管制，随着开放的深入，规则不一对服务贸易自由化的障碍会更加明白无误地显现。世界贸易自由化水平最高的欧盟在区内推行服务贸易自由化时，就深感各国管制不一的困扰，如对于审计业，无论是产品的跨境交付，还是人员过境提供服务，或对于外资设立审计公司内部管理的规定各国都千差万别，成为服务贸易跨境提供的最主要障碍（Maijoor et al.,

1998)。科克斯和勒茹尔（Kox & Lejour，2006）认为服务供应商为应付不同国家的规定，必然重复增加进入市场的固定成本。他们的研究结果表明如果没有这样的成本，2004 年欧盟内部服务贸易额将会增加 30% ~62%，服务业的直接投资可增加 18% ~36%。

因此，服务业的对外开放是降低管制（拆除进入壁垒、促进竞争）和加强管制（建立合理的法律环境、加强监管当局的权利，增强其独立性）双向过程的综合，政策必须注意寻求有效的规制和可竞争性市场之间的平衡，服务贸易自由化收益与市场结构和国内促进竞争的制度完善程度密切相关。

第二节 《中国—东盟服务贸易协议》 第二批承诺评估分析

一、导言

服务贸易自由化已成为经济全球化不可分割的一部分，但从目前多边服务贸易自由化的进展来看，自 1994 年 GATS 签订后，多边服务贸易自由化就陷入了停滞（Borchert et al.，2010），而各国相应逐渐把谈判重点转向区域服务贸易自由化。目前，向 WTO 通报的区域服务贸易协定从 2000 年的 6 个增加到 2012 年的 97 个，基本涵盖了 N–N、N–S、S–S 等基本类型。

2002 年，我国与东盟启动了自贸区建设的进程，并在 2007 年补充签署了《服务贸易协议》，达成了"一揽子"服务市场具体开放承诺（第一批具体承诺）。自此，中国—东盟双边服务贸易总额迅速增加，从 2007 年的 179 亿美元增至 2011 年的 359 亿美元（见表 2–1）。在 2011 年，我国与东盟在该协议下进一步达成了第二批具体承诺的《议定书》，进一步推动双方服务贸易的新发展。为准确评估中国—东盟双边服务贸易自由化现状，我们在霍克曼（Hoekman，1995）的"三级分类频度方法"基础上进一步创新地细化为"五级分类频度方法"，并同时对《中国—东盟自贸区服务贸易协议》第一批与第二批的承诺减让表进行量化解读并分析对比，这不仅对中国—东盟自贸区建设有重要现实意义，而且对准确评估中国服务市场开放的推进速度与幅度有着重要的参考价值。

表 2-1　　　　　中国与东盟的双边服务贸易发展情况　　　　单位：亿美元

年份	进出口总额	中国对东盟的出口额	中国自东盟的进口额
2006	126.00	—	—
2007	179.10	79.43	99.67
2008	233.20	103.70	129.50
2009	220.70	94.00	126.70
2010	272.93	119.17	153.76
2011	359.00	—	—

注："—"表示数据缺失。
资料来源：《中国服务贸易发展报告》（2008~2010）,《国际贸易统计年鉴（2012）》及中国商务部网站。

二、研究方法

作为"南—南型"区域服务贸易协议，《中国—东盟服务贸易协议》沿袭了GATS"正面清单"的承诺方式：对部门承诺中没有列出的分部门，不予开放，而对部门承诺中列出的分部门，有限度、有条件地给予开放。① 其次，具体承诺减让表中的部门分类以CPC②为基础，共包括乌拉圭回合谈判的12大类服务155个具体服务分部门。由于我们研究的国家对于第12大类服务（即其他地方未包括的服务）很少涉及或根本没涉及，因此将其略去，只对其中11大类服务共154个分部门展开研究，这其中又对个别具体服务活动的分类进行了调整。③ 另外，承诺减让表中具体服务部门的承诺可细化为4种服务贸易提供模式进行承诺，④ 因此共有154×4=616项承诺。

服务贸易壁垒的测度指标主要有频度工具、价格工具和数量工具三种。价格和数量工具提供的信息量比频度工具丰富，但在准确性和可靠性方面不如频度工具。就几种频度工具而言，霍克曼（Hokeman，1995）指标以各成员的具体承诺表为信息来源，对数据和资料的要求较少，计算相对简便和客观，更适用于研究多个国家、多个行业的情况。这种方法的核心在于将承诺具体区分为三种：无限制（None）、有限制（Bound）及不作任何承诺（Unbound），并分别赋予分值1、

---

① 相对而言，采用负面清单的承诺方式，开放度往往更高。
② Central Product Classification，联合国中心产品分类系统。
③ 例如，针对中国的减让表中做出承诺但没有对应分类号的具体部门进行了调整，将"维修服务"、"办公机械和设备（包括计算机）维修服务"归入"设备维修及保养服务（CPC633+8861-8866）"，"寻呼服务"、"移动语音和数据服务"归入"语音电话服务（CPC7521）"，"计算机订座系统服务"归入"航空运输支持服务（CPC746）"，"笔译和口译服务"等归入所在大类的"其他服务"等。
④ 服务贸易有四种提供模式：跨境交付、境外消费、商业存在和自然人流动。

0.5 和 0，来代表三种承诺下的开放情况。我们通过对霍克曼（Hokeman，1995）提出的三级频度计算方法细化为五级频度计算方法，方法如下："None"（没有限制）代表政府对该服务市场做出完全开放的承诺，该种情况赋值为 1；"None +"代表政府的承诺要比具体的限制措施（见下面的"Bound"）少一些的情况，但又不至于对该服务市场完全开放的承诺，该种情况赋值为 0.75，这一类情况通常指除指定情况外，一国承诺完全的的市场准入和国民待遇，这样的提法如：①某个部门的例外，如"None，Except for cabotage"；②在某个时期实施某种限制措施，超过这个时期即实施完全的开放，如"None，Except companies must reinsure 20% of their risk until 1. January 2008"；③或者"None，Except as indicated in the horizontal section"等相类似的提法。"Bound"代表对某个服务部门或提供模式而言，存在明确的限制措施，赋值为 0.5；与"None +"相类似，"Unbound +"代表一国不太愿意对某种服务业做出开放承诺，但对某些部门或情况可以例外，这样的表述如"Unbound except as indicated in Horizontal Commitments"，用数字 0.25 来表示；"Unbound"代表不作任何承诺，这意味着一国实施完全封闭的政策，用数字 0 来表示，除此之外，由于技术上的原因导致某种服务不能通过某种提供模式实现跨国提供的，也将其归入"Unbound"的情形。

另外，我们定义了"承诺平均数"、"没有限制的承诺占总服务活动数比例"以及"平均覆盖率"三个覆盖率指标来计算在承诺表里各国承诺所表示的承诺开放幅度。

（1）一国对服务部门 x 所做出的承诺平均数为对该服务部门 x 所做出的承诺个数与总服务活动数（154×4）的比值[①]：

$$\text{Average Count}(x) = \sum_{i=1}^{N} \sum_{j=1}^{4} a_{ij}/(N \times 4) \qquad (2-1)$$

其中，i 代表 x 服务部门中第 i 种服务活动，N 代表服务部门 x 中的服务活动总数，在这里，N=154；j 代表第 j 种服务提供模式，a 为一国在承诺表中对该服务活动是否做出了承诺，即除了"不作承诺"（Unbound）时 $a_{ij}=0$ 以外，无论是做出了其他什么样的承诺，$a_{ij}=1$。

（2）一国对服务部门 x 所做出"没有限制"的承诺占总服务活动数比例，即等于做出"没有限制"（None）的承诺数目与 154×4 种服务活动的比值：

$$\text{No Restriction}(x) = \sum_{i=1}^{N} \sum_{j=1}^{4} b_{ij}/(N \times 4) \qquad (2-2)$$

当一国对服务部门 x 中的 i 活动所做出的承诺为"没有限制"时，$b_{ij}=1$；

---

① 154 为按照 CPC 行业分类中的服务活动分类数，4 为四种服务贸易提供模式。

否则，无论该国做出了其他什么样的承诺，$b_{ij}=0$。

(3) 一国对服务部门 x 所做出承诺的平均覆盖率等于在服务部门 x 所做出的各种形式的承诺数目与各自按五级分类赋值法所赋予的分值相乘并加总，再除以总的服务活动数（154×4）。

$$\text{Average Coverage}(x) = \sum_{i=1}^{N}\sum_{j=1}^{4} c_{ij}/(N \times 4) \quad (2-3)$$

其中，c_{ij} 分别代表着前述 5 种承诺方式（None，None +，Bound，Unbound +，Unbound）相对应的开放程度的数字值。而将下一级所有分类服务活动的覆盖率分值相加，可得到上一级该服务活动分类的承诺覆盖率。

三、《中国—东盟服务贸易协议》第二批承诺的覆盖情况

根据公式（2-1）、（2-2）、（2-3），表 2-2 分别报告了我国与东盟老五国在《中国—东盟服务贸易协议》第二批承诺表中上述 3 种承诺覆盖率的计算情况。

表 2-2　　中国与老东盟五国对服务活动进行承诺的覆盖情况（第二批）　　单位：%

国家	中国	新加坡	马来西亚	泰国	菲律宾	印度尼西亚
市场准入							
承诺平均数	57.1	58.4	47.2	37.3	27.9	8.1
平均覆盖率	34.8	42.7	30.4	26.7	20.4	5.7
没有限制的承诺占总服务活动数比例	21.3	33.8	19.6	16.9	14.0	3.7
国民待遇							
承诺平均数	55.0	46.9	45.6	33.1	27.6	7.6
平均覆盖率	42.6	42.9	34.8	24.8	25.4	5.4
没有限制的承诺占总服务活动数的比例	36.2	40.1	30.0	20.9	23.2	3.4

资料来源：根据各国在《中国—东盟服务贸易协议》下的第二批具体承诺表计算而得。

从市场准入来看，六个国家的承诺开放度大小依次为：新加坡 > 中国 > 马来西亚 > 泰国 > 菲律宾 > 印度尼西亚，与国民待遇的情况基本一致；而在国民待遇里，做出"没有限制"的承诺比例要显著高于市场准入的情况，从而导致对国民待遇的限制不及市场准入严格。另外，考虑到各国服务业占 GDP 的比重（见表 2-3），会发现各国对服务市场的承诺开放程度与其服务业占 GDP 比重并没有明

显的相关性；第三，将"没有限制"的承诺所占比例与 GATS 中不同类型国家的服务贸易自由化指标进行比较后（见表2-4），发现在市场准入情况下，新加坡做出的"没有限制"承诺所占比例（33.8%）超过了高收入国家在 GATS 下的平均承诺水平（30.5%），而印度尼西亚要低于发展中大国的平均水平（10.9%），其余四国则普遍高于发展中大国的平均水平，特别指出的是，中国在国民待遇下做出的"没有限制"承诺（36.2%）所占比例已经高于高收入国家的平均水平（35.3%）。

表2-3　　　　　　　2011年各国服务业占 GDP 的比重　　　　　　单位：%

	新加坡	菲律宾	马来西亚	泰国	中国	印度尼西亚
服务业/GDP	73.40	55.80	47.85	46.48	43.30	38.10

资料来源：World Bank 数据库。

表2-4　　　　不同类型国家在 GATS 下的服务贸易自由化指标　　　　单位：%

没有限制的承诺占总服务活动数比例/国家类别	高收入国家	其他所有国家	发展中大国
市场准入	30.5	6.7	10.9
国民待遇	35.3	8.5	14.6

资料来源：Bernard Hoekman（1995）。

四、不同服务贸易提供模式下各国的承诺情况

表2-5报告了我国和老东盟五国第二批承诺中对不同服务提供模式下的承诺情况。从市场准入来看，我国对境外消费模式的承诺开放度最高，其中"没有限制"承诺所占比例超过了一半。对跨境交付的承诺总体也较为宽松，但其中不做承诺和未列入具体承诺表的比例较高，占了约一半的比重，部分原因在于某些服务活动的跨境交付在技术上并不可行，如建筑服务和海运清关服务等。相比之下，我国对商业存在和自然人流动的限制较为严格，而在商业存在模式下大部分承诺存在着明确限制条款（即五级分类中的 Bound 情形，在表格中简写为 B），而对自然人流动的承诺中仅有两种情形，一是"U+"，这种形式的承诺约占60%，二是"其他"，包括"不作承诺"和未列入具体承诺表的情形，这种形式的承诺约占40%。和我国相类似，新加坡对境外消费承诺的开放度最高，而对自然人流动做出了最为严格的限制；但是，新加坡对跨境交付和商业存在的限制要比我国宽松得多，没有限制的比例远高于我国，特别是商业存在模式。类似地，马来西亚和印度尼西亚对四种服务提供模式的承诺开放度由高到低依次为境

外消费、跨境交付、商业存在和自然人流动。有别于其他国家，泰国和菲律宾对跨境交付的限制比商业存在来得严格，没有做出承诺的活动比例高达80%以上，这也许是因为跨境交付常被作为商业存在的替代方式，对其不作承诺可以吸引更多外资的流入。

表2-5　　不同服务贸易提供模式下各国的总承诺情况（第二批）　　单位：%

部门		市场准入						国民待遇					
		中国	新加坡	马来西亚	泰国	菲律宾	印度尼西亚	中国	新加坡	马来西亚	泰国	菲律宾	印度尼西亚
跨境交付	N	26.0	36.4	31.2	8.4	5.8	5.8	46.8	47.4	37.7	15.6	22.7	5.8
	N+	0.0	2.6	0.6	2.6	0.6	0.0	0.0	1.9	0.0	0.0	0.0	0.0
	B	12.3	8.4	10.4	1.3	11.7	0.0	0.6	0.6	1.9	1.3	0.0	0.0
	U+	10.4	2.6	1.3	7.1	0.0	0.0	1.3	0.6	0.0	0.0	0.0	0.0
	其他	51.3	50	56.5	80.5	81.8	94.2	51.9	48.7	59.7	83.1	77.3	94.2
境外消费	N	55.2	59.7	42.2	36.4	31.2	9.0	57.8	60.4	44.2	37.0	32.5	6.5
	N+	2.6	1.3	0.6	2.6	0.0	0.0	0.0	0.0	0.0	0.0	1.3	0.0
	B	0.6	0.6	5.2	0.0	2.6	0.0	0.0	0.6	1.9	0.6	0.0	0.0
	U+	0.0	0.0	0.0	6.5	0.0	0.0	0.0	0.0	0.0	0.0	0.0	0.0
	其他	41.6	38.3	51.9	54.5	66.2	91.0	42.2	38.3	53.2	62.3	66.2	93.5
商业存在	N	3.9	39.0	5.2	22.7	9.1	0.0	40.3	52.6	38.3	31.2	24.0	1.3
	N+	0.0	6.5	0.0	2.6	1.3	0.0	7.1	3.2	0.0	3.2	1.9	0.0
	B	54.5	14.3	43.5	20.1	23.4	8.4	5.8	3.9	5.2	4.5	7.8	7.8
	U+	1.9	0.6	0.0	0.0	0.0	0.0	0.0	0.6	3.2	0.0	0.0	0.0
	其他	39.6	39.6	51.3	54.5	66.2	91.6	46.8	39.6	53.2	61.0	66.2	90.9
自然人流动	N	0.0	0.0	0.0	0.0	9.7	0.0	0.0	0.0	0.0	0.0	13.6	0.0
	N+	0.0	0.0	0.0	0.0	1.3	0.0	0.0	0.6	0.0	0.0	0.0	0.0
	B	0.0	0.0	0.0	39	3.2	5.2	5.8	0.0	0.0	0.0	6.5	7.8
	U+	61.0	61.7	48.7	0.0	11.7	3.9	55.2	14.3	48.0	39.0	1.3	1.3
	其他	39.0	38.3	51.3	61.0	74.0	90.9	39.0	85.7	51.3	61.0	78.6	90.9

注：N = None，N+ = None+，B = Bound，"U+" = Unbound+，"其他"包括了 Unbound、未列入具体承诺表及承诺表中极小部分内容缺失的情形。N、N+、B、U+、其他合计为100%。

　　总体而言，境外消费是各国普遍承诺水平最高的提供模式，而自然人流动模式由于涉及入境、居留等诸多敏感问题，因而成为各国最为审慎、开放度最低的提供模式。另外，各国对国民待遇的限制普遍要比市场准入宽松，特别是商业存在，"没有限制"承诺所占比例有了非常显著的提高，这体现出各国消除内外资企业差别待遇的决心。但是，即使是在国民待遇的情况下，各国对自然人流动模式的承诺开放水平仍然很低，绝大多数国家做出"Unbound +"和"Unbound"形式的承诺比例合计超过了90%。

五、分服务部门下的各国承诺情况

由于市场准入承诺比国民待遇更具实质意义，因此，根据上述公式（1）、（2）、（3），表2－6报告了各国分服务部门在市场准入的承诺情况。

表2－6　中国和老东盟五国对服务业分部门的市场准入承诺情况

	市场准入	商务	通信	建筑	分销	教育	环境	金融	健康	旅游	娱乐	运输
中国	承诺平均数	59.2	66.7	75	70	75	100	76.5	0	50	20	39.3
	平均覆盖率	38.5	39.6	43.8	43.8	43.8	50	40.1	0	34.4	16.3	25.2
	没有限制的承诺占总服务活动数比例	25.5	20.8	25	30	25	25	19.1	0	25	15	17.1
新加坡	承诺平均数	73.4	64.6	100	75	40	37.5	83.8	37.5	68.8	55	20.7
	平均覆盖率	58.2	39.6	81.3	60	32.5	28.1	50.4	25	54.7	43.8	16.4
	没有限制的承诺占总服务活动数比例	50.5	22.9	75	55	30	25	26.5	12.5	50	40	15
马来西亚	承诺平均数	56.5	66.7	75	0	40	0	85.3	25	100	30	11.4
	平均覆盖率	39.9	44.8	43.8	0	20	0	42.6	17.2	68.8	17.5	8.6
	没有限制的承诺占总服务活动数比例	30.4	31.3	25	0	10	0	8.8	12.5	50	10	7.1
泰国	承诺平均数	34.2	30.2	75	10	35	75	73.5	0	68.8	15	27.1
	平均覆盖率	28.7	20.1	62.5	10	30	62.5	31.3	0	56.3	12.5	21.1
	没有限制的承诺占总服务活动数比例	22.3	5.2	50	10	25	50	4.4	0	43.8	10	15
菲律宾	承诺平均数	7.1	20.8	40	20	0	12.5	94.1	0	75	0	35
	平均覆盖率	5.7	15.1	25	12.5	0	9.4	52.2	0	62.5	0	33
	没有限制的承诺占总服务活动数比例	4.3	9.4	15	5	0	6.3	22	0	37.5	0	30.7
印度尼西亚	承诺平均数	0	0	60	0	0	0	5.9	0	75	0	15.7
	平均覆盖率	0	0	40	0	0	0	4	0	51.6	0	11.4
	没有限制的承诺占总服务活动数比例	0	0	20	0	0	0	2.9	0	37.5	0	7.9

从国家的横向对比来看，中国对环境部门的开放程度最高；建筑、分销和教育三个部门的开放度略低于环境部门；金融、通信、商务和旅游四个部门的平均覆盖率紧随前述的四个部门之后；运输和娱乐是承诺开放度最低的两个部门；商务、建筑、分销、教育、环境、旅游等服务中"没有限制"承诺所占比例约为25%，其他部门略低。

新加坡是承诺部门数最多的国家，而且承诺指标值远高于我国和东盟其他国家，如开放水平最高的建筑服务。除建筑外，新加坡在分销、商务、旅游和金融等服务部门也做出了较为开放的承诺，但金融部门的"没有限制"承诺所占比例较低，其余各部门按开放程度由高到低排序依次为娱乐、通信、教育、环境、健康和运输。

马来西亚对旅游部门的承诺开放度最高。通信、建筑、金融和商务部门的承诺开放度也较高，但金融部门的"没有限制"承诺所占比例很低。另外，教育、娱乐、健康和运输的承诺开放度相对较低。

泰国对建筑和环境服务部门的承诺开放度最高；旅游服务紧随其后；相比之下，金融、教育、商务、运输和通信部门的开放水平并不高；娱乐和分销是开放度最低的两类服务，但分销服务部门做出的约束承诺均为没有限制。

菲律宾对旅游服务的承诺开放度最高，金融次之。其余各部门按开放度从大到小排序依次为运输、建筑、通信、分销、环境和商务。

印度尼西亚与其他各国差距明显。在所做出承诺的4个部门中，旅游开放度最高，建筑次之；运输和金融的开放度则很低，特别是金融与新加坡等国相去甚远。

六、中国与老东盟五国服务部门竞争力与承诺开放的相关性分析

表2-7报告了2010年中国和东盟老五国在各服务贸易部门的竞争力情况。另外，我们对各国在第二批承诺表中不同服务部门的承诺开放情况进行了排序。从表2-8可以看出，建筑业是中国和东盟老五国开放度普遍较高的部门；东盟各国还对其传统优势部门——旅游业承诺了很高的开放水平；对娱乐和健康部门各国承诺的开放水平普遍较低，尤其是健康部门，除新加坡和马来西亚外，其余各国均未对其做出承诺。

表2-7　　中国与老东盟五国各服务贸易部门的 RCA 指数（2010年）

部门/国别	中国	新加坡	印度尼西亚	马来西亚	菲律宾	泰国
运输	0.96	1.39	0.78	0.77	0.46	0.83
旅游	1.07	0.50	1.70	2.16	0.74	2.34
通信	0.29	0.48	2.78	0.72	0.87	0.55
建筑	3.39	0.37	1.28	1.10	0.34	0.55
保险	0.47	1.18	0.06	0.56	0.25	0.04
金融服务	0.11	1.48	0.28	0.04	0.04	0.08
计算机和信息服务	0.95	0.28	0.12	0.89	2.38	—
版税和许可证费用	0.08	0.26	0.06	0.15	0.00	0.07
其他商务服务	1.39	1.51	1.02		2.08	
个人、文化和休闲服务	0.06	0.16	0.54		0.24	0.30

注："—"表示数据缺失。因马来西亚2010年数据缺失，此处用其2009年的 RCA 指数代替。
资料来源：数据根据 UNCTAD 数据库计算整理而得。

结合表2-7和表2-8，我们可以判断是否各国在服务贸易协议中所做承诺与相应服务部门竞争力成正相关关系。就中国而言，对建筑和娱乐部门的承诺开放度与其出口竞争力成正比关系，但金融和通信等部门的开放度与其出口竞争力之间并未呈现出明显的正向关系，旅游和运输部门还出现了轻微的负向关系，其他国家也有相类似的特征。可见，各国并不是完全依照比较优势的高低来对相应服务部门进行开放承诺的，中国在与东盟各国进行服务贸易谈判时，更多的是基于"部门对等互惠"意义上的"讨价还价"来进行承诺。

表2-8　　各国对不同服务部门按承诺开放度从大到小的排序情况

中国	新加坡	马来西亚	泰国	菲律宾	印度尼西亚
环境	建筑	旅游	建筑	旅游	旅游
建筑	分销	通信	环境	金融	建筑
分销	商务	建筑	旅游	运输	运输
教育	旅游	金融	金融	建筑	金融
金融	金融	商务	教育	通信	商务
通信	娱乐	教育	商务	分销	通信
商务	通信	娱乐	运输	环境	分销
旅游	教育	健康	通信	商务	教育

续表

中国	新加坡	马来西亚	泰国	菲律宾	印度尼西亚
运输	环境	运输	娱乐	教育	环境
娱乐	健康	分销	分销	健康	健康
健康	运输	环境	健康	娱乐	娱乐

资料来源：根据各国第二批具体承诺表整理而得。

七、《中国—东盟服务贸易协议》第二批承诺与第一批承诺的对比分析

表 2-9 和表 2-10 分别报告了各国在《中国—东盟服务贸易协议》第一批承诺与第二批承诺中的总体承诺及分服务部门承诺的对比情况。从表 2-9 中我们可知：与第一批承诺相比，中国和东盟老五国在第二批的承诺开放度都有显著提高。主要体现在三个方面：第一，所有国家都增加了新的承诺部门，我国新增了对通信、分销、教育、金融和旅游 5 个部门，新加坡新增了建筑部门，马来西亚新增了娱乐部门，泰国新增了通信、建筑、分销、环境、金融和娱乐 6 个部门，菲律宾新增了分销、金融和运输 3 个部门，印度尼西亚则新增了金融和运输 2 个部门。第二，对于在第一批承诺中已做出承诺的部门，各国在第二批的承诺都至少与第一批承诺相同，而且很多部门的承诺开放度要比第一批承诺大幅提高，例如中国对商务、娱乐和运输部门的开放度显著提高；新加坡对商务、通信和旅游服务进一步做出了开放承诺；马来西亚进一步开放了商务、通信、教育、金融、旅游和运输部门，尤其是金融和旅游部门的开放度提升得非常显著；泰国对商务、教育和运输服务也进一步做出了开放承诺，运输部门在第二批承诺的平均覆盖率甚至高达第一批承诺表的 15 倍；菲律宾进一步开放了商务和建筑服务。第三，无论是市场准入还是国民待遇，各国对"没有限制"的承诺所占比例都有显著提高。

表 2-9　中国与东盟五国在两批承诺表中对服务活动的总体承诺覆盖率对比　　单位：%

国别		市场准入			国民待遇		
		平均数	平均覆盖率	没有限制的承诺占总数比例	平均数	平均覆盖率	没有限制的承诺占总数比例
中国	第二批	57.1	34.8	21.3	55.0	42.6	36.2
	第一批	16.6	10.1	6.3	15.3	11.7	10.2

续表

国别		市场准入			国民待遇		
		平均数	平均覆盖率	没有限制的承诺占总数比例	平均数	平均覆盖率	没有限制的承诺占总数比例
新加坡	第二批	58.4	42.7	33.8	46.9	42.9	40.1
	第一批	40.9	28.8	21.4	33.3	29.2	26.5
马来西亚	第二批	47.2	30.4	19.6	45.6	34.6	30.0
	第一批	19.5	13.1	9.3	19.2	14.8	12.7
泰国	第二批	37.3	26.7	16.9	33.1	24.8	20.9
	第一批	5.5	4.5	3.4	4.5	3.8	3.6
菲律宾	第二批	27.9	20.4	14	27.6	25.4	23.2
	第一批	6.7	5.0	3.1	7.6	6.7	5.7
印度尼西亚	第二批	8.1	5.7	3.7	7.6	5.4	3.4
	第一批	3.9	2.6	1.6	3.2	2.1	1.0

资料来源：根据各国第一批及第二批具体承诺表计算而得。

与此同时，除新加坡外，其余各国仍有若干服务部门未被列入具体承诺表：我国和泰国对健康部门不作承诺，马来西亚对分销和环境部门不作承诺，菲律宾对教育、健康和娱乐不作承诺。可见对于核心敏感部门，各国在做出开放承诺时较为保守。印度尼西亚是各国中开放度最低的国家，对商务、通信、分销、教育、环境、健康和娱乐 7 个部门均未做出承诺。

表 2-10　中国与东盟五国在两批承诺表中对分服务部门的平均覆盖率对比　　单位：%

	部门	商务	通信	建筑	分销	教育	环境	金融	健康	旅游	娱乐	运输
中国	第二批	38.5	39.6	43.8	43.8	43.8	50.0	40.1	0.0	34.4	16.3	25.2
	第一批	16.2	0.0	43.8	0.0	0.0	50.0	0.0	0.0	0.0	3.8	10.5
新加坡	第二批	58.2	39.6	81.3	60.0	32.5	28.1	50.4	25.0	54.7	43.8	16.4
	第一批	27.6	28.1	0.0	60.0	32.5	28.1	50.4	25.0	40.6	43.8	16.4
马来西亚	第二批	39.9	44.8	43.8	0.0	20.0	0.0	42.6	17.2	68.8	17.5	8.6
	第一批	11.5	40.1	43.8	0.0	6.3	0.0	4.4	17.2	3.1	0.0	3.4
泰国	第二批	28.7	20.1	62.5	10.0	30.0	62.5	31.3	0.0	56.3	12.5	21.1
	第一批	6.0	0.0	0.0	0.0	27.5	0.0	0.0	0.0	56.3	0.0	1.4
菲律宾	第二批	5.7	15.1	25.0	12.5	0.0	9.4	52.2	0.0	62.5	0.0	33.0
	第一批	1.9	15.1	7.5	0.0	0.0	9.4	0.0	0.0	62.5	0.0	0.0
印度尼西亚	第二批	0.0	0.0	40.0	0.0	0.0	0.0	4.0	0.0	51.6	0.0	11.4
	第一批	0.0	0.0	40.0	0.0	0.0	0.0	0.0	0.0	51.6	0.0	0.0

资料来源：根据各国第一批及第二批具体承诺表计算而得。

八、结语

为准确评估中国—东盟双边服务贸易发展情况,我们通过对霍克曼(Hoekman,1995)的三级频度方法细化为五级频度方法,对《中国—东盟自贸区服务贸易协议》(第二批)中各国的承诺进行量化评估。作者发现:

(1)在第二批承诺中,中国与东盟老五国的服务贸易承诺开放度大小依次为:新加坡、中国、马来西亚、泰国、菲律宾、印度尼西亚;

(2)与第一批承诺相比,中国和东盟老五国在第二批承诺中的开放度都有了显著提高;开放度的提高主要体现在三个方面:第一,所有国家都增加了新的承诺部门;第二,对已做出承诺的部门,各国对很多部门的承诺开放度都要比第一批承诺大幅提高;第三,各国对"没有限制"的承诺所占比例都有显著提高。

(3)境外消费是各国普遍承诺水平最高的提供模式,而自然人流动模式由于涉及入境、居留等诸多敏感问题,因而成为各国最为审慎、开放度最低的提供模式。另外,各国对国民待遇的限制普遍要比市场准入宽松。

(4)《中国—东盟自贸区服务贸易协议》谈判更多是基于"部门对等互惠"意义上的"讨价还价",各国承诺的开放水平与服务业所占比重、与相应服务部门的比较优势之间并未呈现出明显的对称关系。

第三节 管制政策在服务贸易中的两难

一、导言

长期以来,完全放任的经济自由主义与国家政策干预两者的冲突一直困扰着经济学家,而服务业与服务贸易的特殊性又使得这一主题变得更为晦涩。传统国际贸易理论认为,在对外开放过程中,完全的贸易自由化无疑会给各国的货物贸易带来最大限度的贸易开放利益。但是,综合以下种种原因,管制政策对服务贸易而言又显得必不可少:首先,服务产品的无形性,决定了服务贸易壁垒不可能沿用传统的关税模式,必然以非关税壁垒为主,而这些非关税壁垒在很多情况下又表现为一国对服务业进行管制的各种措施,如对专业服务的资格认证和许可条件，对电信服务市场所实施的竞争规则等；其次，服务业的市场结构——寡头垄断市场结构在世界范围内普遍存在，而这会破坏贸易自由化的收益，因此需要对服务业进行管制；另外，服务市场的交易面临着高度的信息不对称，在一些情况下，严格的管制政策却可以降低信息不对称现象的发生，从而降低交易成本。因此，服务贸易要远比商品贸易复杂，它要受到更多的国内管制政策的约束。在服务贸易自由化进程中，究竟实施怎样的管制政策，在多大程度上的管制政策才能使一国获得尽可能多的服务贸易开放利益？正是在这样的争论和背景之下，对经济自由化程度和服务业的管制政策在服务贸易自由化进程中的作用与冲突问题进行探讨就显得尤为重要。

我们认为，把"服务贸易自由化"等同于"解除管制"的观点是错误的，把管制政策看成贸易壁垒的观点也是错误的，与货物贸易自由化赋予产品无歧视公平竞争的待遇不同，服务贸易自由化常常需要管制，甚至是强化管制。服务贸易自由化应是对外降低管制（对外降低进入壁垒）与对内加强管制（对内建立合理的法律环境、加强监管当局的权利，促进竞争）双向过程的综合，政策必须注意寻求可竞争性市场与有效管制之间的平衡。因此，自由与管制两者在服务贸易中并不冲突。

为了证明我们的观点，我们拟通过国际贸易中的垄断竞争模型以及运用贸易引力模型对上述问题进行实证研究。文章结构如下：第二部分是文献综述；第三部分是理论模型的构造；第四部分是经验分析；第五部分是文章的结论及政策建议。

二、文献综述

（一）经济自由主义与国际贸易的关系

经济自由主义与国际贸易的相互关系，在经济学的经典教科书中比较明确——在完全竞争的市场结构中，竞争是实现贸易利益的基础。根据斯密定理，分工程度取决于市场规模，受竞争机制这只"看不见的手"指引，国际贸易将世界上分散的市场联结成更大的统一市场，资源将在更大范围内实现优化配置，而一国的贸易利益则来源于在比较优势基础上参与更广泛、更细致和更高效率的分工所实现的分工利益和交换利益。因此，竞争机制这只"看不见的手"就成为各国贸易利益得以实现的基础。经澳大利亚生产力委员会研究发现，如果乌拉圭回合后世界所有的贸易壁垒都消除的话，那么每年世界将会增加 2600 亿美元的收益,而其中大约有 500 亿美元来自于农业贸易自由化的收益,800 亿美元来自于制造业贸易自由化的收益,1300 亿美元来自于服务贸易自由化的收益。此外,阿尼塔·沃尔夫(Anita Wolf,2005)和阿明和马托(Amin & Mattoo,2006)认为,经济自由度对服务业的发展尤为重要,他们认为,拥有更健全机制的国家就会相对拥有规模更大和更具动态效率的服务业,而这正是服务贸易进行的基础。

与完全竞争的市场结构不同,在不完全竞争的市场结构下,贸易发生的原因和收益主要来自于规模经济和产品差异化。推崇经济自由主义的经济学家往往认为,在不完全竞争的市场结构下,由于市场受到了扭曲,因此,这将会极大地减少了贸易自由化的收益。另外,在贸易自由化中推崇经济自由主义的观点也体现在对政府管制政策有效性的怀疑上。这部分学者推崇竞争的市场仍然是资源配置的最佳机制,这是因为国家干预和管制政策存在着"政策失灵"的风险,而且政府无法掌握许多个人的相关信息并做出各种决定;其次,在他们认为,竞争所实现的效率远非人力所能及,种种精心设计的管制政策,至多改变的是垄断租金的分布,从而使当事人的寻租方式发生改变,但无论如何,一个被管制的市场,总是达不到竞争市场的效率和均衡。

(二) 服务业管制政策与服务贸易的关系

长期以来,源于对服务贸易中的服务业管制问题没有给予足够重视,以及在 CGE 框架内引入不完全竞争分析的困难,因此,众多对服务贸易自由化收益进行估计的文献都把服务贸易壁垒概括为"关税等值"(Tariff Equivalents),而把服务业管制政策的影响排斥在分析之外(e.g. Brown, et al., 1996; Hertel, 1999; Dee and Hanslow, 2000)。而事实上,服务业的管制政策对外可形成服务产品和服务提供商的进入壁垒,对内可影响服务的市场结构,进而对服务贸易自由化产生影响。

一方面,服务业的管制政策可演化成贸易壁垒,从而抑制服务贸易的发生。原因之一是对服务业实施太强的、不适合的、不透明的、低效率的管制措施,这会对服务贸易的交易成功形成障碍(Nicoletti et al., 2003; Economics, 2005);其次,由于各国对服务业管制政策的差异性,从而使服务提供商每进入一个新的外国市场时都会增加一个新的固定成本(Kox and Lejour, 2004;2005;2006);而另一方面,对服务业的适度管制也有利于减少信息不对称、垄断等市场失灵现象,从而降低服务贸易的成本,防止在服务贸易自由化进程中出现福利恶化的结果(Low, Mattoo, 2000; Francois, Wootton, 2001; Copeland, 2002;

Konan, Assche, 2006), 例如对服务提供商资格证书的要求就可以降低信息不对称的发生。①

上述两方面的观点较好地阐述了经济自由主义与服务业管制政策在服务贸易自由化进程中的重要性, 为进一步明晰上述两个因素在服务贸易自由化进程中的作用, 以下我们在通过垄断竞争模型进行分析的基础上, 进一步把服务业管制政策区分为内导向型管制政策与外导向型管制政策, 运用贸易引力模型分别对经济自由主义、服务业内导向型管制政策、服务业外导向型管制政策三者对服务贸易所起的效应进行实证研究。

三、理论模型

从前述文献综述中我们可知, 在服务贸易进程中, 政府对服务业所实施的管制政策既可以演化成服务贸易壁垒, 但同时又可以通过减少信息不对称、纠正垄断等功能来降低服务贸易壁垒。由于前一种现象比较好理解, 在此, 我们仅通过运用垄断竞争模型对后一种现象进行分析。我们假设服务产品是通过跨境交付提供模式来进行交易的,② 差异化的服务产品之间不能完全替代, 产品替代弹性 σ 在所有服务产品之间是相同的, 而且是不变的; 消费者效用的提高来自于对服务产品消费数量的增加与消费品种的增多; 每一个服务公司只生产一种服务产品(品种), 服务产品可以在国内和国外进行销售; 服务公司和服务产品品种的数量 n_{ij} 是内生决定的; 服务进口国政府对服务业所实施的管制政策导致服务交易成本的降低, 这体现在服务出口商在服务生产成本中可变成本的降低。

在上述假定下, 我们对管制政策影响服务出口商的出口品种和贸易规模进行研究。在这里, 我们采用斯蒂格里茨 (Dixit - Stiglitz) 的 CES 效用函数来表示 j 国代表性消费者的效用水平:

$$U_j = \left(\sum_{i=1}^{R} \sum_{v=1}^{n_{ij}} X_{vij}^{\frac{\sigma-1}{\sigma}} \right)^{\frac{\sigma}{\sigma-1}} \text{with} \sigma > 1; v \in \{1, \cdots, n_{ij}\}; i, j \in \{1, \cdots, R\} \quad (2-4)$$

其中, X_{vij} 代表 j 国消费者消费来自 i 国服务公司 v 生产的服务产品数量。

j 国代表性消费者的预算约束为:

$$Y_j = \frac{1}{P_j} \sum_{i=1}^{R} \sum_{v=1}^{n_{ij}} P_{vij} X_{vij} \ \forall j \quad (2-5)$$

---

① 由于服务业管制政策的重要性, 因而在 GATS 的第 Ⅵ.4 条款里, WTO 就明确给予各成员国在服务业管制上巨大的自主权。
② GATS 定义服务贸易具有四种提供模式, 跨境支付是其中第一种提供模式。

其中，Y_j 代表 j 国的实际收入水平；P_{vij} 是 i 国服务公司 v 生产的服务在 j 国的消费价格；P_j 是 j 国的"综合服务价格指数"，它是一种真实的价格指数，当所有服务品种的消费价格都给定时，一单位"综合服务产品"的价格由代表性消费者通过效用最大化的方法来决定：

$$P_j = \left(\sum_{i=1}^{R} \sum_{v=1}^{n_{ij}} P_{vij}^{1-\sigma} \right)^{\frac{1}{1-\sigma}} \forall j \qquad (2-6)$$

上述假设意味着各国消费者的消费倾向在各国之间是相同的。在效用最大化的条件下，根据式（2-5）和式（2-6），我们可以得到 j 国对 i 国服务公司 v 的需求曲线：

$$X_{vij}^{dem} = \left(\frac{P_{vij}}{P_j} \right)^{-\sigma} Y_j \ \forall v, \ i, \ j \qquad (2-7)$$

劳动是服务生产的唯一投入，工资率 w_i 以及可变劳动需求（α_i）是外生变量，而且并不存在跨国之间的差别；服务的生产是规模经济的；除了可变劳动需求之外，单位服务的生产还需要固定劳动需求 F，而且并不存在跨国之间的差别；另外，我们假定 j 国政府对服务业进行管制后，将会减少服务市场的不对称信息，纠正垄断的扭曲，因此减少了在 j 国进行销售的 i 国服务公司 v 的服务生产可变成本，而 t_{ij} 则代表了政府的管制政策力度，管制政策力度越大，服务公司 v 的可变成本也就越小，因此，i 国服务公司 v 的成本函数为：

$$C_{vij} = w[\alpha X_{vij}(1-t_{ij}) + F] \ \forall v, \ i, \ j \text{ with } 0 \leq t_{ij} \leq 1 \qquad (2-8)$$

据此，我们可以得到服务公司 v 的利润函数为：

$$\pi_{vij} = [P_{vij} - w\alpha(1-t_{ij})] X_{vij}^{dem} - wF \ \forall v, \ i, \ j \qquad (2-9)$$

由于服务产品之间的不完全替代性，因此，市场在某种程度上是相互分割的，当市场上服务公司的数目足够多时，我们可以忽略单个服务公司的行为对市场价格的影响。因此，从（2-7）式和（2-9）式，我们可以得到当服务公司 v 利润最大化时的服务价格水平：

$$P_{vij}^* = \beta\alpha w(1-t_{ij}) \ \forall v, \ i, \ j \text{ with } \beta \equiv \frac{\sigma}{\sigma-1} \qquad (2-10)$$

其中，β 代表超过边际成本的那部分价格，由于 σ>1，因此 β 严格为正数；由于所有服务品种的成本都是一样的，因此它们的价格也将一致；在市场上由于服务公司可以自由进入，因此将导致 P_j 下降，公司的超额利润也将降低，直至每个服务公司的超额利润为零。因此，由（2-9）式和（2-10）式，我们可以推出当服务公司的利润为零时，服务公司 v 在出口市场 j 的唯一均衡供给量 X_{vij}^*：

$$X_{vij}^* = \frac{(\sigma-1)F}{\alpha(1-t_{ij})} \forall v, i, j \qquad (2-11)$$

从（2-11）式我们可知，由于服务进口国政府对服务业实施管制政策后，从而导致每个服务公司在出口市场的均衡供给量有所增加，实现了规模经济效应。当每个国家的供给量与需求量相等时，即 $X_{vij}^{dem} = X_{vij}^*$，通过（2-6）式、（2-7）式和（2-11）式，我们就可以得到均衡时从 k 国出口到 j 国的公司数目（具体推算见附录1）：

$$n_{kj}^* = \left[\frac{(\sigma-1)F}{\alpha(1-t_{kj})Y_j}\right]^{\frac{1-\sigma}{\sigma}} - \sum_{i=1}^R n_{ij}\left(\frac{P_{ij}}{P_j}\right)^{1-\sigma} \forall k, j \qquad (2-12)$$

据此，我们同时可以得到从 k 国出口到 j 国的服务总量：

$$E_{kj} \equiv \sum_{v=1}^{n_{kj}} X_{vkj}^* = n_{kj}^* X_{vkj}^* \forall k, j \qquad (2-13)$$

由于每个服务公司只生产一种服务品种，因此，从（2-12）式可知，由于政府的管制政策，从而减少了服务的品种数量，而服务进口国的实际收入水平对服务的品种数量起正向影响；另外，服务进口国政府对服务业的管制政策对服务的进口起着两种截然相反的结果：一方面，虽然进口国政府对服务业的管制政策使出口国单个服务公司的出口量有所增加（式2-11），但管制政策同时也减少了服务出口公司的总数目和服务产品的品种数量（式2-12），因此对服务出口国而言，服务总出口量的变化是不清楚的。

我们把式（2-11）、式（2-12）代入式（2-13）后，然后对式子取关于政府管制政策（t）的导数，因此可得（具体推算见附录1）：

$$\frac{\partial E_{kj}}{\partial t_{kj}} = \frac{(\sigma-1)F}{\sigma\alpha(1-t_{kj})^2} \times [n_{kj} + (1-\sigma)] \forall k, j \qquad (2-14)$$

从式（2-11）我们可知，当出口公司数量要大于服务产品之间的替代弹性时，服务进口国政府对服务业的管制政策会提高服务的总进口量：

$$\frac{\partial E_{kj}}{\partial t_{kj}} > 0 \text{ if}(n_{kj} + 1 - \sigma) > 0 \qquad (2-15)$$

图2-1表明了不同服务产品之间的替代弹性 σ 以及从 k 国出口到 j 国的服务公司数量 n_{kj} 对 k 国服务出口总量的影响。对于正常的服务产品替代弹性值（σ>1.1）和较大的出口公司数目（n_{kj}>2）而言，j 国对本国服务业的管制政策力度越大，则 j 国的服务进口量也就越大，因此，验证了适度的管制政策可以促进服务贸易发生的结论。

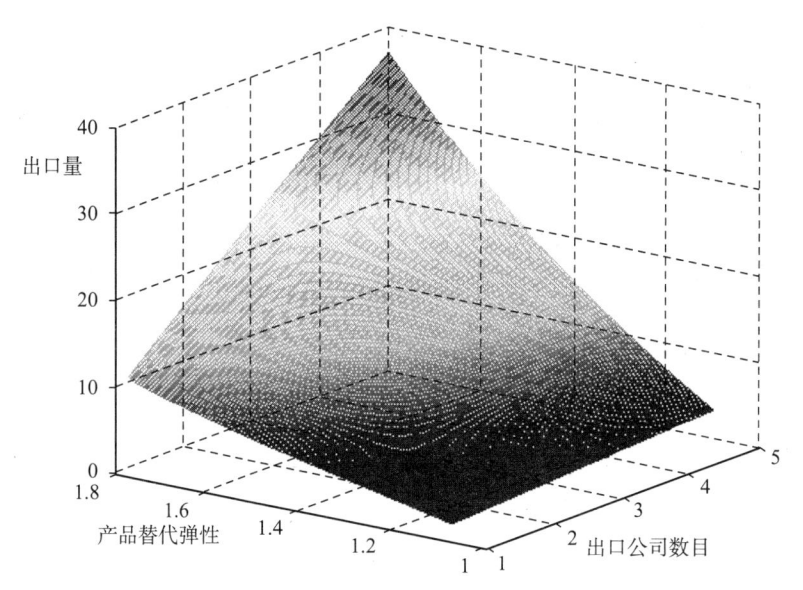

图 2-1　服务产品之间的替代弹性与服务出口公司数目对服务出口量的影响

四、经验分析

（一）数据来源与说明

1. 经济自由度指数（EFW）

经济自由度这一指标我们选取来自格瓦特尼和劳森（Gwartney & Lawson）所发布的《世界经济自由度指数》（*Index of Economic Freedom*）[1]，相对于其他制度指数而言，格瓦特尼和劳森（Gwartney & Lawson）所发布的指数涵盖国家较多（超过 100 个），而且比较客观，是衡量各国制度环境的指数中较为权威的一种，经济自由度指标由 5 大类分指标赋予不同的权重后计算而成：法律结构和产权保护；获得健全货币的便捷性；国际贸易自由度；对商业、劳动力和商业的规制；政治权利。另外，每大类分指标又由若干个子指标和更细的指标综合计算而成，每个指标的取值从 0 到 10，数值越高，说明经济自由度越高。

2. 产品市场管制指数（PMR）

管制指数我们则采用 OECD 经济局所发布的产品市场管制指数（Product Market Regulations Index，PMR）进行研究（Conway. et al.，2005）。PMR 指数体

---

[1] James Gwartney and Robert Lawson, Economic Freedom of the World, Fraser Institute.

系由 16 个最基本的指标构成，而这 16 个指标分别反映对某一特定领域（产业或行为）所实施的管制政策，通过分配以不同的权数，低层次的指标可以计算汇总到更高一层次的管制指标，最终达到最高层次的产品市场管制指数 PMR，它主要是用来描述 OECD 各国在产品市场管制政策的差异性（Nicoletti et al., 1999），其中，PMR 的下一层次指标包括内导向型管制政策（Inward Oriented Policies）与外导向型管制政策（Outward Oriented Policies）两种，而这两种政策恰好分别代表了一国政府对服务业进行内、外活动时所涉及的管制行为。而其中，外导向型管制政策主要是指一国在与其他国家进行服务的贸易与投资时，该国政府对此所实施的相关管制政策（这类政策构成了服务贸易与投资的主要壁垒，如对外国服务公司控股比例的要求、对外国服务公司的歧视性条款等），这种政策较多反映在多边或者双边贸易谈判的议题及各国所提交的开放市场承诺表之中；内导向型管制政策则主要指一国对境内服务业的运营情况进行管制的诸种政策，如对服务产品价格与服务商业运作的调控、竞争政策、管制政策的透明度等方面，这种政策甚少出现在多边或双边贸易谈判中。

根据 PMR 指标里国家的选取标准，结合 OECD 数据库对双边服务贸易额的统计数据，我们从 OECD 国家里选取了 27 个服务出口国与 30 个服务进口国作为研究的样本，因此共产生了 810 个观察值。其中，27 个服务出口国家为：奥地利、比利时、加拿大、澳大利亚、捷克共和国、丹麦、芬兰、法国、希腊、匈牙利、爱尔兰、意大利、日本、韩国、卢森堡、墨西哥、荷兰、新西兰、挪威、波兰、葡萄牙、斯洛伐克共和国、西班牙、瑞典、土耳其、英国、美国；30 个服务进口国家为澳大利亚、奥地利、比利时、加拿大、捷克共和国、丹麦、芬兰、法国、德国、希腊、匈牙利、冰岛、爱尔兰、意大利、日本、韩国、卢森堡、墨西哥、荷兰、新西兰、挪威、波兰、葡萄牙、斯洛伐克共和国、西班牙、瑞典、瑞士、土耳其、英国、美国。

3. 其他相关数据来源

GDP、人口数据来源于 UN 的国民账户统计数据库，国家的经济中心距离、是否具有共同边界与语言数据来源于乔恩·哈夫曼的（Jon Haveman's）国际贸易数据库[①]，双边服务贸易数据来源于 OECD 统计数据库。通过对数据进行选择之后，以下我们通过运用贸易引力模型来对经济自由度（EFW）、服务业管制政策（PMR）对服务贸易所产生的效应进行实证研究。

---

① http://www.macalester.edu/research/economics/PAGE/HAVEMAN/Trade.Resources/Trade Data.html.

(二) 计量模型的设定

经济学家通常运用引力模型来讨论国家之间的贸易流量问题。引力模型起源于牛顿物理学中的"引力法则",即两个物体之间的引力与它们各自的质量成正比,与它们之间的距离成反比。最先将引力模型成功引入国际经济学的是丁伯根(1962)。[①] 在国际贸易的引力模型里,假设双边贸易流量规模是两国经济总量(GDP 和人口)、两国经济中心的距离、双方的贸易政策等变量的函数。自 20 世纪 60 年代以来,引力模型已经在国际贸易经验研究中获得了相当大的成功,我们可以把引力模型的方程表示为(各引力方程各指标代码和含义具体见表 2 - 11):

表 2 - 11　　　　　　　引力方程各指标代码和指标含义

指标代码	指标含义	指标代码	指标含义
GDP_i	服务出口国名义 GDP	GDP_j	服务进口国名义 GDP
POP_i	服务出口国国内总人口	POP_j	服务进口国国内总人口
$DIST_{ij}$	服务出口国与服务进口国经济中心的距离	$LANG_{ij}$	服务出口国与进口国如属于同一语系则取值 1,否取 0
$IMPORT_{ij}$	服务进口国 j 从服务出口国 i 的服务进口总值	$BORD_{ij}$	服务出口国与进口国有共同边界则取值 1,否取 0
$Freedom_j$	服务进口国的经济自由度指数	PMR_j	服务进口国的产品市场规制指数
$INPMR_j$	服务进口国内导向型产品市场规制指数	$OUTPMR_j$	服务进口国外导向型产品市场规制指数
ε_{ij}	随机误差项	C_{ij}	截距项

$$\mathrm{Log}(\mathrm{Trade}_{ij}) = C_{ij} + \mathrm{Log}(GDP_i) + \mathrm{Log}(GDP_j) + \mathrm{Log}(POP_i) + \mathrm{Log}(POP_j) + \mathrm{Log}(DIST_{ij}) + X_{ij} + \varepsilon_{ij} \quad (2-16)$$

针对我们所研究的目标变量,在上述引力模型的基础上,我们首先定义基本的引力模型:

$$\mathrm{Log}(IMPORT_{ij}) = C_{ij} + \mathrm{Log}(GDP_i) + \mathrm{Log}(GDP_j) + \mathrm{Log}(POP_i) + \mathrm{Log}(POP_j) + \mathrm{Log}(DIST_{ij}) + LANG_{ij} + BORD_{ij} + \varepsilon_{ij} \quad (2-17)$$

针对引入不同变量后对服务贸易自由化所产生的影响,我们分别定义以下引力方程:

1. 针对服务进口国经济自由化程度对该国服务进口所产生的影响,设立回

---

① Jan Tinbergen (1962), Shaping the World Economy, New York: Twenty Century Fund.

归方程如下：

$$\text{Log}(\text{IMPORT}_{ij}) = C_{ij} + \text{Log}(\text{GDP}_i) + \text{Log}(\text{GDP}_j) + \text{Log}(\text{POP}_i) + \text{Log}(\text{POP}_j)$$
$$+ \text{Log}(\text{DIST}_{ij}) + \text{LANG}_{ij} + \text{BORD}_{ij} + \text{Log}(\text{Freedom}_j) + \varepsilon_{ij} \quad (2-18)$$

2. 针对服务进口国政府实施管制政策后对该国服务进口所产生的影响，设立回归方程如下：

$$\text{Log}(\text{IMPORT}_{ij}) = C_{ij} + \text{Log}(\text{GDP}_i) + \text{Log}(\text{GDP}_j) + \text{Log}(\text{POP}_i) + \text{Log}(\text{POP}_j)$$
$$+ \text{Log}(\text{DIST}_{ij}) + \text{LANG}_{ij} + \text{BORD}_{ij} + \text{Log}(\text{Freedom}_j)$$
$$+ \text{Log}(\text{PMR}_j) + \varepsilon_{ij} \quad (2-19)$$

3. 针对服务进口国实施外导向型管制政策后对服务进口所产生的影响，设立回归方程如下：

$$\text{Log}(\text{IMPORT}_{ij}) = C_{ij} + \text{Log}(\text{GDP}_i) + \text{Log}(\text{GDP}_j) + \text{Log}(\text{POP}_i) + \text{Log}(\text{POP}_j)$$
$$+ \text{Log}(\text{DIST}_{ij}) + \text{LANG}_{ij} + \text{BORD}_{ij} + \text{Log}(\text{Freedom}_j)$$
$$+ \text{Log}(\text{OUTPMR}_j) + \varepsilon_{ij} \quad (2-20)$$

4. 针对服务进口国实施内导向型管制政策后对服务进口所产生的影响，设立回归方程如下：

$$\text{Log}(\text{IMPORT}_{ij}) = C_{ij} + \text{Log}(\text{GDP}_i) + \text{Log}(\text{GDP}_j) + \text{Log}(\text{POP}_i) + \text{Log}(\text{POP}_j)$$
$$+ \text{Log}(\text{DIST}_{ij}) + \text{LANG}_{ij} + \text{BORD}_{ij} + \text{Log}(\text{Freedom}_j)$$
$$+ \text{Log}(\text{INPMR}_j) + \varepsilon_{ij} \quad (2-21)$$

（三）贸易引力模型的回归结果

我们以 2003 年为研究年份，采取横截面数据回归方法对上述五个方程分别进行回归。从理论上来说，当截面单位是随机抽自一个大的总体，把所抽样本的个体差异认为服从随机分布可能更合适，因此我们用截面随机效应的 EGLS 方法进行回归，回归结果见表 2 – 12。

表 2 – 12　　　经济自由化与管制政策对服务贸易自由化的影响

	方程（1）	方程（2）	方程（3）	方程（4）	方程（5）
C_{ij}	-3.92*** (-4.53)	-10.02*** (-4.0)	-12.74*** (-4.98)	-10.03*** (-4.07)	-13.05*** (-4.91)
$\text{Log}(\text{INPMR}_j)$	—	—	—	—	0.59** (2.20)
$\text{Log}(\text{OUTPMR}_j)$	—	—	—	0.02 (0.08)	—

续表

	方程（1）	方程（2）	方程（3）	方程（4）	方程（5）
$Log(PMR_j)$	—	—	0.62 ** (2.0)	—	—
$Log(Freedom_j)$	—	2.57 *** (2.56)	3.86 *** (3.71)	2.58 *** (2.64)	3.81 *** (3.66)
$Log(DIST_{ij})$	-0.69 *** (-12.43)	-0.72 *** (-13.08)	-0.70 *** (-11.92)	-0.72 *** (-13.09)	-0.68 *** (-11.20)
$Log(GDP_i^t)$	1.35 *** (17.43)	1.13 *** (9.73)	1.17 *** (9.73)	1.14 *** (8.41)	1.12 *** (10.05)
$Log(GDP_j^t)$	1.49 *** (17.3)	1.50 *** (17.36)	1.49 *** (17.38)	1.50 *** (17.38)	1.49 *** (17.33)
$Log(POP_j^t)$	-0.58 *** (-8.16)	-0.34 *** (-2.89)	-0.38 *** (-3.11)	-0.34 *** (-2.40)	-0.33 *** (-2.93)
$Log(POP_i^t)$	-0.73 *** (-8.22)	-0.73 *** (-8.19)	-0.73 *** (-8.23)	-0.73 *** (-8.20)	-0.73 *** (-8.21)
$LANG_{ij}$	0.22 *** (2.11)	0.18 * (1.68)	0.19 * (1.76)	0.18 * (1.68)	0.19 * (1.80)
$BORD_{ij}$	0.17 (0.81)	0.17 (0.79)	0.18 (0.85)	0.17 (0.79)	0.20 (0.92)
修正后的 R^2	0.67	0.70	0.70	0.69	0.71
D. W. 值	1.93	1.94	1.95	1.94	1.94
观察值	552	552	552	552	552

注：*** 表明通过1%的检验，** 表明通过5%的检验，* 表明通过10%的检验，括号内为变量的t值。

从表2-12方程（1）的回归结果我们可知，引力模型的控制变量基本都通过了显著性检验并取得了预期符号，其中，服务进口（出口）国的GDP、共同语系、共同边界等变量都对服务进口国的服务进口产生促进影响，双边人口变量与经济中心距离变量对服务进口国的服务进口产生抑制作用。①

对于我们所关注的变量：从方程（2）的回归结果中我们可知，服务进口国的经济自由度指数促进了服务的进口量，这表明一国的经济越自由，服务进口量

---

① 关于双边人口变量对双边贸易额的影响，存在着两种相互对立的看法，一方面，如果一个国家是自给自足的话，那么其国内人口总量是与进（出）口呈负相关；另一方面，更多的国内人口总量会促进劳动分工，因此也会增加双边贸易的机会。在上述回归中，双边人口规模对服务进口国的服务进口量影响回归结果为负值，表明上述第一种效应要大于第二种效应。

也就越大，这符合我们的基本假设，一国在经济上只要自由1%，一国的服务进口就增加2.57%；从方程（3）的回归结果我们可知，服务进口国对国内经济的管制政策并没有对本国的服务进口构成贸易壁垒，相反地，管制政策在促进服务进口的基础上，而且进一步扩大了经济自由度对服务进口的促进效应，服务进口国的管制政策每增加1%，将促进服务进口增加1.91%；在此基础上，当我们将服务进口国对服务的管制政策明确区分为内导向型管制政策与外导向型管制政策时，从方程（4）和方程（5）的回归结果中可知，这两种政策对服务进口国的服务进口效应是明显不一样的，服务进口国对服务业所实施的外导向型管制政策并不会对本国的服务进口造成任何影响，但对服务业所实施的内导向型管制政策却是促进服务进口的主要力量，服务进口国对服务业所实施的内导向型管制政策每增加1%，将促进本国服务进口增加1.83%。

五、结论

我们主要是探讨经济自由主义与管制政策两者在服务贸易自由化进程中的冲突与效应问题。通过运用垄断竞争模型以及贸易引力模型，我们对上述效应进行了研究。结果表明：

第一，服务进口国对本国服务业实施管制政策后，虽然使服务出口国单个服务公司的出口量有所增加，但同时也减少了出口国服务出口公司的总数目与服务品种数量，因此总服务出口量的变化是不清楚的。在一定的条件下，服务进口国政府对服务业的管制政策是可以提高服务进口量的；

第二，服务进口国的经济自由程度与本国服务进口成正比关系，一国在经济上只要自由1%，服务进口就会增加2.57%，市场经济仍然充当着促进服务贸易的主导作用；

第三，服务进口国对本国服务业所实施的管制政策并没有对本国服务进口构成贸易壁垒，相反地，在促进服务进口的基础上，管制政策进一步扩大了经济自由度对服务进口的促进效应，综合上述两方面的结果，管制政策每增强1%，将促进本国服务进口增加1.91%；

第四，服务进口国对本国服务业所实施的外导向型管制政策并不会对本国服务进口造成任何影响，但所实施的内导向型管制政策却是促进本国服务进口的主要推动力量，服务进口国的内导向型管制政策每增强1%，将促进本国服务进口增加1.83%。

综合上述研究结果，其一，在服务贸易自由化进程中，政府应重视市场经济机制本身对服务贸易所产生的促进作用,这将有利于贸易开放利益的获得,贸易保护主义无疑将扭曲这一传导机制的实现;其二,把对服务业的管制政策看作贸易壁垒的观点是片面的,适当的管制政策可以促进服务贸易的发生;其三,一国政府在对本国服务业进行管制时,应更重视内导向型管制政策对服务贸易所产生的促进效应(特别是对差异化和外部性比较明显的服务产品),即建立起规范、维护竞争秩序方面的管制政策,这对于服务贸易自由化意义重大。

第三章

服务贸易保护的度量
——STRI

服务贸易是全球经济发展中重要内容，促进各国服务业市场开放也一直以来是主要服务贸易出口国的重要愿景。通过量化方法对服务贸易的限制性进行分析和评价，有利于更为清晰地展现各国服务业领域的开放水平，为进一步推进市场的整合，更好地发挥各方资源的作用，以创造更大的福利。中国经济经过几十年的高速发展，正进入向中高速发展的转型期，全球需求疲软和中国经济新常态的大背景下，应该加快发展服务贸易。对 OECD 的 STRI 的研究和分析，有利于更准确和全面把握服务贸易发展和开放的关键点，为进一步开放提供支撑。

第一节 国际协定对降低服务贸易限制性发挥重要作用

服务贸易的发展有着强烈的时代背景。1995 年 WTO 成立成为服务贸易发展的重要里程碑事件，随后经历 20 年的发展，新的协定的诞生为服务贸易开放度的提升提出新的思路和路径，也大幅降低了服务贸易面临的壁垒和障碍。

（一）WTO 的服务贸易模式创新

作为 WTO 的重要创新，《服务贸易总协定（GATS）》的签署使得各成员得以通过统一的规则和具体的承诺，对各自的服务业市场开放进行约束，也可以为本国服务企业通过四种模式向其他国家出口服务或进口服务提供明确的支持。WTO 作为"一揽子"协定，所有成员在加入时均需接受所有协议约定条款，不能选择性接受。但在统一的规则下，各成员可以在具体的开放承诺中有所侧重。伴随技术的进步，服务贸易的发展速度远远超过货物贸易，技术进步增强了供给侧的力量。航空运输技术的发展降低了人远距离移动的成本，信息技术的发展创造了更多市场需求和满足方式，金融技术的发展形成了金融创新的充分动力，促进跨境金融资源的优化组合。经济的发展提高了主要经济体的消费能力，为消费升级提供了需求侧的有效支撑。各国间在通过货物贸易实现相互间实体消费的同时，也更多通过服务贸易享受其他国家服务提供者提供的服务，获得更高层次和更为多元化的需求。

与货物贸易相比，服务贸易的本质决定了其发起和完成的难度较大。由于服务具有不易存储、提供与消费难以分离、对外部条件依赖性强、难以协调、规范和营销等特点，在WTO出现之前如何衡量服务贸易受外部环境的限制并未形成共识，更多的讨论只能基于主观的感受或经验，不具有横向和纵向的可比性。跨国公司的发展对服务贸易形成了重要促进，通过跨国公司的内部网络实现企业内部管理的增强和各类要素资源的整合，通过包括沃尔玛等服务领域跨国企业的投资行为促进批发零售服务贸易的快速增长和相关支持系统的逐步完善。

WTO通过GNS/120文件对服务贸易进行了分类，许多类别也对应着联合国通用产品分类CPC，便于新的体系与原有体系的对接。GNS/120将服务业分为12个大类和160个小类，其中又有大量的细分行业的最后一个是"其他服务业"。按照GATS的标准，服务贸易可以分为四种模式，即跨境支付、境外消费、商业存在和自然人移动。四种模式对应着服务的提供者与消费者的不同位置关系，覆盖了绝大多数现有的服务贸易模式。尽管学术界有不少讨论，提出第五种模式，希望实现新的贸易模式，为创新提供支撑。但按照20年前WTO的规定，这些新的模式尚未形成规模。事实上，服务贸易的四种模式也并非在同一量级，商业存在相比而言占比最高，自然人移动则最不显著。对服务业开放水平的衡量可以依据各个子类和四种模式，进行加权综合。但如何确定各行业中各类限制措施的权重，如何处理各国千差万别的法律法规和政策限制，并不容易。所以，尽管WTO对服务贸易进行了基本描述，也为各国通过承诺表明确对其他成员服务提供者参与服务贸易的内容、模式的市场准入和国民待遇给出列表，但受各国承诺内容和水平的差异，简单以承诺表作为服务业市场开放程度的评判依据仍然具有相当不确定的特点。在WTO的160余个成员的广阔空间，进行服务业开放程度的衡量很难获得普遍认可，也在很多时候可能与货物贸易等其他领域的问题交织在一起而难以实现推进和发展。

与传统的经贸协定相比，WTO首次将服务贸易纳入多边承诺的范围内，所形成的承诺模式创新开启了服务贸易有关经贸合作的先河。受此影响，众多多双边协定都仿照GATS方式进行市场开放，也可以通过多双边或区域自贸区谈判推进服务业市场的开放。服务业市场的开放也在相当程度上促进了全球要素的优化配置和组合，有利于全球经济保持较快增长速度，是全球经济在21世纪前8年保持高速、强劲、持续增长的重要组成原因和动力来源。

（二）服务业开放的发展和创新

在WTO正式生效6年后，WTO成员启动了多哈回合谈判（DDA），希望能够继续推动WTO的更为开放。在多哈回合启动伊始，各方都有较强的期待，希望在新的谈判框架中为本国企业带来更为有利的条件，占据更好的位置。然而，谈判尽管覆盖了包括服务贸易在内的广泛领域，谈判的进程却很难推进。利益点之间的差异使得各国很难形成共识。例如，发展中经济体往往希望发达经济体能够减少对农业等产业的补贴、为其他国家企业的发展和产品的市场拓展留下足够空间。发达经济体则是在服务业、高端制造业等领域具有丰富经验和较强优势，希望发展中经济体减少对外资服务业的市场准入限制，为发达经济体的先进服务企业的发展打开大门。同时，发达经济体之间、发达经济体与发展中经济体都有着不同的特点和诉求，随着成员数量的增加和各种可贸易商品、劳务的品种更为丰富，交易模式也更为多样。

服务贸易工作组推进难度较大，客观上不适应服务贸易发展的需求。发达经济体希望扩大服务业市场准入的愿望推进困难，转而寻求WTO以外的其他平台进行尝试。新的服务贸易协定（TISA）由美国提起，其谈判对象是其"真正的贸易伙伴"。相关国家间的贸易额在全球服务贸易中所占比重较大，由这些国家推动的协定可以绕开其他经贸议题，实现服务业市场开放程度的大幅提升。

2015年10月，美国与其他11个国家和地区完成的跨太平洋伙伴关系协定（TPP）谈判为服务贸易的发展开辟了新的空间。TPP坚持的高水平开放，要求各个成员在包括货物贸易、服务贸易、投资等各类经济活动中采取更为开放的做法。在很大程度上，TPP代表了美国希望推动国际贸易规则向着有利于其自身优势发挥的方向发展，从谈判开始就充分反映了美国的习惯做法、利益导向和发展需求，给其他成员国带来不小挑战。其中，在服务贸易领域，TPP并未采取GATS使用的"传统水平+行业开放"的承诺模式，而是使用负面清单的方式对各成员的服务业市场开放进行承诺。尽管TPP谈判完成的文本与美国参与TPP时的目标水平仍有不小差距，TPP完成的内容仍是大幅提高了传统的服务业开放水平。除了在服务贸易章节对服务业市场开放进行约定外，TPP也在包括投资、跨境电子商务、商务人员流动等章节对服务贸易的市场开放进行推动。在投资章节，TPP采取了与服务贸易相似的负面清单方式，要求东道国政府减少对包括服务业投资在内的外国投资的限制,提高相关管理措施的有效性。在争端解决上,TPP 要求充分用好当地的法律法规和措施来解决,在救济用尽的情况下才可以寻求国际投资争端解决机制。在跨境电子商务章节,TPP 约定各成员政府应该减少对数据本地化存储的强制性要求,而由企业根据自身的商业利益加以分析、判断和决定。在商务人员流动章节,TPP 要求各成员减少对商务人员入境的程序上限制,避免因为人员入境流程和手续上的过度限制影响正常的商业活动,避免因为人员入境难度大或时间过长,导致企业在相关国家的投资意愿下降或提供相关产品和服务的能力下降。

应该说,包括 TISA 和 TPP 在内的协定,对服务贸易开放水平的提升发挥了重要作用。这些协定不仅扩大传统行业领域的开放、探索新行业和模式的开放,同时通过其巨大的示范效应,在很大程度上影响着其他国际多双边规则的发展方向,为促进多边领域的服务业开放提供了外部的推动力。协定的示范效应和外部影响将在较长时间发挥作用,有可能通过竞争促使其他协定扩大服务市场开放。

第二节 服务贸易限制性指数概述

尽管有各成员方的承诺,但各方服务业市场开放水平并未有量化的评价。OECD 推出的服务贸易限制性指数尝试使用量化指标对各成员多个行业的开放程度进行衡量,以期以此为依据评价各成员服务业的开放水平。

一、什么是服务贸易限制性指数

服务贸易限制性指数(STRI)是澳大利亚竞争力委员会、OECD 组织和世界银行推出的,测度服务贸易壁垒的指数。由于 OECD 在全球经贸领域的影响力,STRI 得到广泛关注。

STRI 的编制本身仍处于探索中,涉及的国别、行业领域等范围还在不断调整。截至 2016 年初,STRI 包含了 34 个 OECD 国家(地区)和巴西、中国、印度、印度尼西亚、俄罗斯和南非共 40 个国家(地区)的服务贸易限制信息。涵盖领域涉及金融、通信、运输、旅游和专业服务等 5 大行业以及 18 个服务部门以及跨境交付、商业存在和自然人流动三种服务贸易交付方式的服务贸易限制性信息。该指数根据服务贸易条款和承诺将服务贸易条款中的定性分析进行量化,以此来反映出各国各行业的限制性。指数的取值范围是 0~1,指数越大表示限制性越大,壁垒越高。

二、STRI 的研究方法[①]

服务贸易限制性指数（STRI）是汇集了关于服务贸易和投资限制的各方面资料，而不仅限于各国的承诺材料。大体上来说，服务贸易限制性指数（STRI）针对不同服务部门的特点设计制定不同的研究方法，按照 GATS 规定的四种服务贸易模式进行分类，根据具体限制进行打分，按照各部门评分和已经制定的权重系统最后综合计算出 STRI 指数。由于 STRI 主要为 OECD 自行编制，除了其成员会做一些配合外，多数资料均由指数编制的工作人员从网上搜集而得。

（一）服务贸易限制性指数（STRI）的设计体系

STRI 的设计时需要考虑到分析的可行性，不同行业领域指数的公平性和可比性，也需要适应不同国家的情况。

1. 概述

服务贸易限制性指数（STRI）在方法的设计时本着尽量简约的原则，正如其在报告介绍部分所引用的爱因斯坦名言"尽可能简易，但是不能更简单"（Makething sass impleas possible, butnotsimpler）。其结果根据服务贸易提供的四种方式分为国家和部门的计算指数。计算体系分为打分系统（scoring system）和权重系统（weighting system）。所涉及的部门有 18 个，分别是：视听服务（电影、电视和广播、声音记录），计算机服务、建筑、快递服务、配送服务、金融服务（商业银行和保险），专业服务（会计、建筑、工程、法律），电信和运输服务（空运、海运货物运输、道路货物运输、铁路货物运输）等。

在计算政策时主要考虑以下政策所涉及的内容：

a. 对于外资的限制；

b. 对于人口流动的限制；

c. 其他歧视性措施；

d. 竞争壁垒；

e. 管制透明度等。

从以上政策所涉及的领域可以看出，服务贸易限制性指数（STRI）在考虑壁垒时不仅考虑到了贸易政策，同时其他的非贸易政策性壁垒也都纳入了评价体系。

[①] 本部分研究方法的介绍主要根据 OECD Trade Policy Papaers NO.177, Services Trade Restrictiveness Index (STRI): Scoring and Weighting Methodology 撰写。

打分和权重系统的基本框架是：

a. 单独一条政策的计分在 0（没有限制）到 1（完全限制）；

b. 在五个政策领域下的每条子政策的权重是一致的；

c. 五个政策领域的权重根据彼此间相对重要性来决定；专家们将 100 分根据自己的标准分配给 5 个政策领域，在不同的部门（sector）下权重分配系统是不一样的。

2. 评分系统

服务贸易限制性指数（STRI）对于每条政策的评分的范围是从 0~1，0 表示没有限制，1 表示有限制，得分越高则表示限制越大。本部分以外资限制为例对政策的评分体系进行说明，在其余部门和政策领域中也采取类型的方法和层级结构。

（1）外资（foreignequity）准入的评分体系。

首先认为外资限制政策是从 0~100% 的连续变量，0 代表开放市场，没有准入限制；100% 代表全完封闭的市场。然后将外资准入的层次分为 4 个档次：

少于 100% 被允许；

少于 50% 被允许；

少于 33% 被允许；

没有外资被允许。

假如没有限制，那么政策被评为 0 分；假如外资被完全限制进入，则以上四项每一项都被评为 1 分，总和为 4 分。假如外资限制进入是 49%，则在"少于 100% 被允许"和"少于 50%"两项上各得 1 分，总和为 2 分。

另外，对于间接外资的评分规则，以外资在公司中所占股权三分之一为界限，当少于三分之一时视为对外资有限制，记为 0 分。

假如存在法定的垄断机构对部门实行了完全垄断，那么无论其他规定如何，服务贸易限制性指数（STRI）都将记为 1 分。

（2）自然人（natural person）流动的评分体系。

对于自然人流动的评分主要根据自然人所受到的门槛限制进行评判。在 GATS 中对于自然人的暂时流动没有做出明确定义，这里主要引入了两个门槛标准：少于 36 个月和少于 12 个月。假如自然人可以停留 36 个月甚至以上，那么得分为 0，如果停留在 12 个月以下，那么两项得分均为 1。如果自然人在这两个选择中都不允许，那么每项得分均为 1。

（3）管制透明度（Regulatory transparency）的评分体系。

在管制透明度范围下的政策是连续变化的。这些主要涉及程序上的时间、成本和数量，并相应地转化为得分上的相应门槛。这些门槛主要列入表 3-1 之中。

表 3-1

政策方法	门槛（在此门槛之上则得分为 1）
签证办理的时间范围（天）	10 个工作日
注册一家企业全部官方程序所需要的时间（日历时间：天）	根据世界银行商务办理标准（Doing Business Indicators）：20 天
注册一家企业所需要的全部官方程序费用（美元）	根据世界银行商务办理标准（Doing Business Indicators）：人均收入的 8.6%
注册一家企业所需要的官方程序数量	根据世界银行商务办理标准（Doing Business Indicators）：7 步
建立一间仓库的官方程序所需时间（日历时间：天）	根据世界银行商务办理标准（Doing Business Indicators）：138 天
建立仓库完成官方程序所需要的总花费（美元）	根据世界银行商务办理标准（Doing Business Indicators）：人均收入的 57.6%
建立仓库锁需要的官方程序数量	根据世界银行商务办理标准（Doing Business Indicators）：14 步
解决破产的时间（年）	根据世界银行商务办理标准（Doing Business Indicators）：2 年
解决破产的花费（按房地产价值的百分比）	根据世界银行商务办理标准（Doing Business Indicators）：房地产价值的 9%
海关申报和海关放行的时间间隔（天）	根据世界银行商务办理标准（Doing Business Indicators）：2 天

资料来源：OECD Trade Policy Papers NO.177，Services Trade Restrictiveness Index（STRI）：Scoring and Weighting Methodology.

视听服务、计算机服务、建筑服务和分销服务是根据以上这些原则进行打分的，而专业服务、电信和运输服务等则因为部门本身原因需要在此之上设立更为复杂的评分系统，对各自的不同特点予以关注。下面介绍各个领域在分配时的权重系统。

3. 权重系统

当把每条政策限制纳入服务贸易限制性指数时需要两个步骤，一是给每个政策领域进行权重分配，二是涉及加总的指标形成服务贸易限制性指数。对于每个政策领域的权重分配，服务贸易限制性指数在计算时主要运用了专家打分的方式。为了降低个别专家打分所产生的人为因素有失客观性，特意邀请了许多专家进行打分。专家们在打分时主要依据每项政策对于贸易成本的影响：一部分是进入成本（entrycosts），另一部分是运营成本（operationalcosts）。

这些专家将 100 分根据自己的判断分配到外资进入的限制、人口流动的限制、其他歧视性措施、竞争的壁垒和管制的透明性5个政策领域中，根据每个部门之间对贸易成本的影响程度和重要性进行分配权重。目前专家们制定的权重如表3-2所示。

表3-2　　　　　　　专家判断的各部门各政策领域的权重表

部门	外资进入限制	人口流动限制	其他歧视性措施	竞争壁垒	管制透明度
广播	39.67	12.00	17.33	17.67	13.33
电影	27.24	21.84	19.24	13.44	18.24
声音	12.00	17.00	23.00	27.00	21.00
建筑	21.97	16.87	22.07	18.57	20.53
速递	27.20	12.20	19.20	21.00	20.40
计算机	17.44	20.84	17.73	20.23	23.76
分销	30.11	10.28	17.67	21.94	20.00
商业银行	26.27	12.13	18.67	20.83	22.10
保险	31.00	10.28	17.67	21.94	20.00
会计	24.97	22.26	15.72	17.11	19.93
工程	18.61	25.62	15.72	19.93	19.93
法律	22.28	29.76	15.90	14.41	17.66
通信	24.89	13.07	15.44	26.31	20.29
空中运输	24.50	14.00	23.75	20.00	17.75
海上运输	35.00	25.00	12.50	14.50	13.00
铁路运输	24.89	13.07	15.44	26.31	20.29
陆路运输	35.00	15.00	25.00	20.00	5.00

资料来源：OECD Trade Policy Papers NO. 177, Services Trade Restrictiveness Index (STRI): Scoring and Weighting Methodology.

虽然目前已经将各部分的权重进行评估，但是这种权重也可以随着时间的变化进行调整。市场准入或者国民待遇以及国内规制等对于政策的分类在不断地变化，所以这些评价的措施也会随着政策的改变而进行调整。

（二）STRI与Hoekman指数的比较

Hoekman指数出现时间较早，是有关服务贸易限制的重要探索。通过将STRI与Hoekman指数进行比较，有利于对其理论基础和效果有更为清晰的认识。

1. Hoekman指数介绍

Hoekman指数是霍克曼（Hoekman）在1995年创立的关于服务贸易开放度

量化分析的方法。该方法主要根据国家做出的承诺减让表，按照 GATS 规定服务贸易四种方式进行区分，针对市场准入和国民待遇两方面进行分析。主要打分原则是：根据承诺中"无限制"（None）、"不作承诺"（unbound）和"部分限制"（partialrestriction）分别给予权重 1、0.5 和 0。"无限制"表明对于外国服务提供者承诺不采取任何市场准入或国民待遇限制；"不作承诺"表明对于外国服务提供者保留充分的政策和行政自由，不作任何市场准入或国民待遇的承诺；介于前两者之间的是"部分限制"，对于外国服务提供者详细列明所采取的市场准入或国民待遇的具体内容。根据 GATS 的分类表，共有 155 个服务部门，首先将每个部门的进入壁垒按照国民待遇和市场准入分为两部分，然后将每种壁垒按照服务贸易四种提供模式进行分类，每一类服务贸易提供模式下根据"无限制"、"不作承诺"和"部分限制"的打分原则进行评分，最后将各部门的得分加总求均值即得到 Hoekman 指数。

2. 服务贸易限制性指数（STRI）与 Hoekman 指数的比较

在介绍了 Hoekman 指数和上文中关于服务贸易限制性指数（STRI）的方法后，现在将两种方法进行比较，可以发现：

首先，服务贸易限制性指数（STRI）和 Hoekman 指数的量化对象不同。两种指数都是对服务贸易壁垒进行量化研究，但不同的是服务贸易限制性指数（STRI）着重量化的是服务贸易壁垒的"限制性"，而 Hoekman 指数量化的是服务贸易的"开放性"。虽然两者是一体两面的关系，但是其设计的出发点和规则是不同的，因此其结果所反映的信息也是不同的。服务贸易限制性指数（STRI）的数值结果表明，数值越大则服务贸易壁垒越高，服务贸易进入越难；而 Hoekman 指数的结果中数值越大表明该国的服务贸易限制越小，服务贸易进入越容易。

其次，所涉及的政策领域不同。对于 Hoekman 指数而言，其主要关注的政策领域在于服务贸易的进入壁垒，即市场准入和国民待遇。但是服务贸易限制性指数（STRI）所涉及的领域相对更丰富一些，包括外资进入的限制、人口流动的限制、其他歧视性措施、竞争的壁垒和管制的透明性等 5 个领域，所研究的政策范围十分复杂。

最后，打分系统与权重系统不同。Hoekman 指数的打分系统很简单，不区分部门的将各种政策区分为"无限制"、"不作承诺"和"部分限制"分别给予 1、0 和 0.5 的分数，在权重上每条政策的权重完全相等。而服务贸易限制性指数（STRI）根据每个政策领域的不同进行不同的评分标准，并且按照不同的部门给与不同的权重，使得结果更加精确。

第三节　主要国家的 STRI 得分情况

OECD 的 STRI 指数成为其评价服务贸易开放的标准。其分析结果可以给读者展现各国服务业限制的情况。从其结果来看，发达经济体的限制相对较少，多数发展中国家对服务贸易的限制依然较大。

一、中国与金砖国家的 STRI 得分

从目前公布的结果来看，STRI 包含了 34 个 OECD 国家（地区）和巴西、中国、印度、印度尼西亚、俄罗斯和南非共 40 个国家（地区）的服务贸易限制信息。所公布信息包括每个国家整体的 STRI 指数、分部门的 STRI 指数两种。目前公布的最新结果是 2014 年的，从国家层面来看，金砖国家的 STRI 指数普遍高于 OECD 国家，如图 3－1 所示：

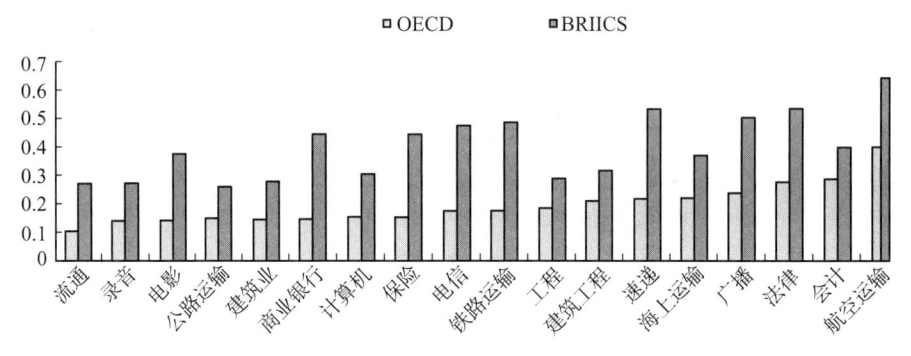

图 3－1　2014 年 OECD 国家和金砖国家服务贸易限制性指数分部门对比
资料来源：OECD-Lib 数据库。

分部门来看，将指数从大到小排列，中国分销行业的 STRI 指数位居第二，其中外资进入门槛明显；计算机及相关产业排名第四，外资进入和管理透明度成为主要限制因素；电影行业排名第二，主要限制因素是外资进入；电视和广播行业排名第一，主要显示因素是外资进入；音响录音行业排名第二，主要限制因素是外资进入和其他歧视性措施，而其他国家的主要限制因素多为人口流动的限制；建筑行业排名第四，主要限制因素是外资进入和管理透明度；金融行业排名第三，主要限制因素是我自进入和竞争壁垒；法律行业排名第四，主要限制因素

是人口流动限制和外资进入；货物搬运排名第三，主要限制是外资进入和竞争壁垒；电信行业排名第二，主要限制是外资进入和竞争壁垒；在航空运输方面中国排名第六，主要限制是外资进入和竞争壁垒。STRI 指数显示，中国在各个部门的指数均较高，表示中国对各主要行业的限制较高。

二、主要国家的 STRI 行业分布

STRI 涉及的国家较多，我们选取其对于澳大利亚、巴西、德国、俄罗斯、法国、韩国、加拿大、美国、墨西哥、南非、日本、印度、印度尼西亚和英国14 个国家的指数结果进行说明。

（一）澳大利亚

澳大利亚是七国集团（G7）成员之一，工业体系完善，竞争力较强，在服务贸易领域也具有相对较强的竞争力。较强的研发能力和科技水平是的澳大利亚本国企业具备较强竞争力，对外来服务提供者的限制相对较少。澳大利亚的服务贸易开放度较高还来自于其与美国等国家签署的自贸协定，这些协定规定了澳大利亚的义务，对相关的法律法规进行约束。TPP 对东道国开放市场的较高要求，也在相促进澳大利亚扩大市场开放力度。澳大利亚出口额最多的服务领域为商业服务和运输服务。

如图 3-2 所示，除速递行业外，澳大利亚在多数行业领域的限制程度都要低于所有样本国家的平均水平，说明澳大利亚的服务业开放水平整体较高。与其他国家相比，澳大利亚适用于所有经济领域的通用监管条例较为开放。但在董事会成员居住权、投资审查相关措施，以及所有行业领域的市场准入方面，澳大利亚还是存在一定限制。同时，对外籍劳务进入澳大利亚市场，还设置有劳动力市场需求测试的要求。

根据 STRI 的打分，物流服务和工程服务等领域得分较低，开放度较大。上述三个行业领域的横向管理措施相对较少，只在投资审查、人员流动通用监管条例方面有所限制。速递服务的得分最高，在澳大利亚，一家国有邮政服务企业垄断了市场，且该企业无须遵循竞争法，使得其行业限制得分较高。相比而言，澳大利亚的航空运输和海上运输的 STRI 得分值较高，说明相关领域的市场限制较高。因为航空运输是澳大利亚唯一仍存在外资股权限制的服务领域。而澳大利亚对海上运输也设有外资股权限制，还有国旗拥有和登记船舶的相关限制。

图 3-2 澳大利亚 STRI 得分

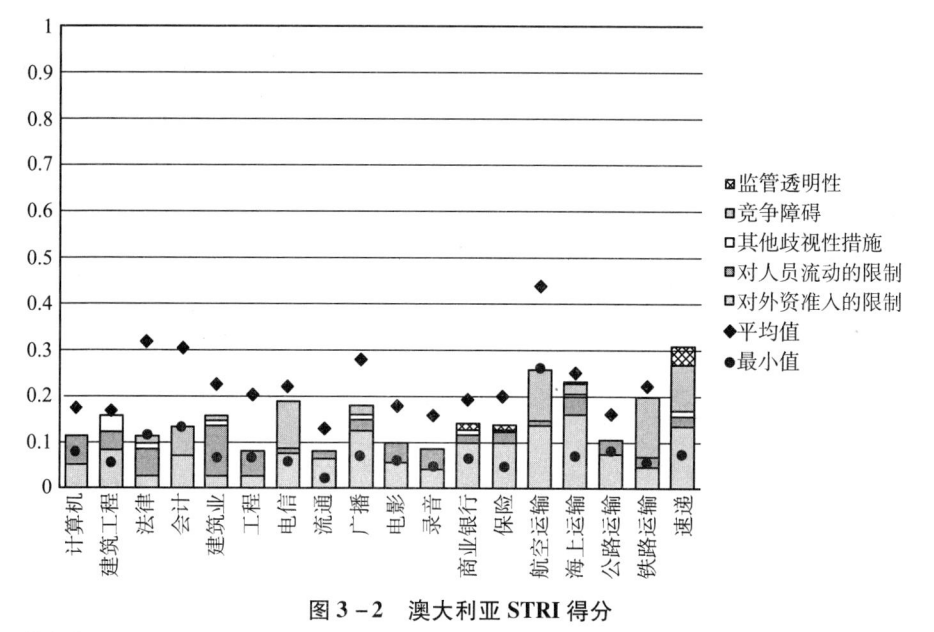

资料来源：OECD。

（二）巴西

巴西是金砖国家之一，也是国土面积最大的拉美国家。资源丰富，农产品、林产品和矿产品都是其出口的重要组成，工业体系完整，在航空、汽车等领域具备较强竞争力，产品的国际影响力较大。巴西经济曾在20世纪中后期出现长达20余年的连续快速增长，被称为"巴西奇迹"。但是，在拉美相继爆发债务危机的影响下，巴西出现了剧烈的通货膨胀，导致外资撤出，国内市场供应短缺，使得巴西经济不再风光无限。巴西拥有发展所需的物质基础，但缺乏扩大开放的动力，市场开放程度不高，也凭借其丰富的旅游资源，吸引外国游客，增加服务出口。巴西对外奉行不结盟的政策，不签署经贸协定，在一定程度上降低了协定对市场的开放作用。

巴西的 STRI 行业得分如图 3-3 所示。可见除会计服务外，巴西所有行业的 STRI 分值均高于样本国家平均值，影响所有行业的一般性监管条例以及各个行业领域的法律法规导致了这一结果。在巴西，注册公司需要经过繁复的过程，要完成 13 道独立的行政程序，获得所需许可和注册文件的时间较长，增加了企业的设立成本。除此以外，巴西要求根据政府采购法律对外资供应商区别对待，也不利于外资进入。所有外籍劳务进入巴西劳动力市场均需要通过市场需求测试，也限制了服务贸易模式四的发展，推高了巴西 STRI 总体得分。

第三章 服务贸易保护的度量

图 3-3 巴西 STRI 得分

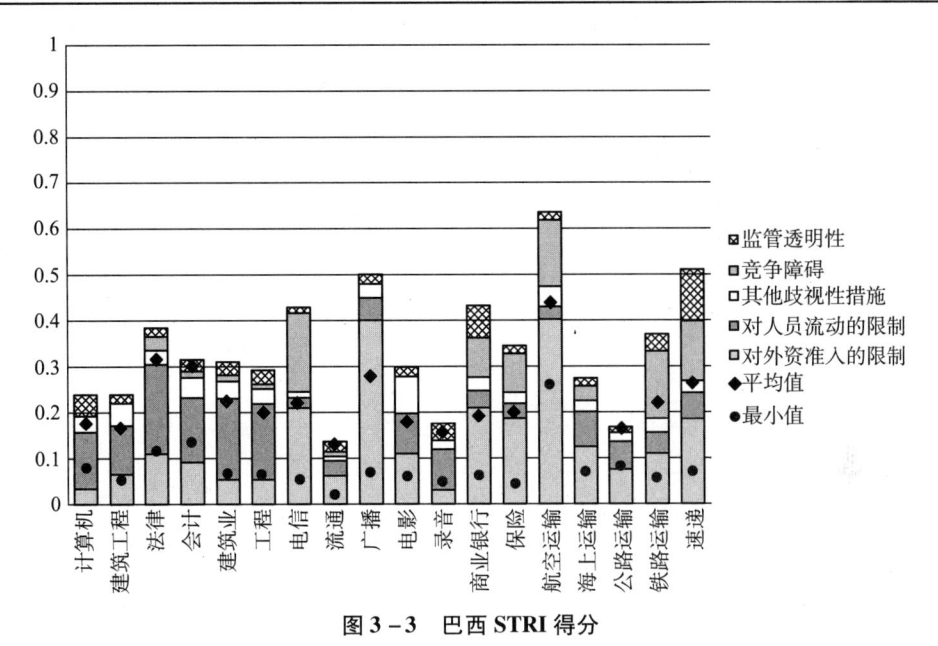

资料来源：OECD。

根据 STRI 评分，快递服务、录音服务和公路运输是巴西最为开放的 3 个行业领域。这些领域相对较为开放，一是由于通用限制对行业的影响相对较小，二是由于巴西对公路运输的依赖性较大，由于竞争激烈，市场相比更加开放。但是，未在巴西有商业存在的外国企业不允许在巴西提供沿海公路货物运输服务。航空运输服务、快递服务和广播服务的 STRI 得分较高。巴西对航空服务设置了严格的外资股权限制条件；国有的邮政经营公司拥有收件、运输和分发新建的垄断权；海关手续繁杂，通关速度较慢，影响跨境快递服务发展。

（三）德国

德国是 G7 成员，是全球制造业大国，货物贸易出口规模较大且具有很强的竞争力。严谨的商业态度和严格的质量标准体系，使得德国在研发、教育等领域具备较强的竞争优势。发达的工业体系也为服务业发展创造了良好的环境，与制造相关的服务业表现尤为突出，贸易、金融、保险、旅游和会展发达，电信、邮政、交通运输和物流等打破原有垄断，发展较快。相对完善的法律体系和规范的市场保障了服务业市场的开放度。因此，德国在多数服务行业并未设置严格的限制，为外资服务业的进入提供了较好的环境。

德国的 STRI 得分如图 3-4 所示，所有行业领域的 STRI 分值均低于各国平均值。通用监管规定对德国服务业限制的影响主要表现在对人员临时流动的限制。德国要求外籍劳务入境需先通过劳动力市场测试。合同服务提供者的入境、停留时间也可能受到限制。2015年以来，从叙利亚等国进入德国的难民数量明显增加。尽管德国总理默克尔对接受难民给予承诺，但难民与本国社会的融合问题和不时出现的刑事案件使得德国加强了边境管控措施，也会对商业领域的人员流动形成更大的障碍。

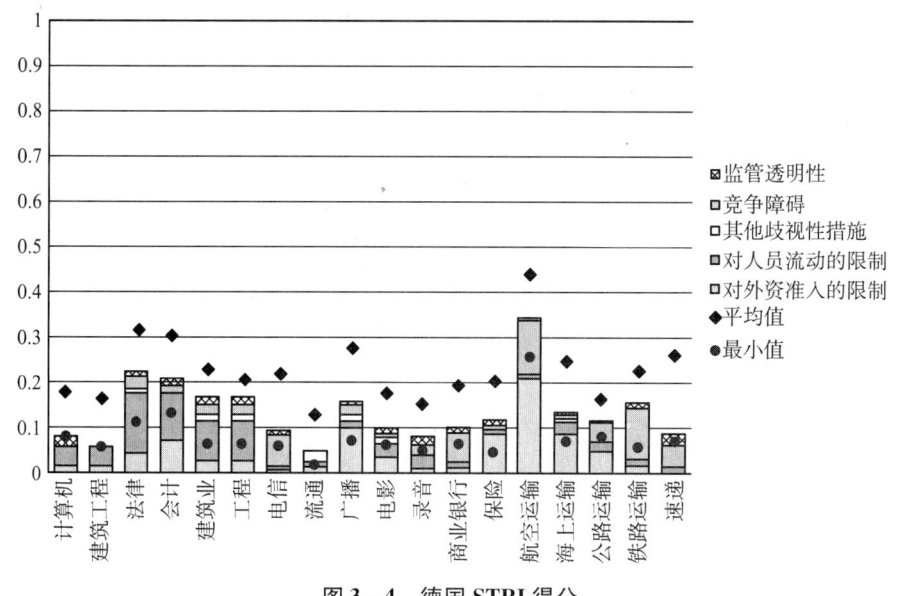

图3-4 德国STRI得分

资料来源：OECD。

从行业领域来看，流通、建筑和录音服务是STRI分值最低的3个领域，也是最为开放的。德国对批发和零售服务的竞争限制寥寥，仅限于对营业时间的限制。建筑服务受德国对服务业开放的水平承诺的影响。录音服务明确要求以非歧视方式保护版权和分派版税。相对而言德国STRI得分较高的行业为航空运输服务、法律服务和会计服务。其中，航空运输是德国唯一设置外资股权限制的服务领域。德国要求法律服务的有限责任合伙公司的多数股权和表决权由拥有德国或欧盟成员国本地执照的律师持有。会计和审计服务也有类似要求。但外国律师、会计师和审计师只要通过德国本地考试且具备本地实践经验即可获得执照，且德国与其他欧盟国家也有资质互认的安排，对外国投资者和专业服务人员的限制有限。

（四）俄罗斯

俄罗斯是金砖国家的成员，地域广阔，资源丰富，在重工业领域具有较强的竞争力。俄罗斯拥有传统丰富的文化和巨大的发展空间，在旅游、运输和建筑等传统服务贸易优势巩固的同时，金融、计算机和通信服务发展迅速，推动俄罗斯的服务贸易快速增长。但因为俄罗斯加入WTO时间较短，国内的相关法律法规和管理模式与其他国家相比仍然未能有效对接，传统上俄罗斯与中亚国家的经贸协定相对较多，也已经形成了一套相对固定的服务业市场管理模式，在乌克兰事件后俄罗斯受到美欧制裁，加之国际大宗商品价格持续下滑与卢布贬值并存，俄罗斯服务贸易的发展受到较强的环境约束。

俄罗斯的STRI得分如图3-5所示，除法律服务和广播服务，其余多数行业领域的分值高于所有样本国家的平均水平。可以看到，导致俄罗斯所有行业领域STRI升高的原因主要是其通用监管条例、针对临时服务提供者的劳动力市场需求和其他限制措施。专业服务、计算机服务和录音服务等劳动力密集行业领域因此受到的限制更为明显。同时，外资服务提供者在俄罗斯不能获得政府采购项目，严重限制了建筑服务领域的开放。

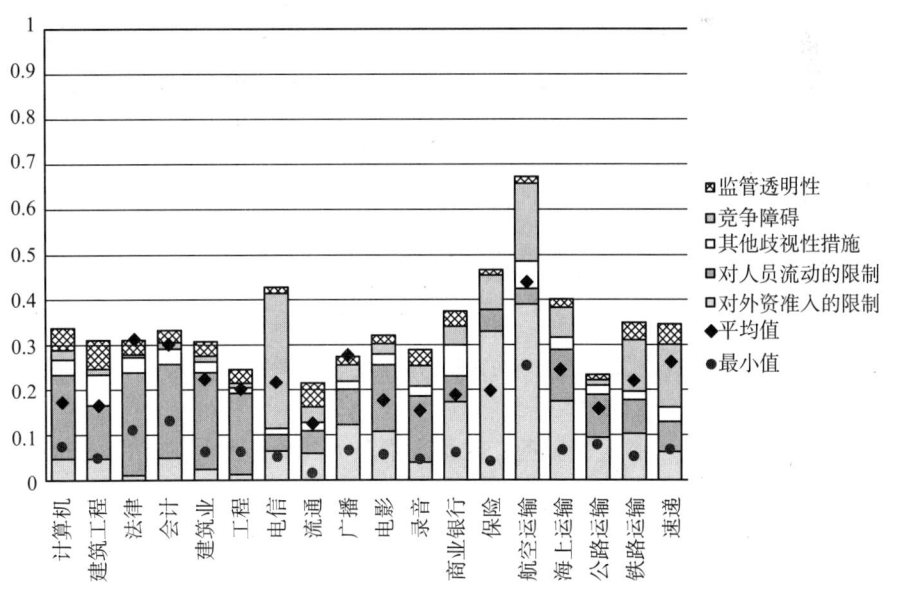

图3-5 俄罗斯STRI得分

资料来源：OECD。

俄罗斯的 STRI 得分最低的为流通、工程和公路运输三个行业。流通领域对外资开放且联邦或区域级别的具体监管条例少。但因为对不同类别工程师的管理措施不同，一些基本建设项目的工程师要求是俄罗斯相关专业组织成员且持有许可证等要求，这些领域的得分仍高于所有样本国家的平均值。根据 STRI，俄罗斯限制程度较高的行业领域为航空运输、保险和电信。航空运输要求外资股权不超过 49%，且国家持有俄最大航空公司多数股，董事会成员和经理需以俄罗斯人为主。保险行业对人寿保险设置外资股权限制且不允许外资建立分支机构。俄罗斯政府持有当前固定电话运营商的多数股权，在多数环节有较为严格的管理条例，对最佳实践在电信领域的推广和应用形成障碍。

（五）法国

法国是 G7 成员，也是较早完成工业化的国家。完整的工业体系和较高的生活品质为服务贸易发展创造了基础条件。法国历史文化古迹丰富、受两次世界大战的破坏有限，旅游资源丰富，国土所处位置重要，也是连接欧洲大陆和英国的枢纽，文化包容性强且引领时尚发展潮流，在旅游服务、运输服务、文化创意服务等领域具有较强竞争力。作为欧盟成员国，法国在服务贸易方面与欧盟保持一致，人员跨境流动较为便利，加之法国对外来人口的政策较为宽松，吸引了大量人员进入。另一方面，相对较高的生活成本在一定程度上增加了外国服务企业在法国从事相关商业活动的成本。

法国的 STRI 得分如图 3-6 所示。在现有 STRI 的 18 个行业中，法国有 16 个行业的 STRI 分值低于样本国家的平均值，电影和录音服务两个行业的得分较高。相对较为完善的社会经济管理法律法规和制度环境为服务贸易发展提供了较为宽松的发展环境。法国没有覆盖所有行业部门的横向投资障碍，外资可以较容易进入法国市场。存在一些不支持充分竞争的歧视性监管措施是部分行业 STRI 分值较高的原因。尽管自然人较容易进入法国，临时劳动力进入法国劳动力市场仍然需要经过市场需求测试，法国对外籍劳务在法停留时长也有一定限制，使得一些劳动力密集型行业的 STRI 得分较高。

分行业来看，法国的电信服务、建筑工程服务和速递服务的 STRI 分值最低。法国在这些领域不设投资障碍，有利于相关行业经营者开展竞争。除与人员流动相关的规定外，法国并没有其他限制。虽然法国邮政并未私有化，仍可以继续享受税收减免政策。但市场竞争相对充分，有利于形成适合竞争的监管环境。法国 STRI 分值最高的行业为航空运输、广播和法律服务。对外商投资股权 49% 的最高限额使得非欧盟的服务提供者在进入法国市场时面临较大障碍，但法国航空运

图 3-6 法国 STRI 得分

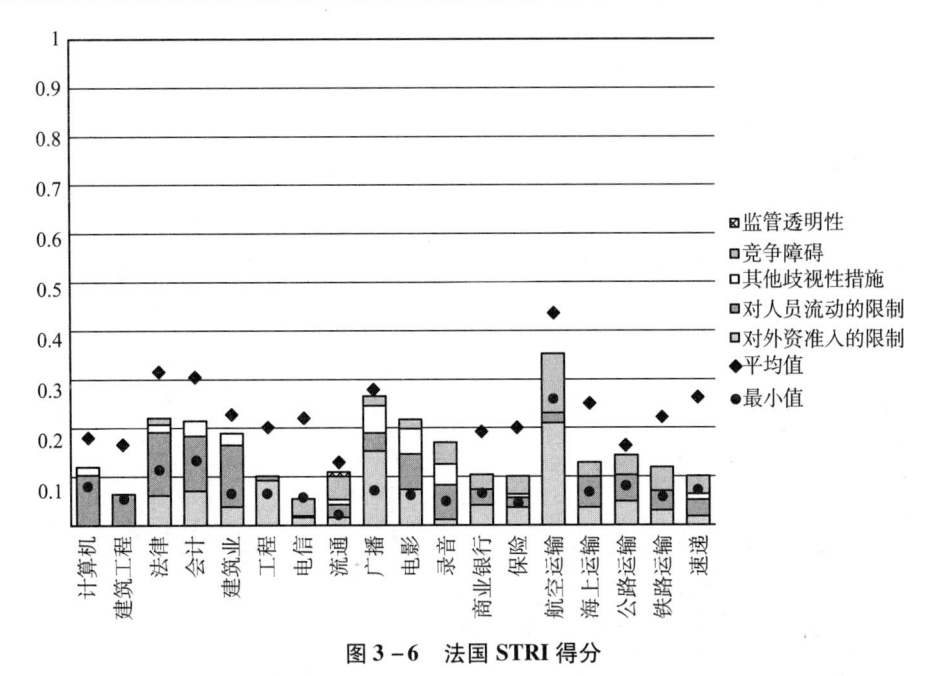

资料来源：OECD。

输的开放度仍高于样本国家的平均值。法国限制外资最多拥有法国电视频道广播 20% 股权，且对相关企业在补贴方面有歧视性措施。法国要求外资参与法国的地方考试，限制公司董事会席位，对律师职业进行严格监管，增加了外资提供法律服务的难度。

（六）韩国

韩国是亚洲"四小龙"之一，在承接美国、日本等国的产业转移的同时获得了较快发展。通过持续的发展，韩国的人均 GDP 快速增加，也形成了较为完整的工业体系，为服务贸易的发展创造了条件。尽管国土面积不大，韩国积极推动自贸区发展，与欧美中等国家均签署了自贸协定，自贸区覆盖了全球相当比重的经济体，成为众多经济体市场融合的交汇，有利于多市场的整合和资源要素的自由跨境流动，为韩国服务业市场开放创造了良好的条件。但是，韩国的东方文化和习俗与西方相比仍有较大差异，在一些行业领域仍然受到国内相关利益团体的较大影响，总体开放程度受到一定限制。

韩国的 STRI 得分如图 3-7 所示。18 个行业中，韩国有 12 个行业的 STRI 分值低于样本国家平均值，开放程度相对较高。整体上，韩国的水平限制很少，主要为针对服务提供者人员的跨境流动措施以及外资注册公司所需时间较长。韩国规定外籍劳务人员申请入境许可的停留时间最长为24个月。投资障碍也是外资进入韩国的主要障碍之一。韩国对服务提供者持有本地执照、存在国有企业主导等问题在很大程度上影响了韩国服务业市场开放的程度。

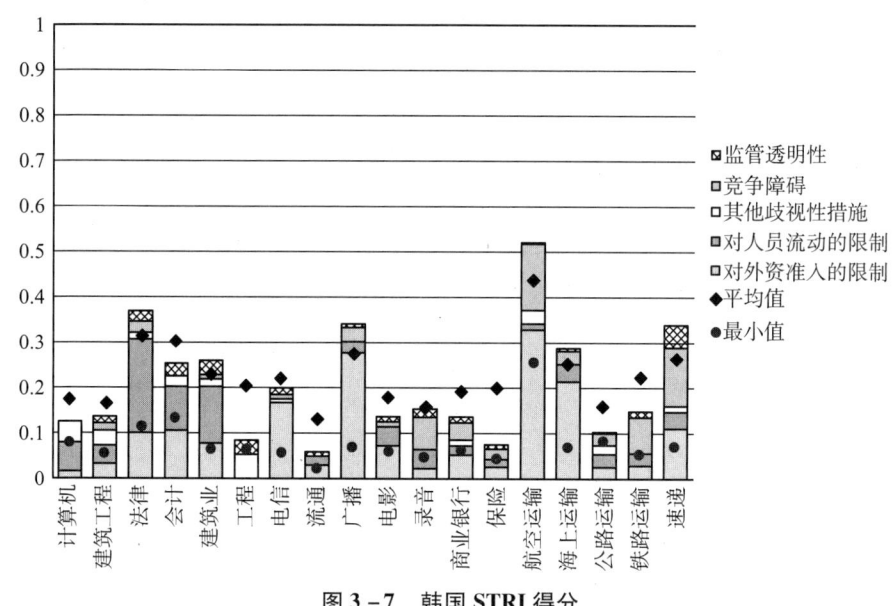

图 3-7 韩国 STRI 得分

资料来源：OECD。

流通、保险和工程是韩国 STRI 分值最低的 3 个行业，也是韩国最为开放的行业，除部分特殊工程需获得建筑许可证之外几乎不存在障碍。保险服务，外资需要在非寿险首先设立商业存在，承保人投资的资产性质也受到一定限制。除了人员跨境流动的限制外，OECD 并未在韩国的工程服务领域观察到市场准入障碍。韩国 STRI 分值最高的行业为航空运输、法律服务和广播服务。任何外资均不得控制韩国涉及国内或国际交通的企业。外资股权限制适用于持有非本地执照的律师或公司。虽然获得执照并无国籍要求，但必须首先有本地实践并通过相关资质考试。韩国的广播服务以国有企业为主，对外资也有股权比例限制。事实上，韩国在相关行业管理中广泛使用韩语，对英语使用和接受较少，也在相当程度上影响了韩国服务业市场的开放水平。

（七）加拿大

加拿大是 G7 成员，国土面积广阔、资源丰富、人口较少、生活水平较高。

加拿大与美国、墨西哥建立的北美自由贸易区是全球较早和一体化水平较高的区域，区内的商品、人员和资金流动较为自由，为市场整合和贸易发展创造了良好条件。贸易结构中，货物贸易占据主要比重，服务贸易仅占加拿大贸易总额的15%左右。服务贸易领域中，商业服务、通信服务、建筑服务、保险服务等占加拿大服务贸易的主要部分。加拿大与美国的紧密联系使得其市场与美国市场的整合程度较高，受美国经济发展情况的影响较大，相关法律法规和行业规范也因此受到不小的影响。表现在服务贸易市场开放度方面，加拿大的市场相对开放，较高的经济发展水平和较强的产业竞争力是重要基础。

加拿大的STRI得分如图3-8所示。可见加拿大的服务贸易总体限制较少，在18个行业中，加拿大有12个领域的STRI值低于样本国家的平均值。加拿大根据其投资法律，要求对特定行业的投资需接受审查。外资收购高于特定额度的加拿大企业需提供该投资为加拿大创造利益的证明。加拿大对政府采购协议（GPA）成员国提供政府采购优先权。在广播、邮政及速递服务、流通和电影领域至少存在一家大型国有企业，也在一定程度上降低了加拿大市场的开放程度。

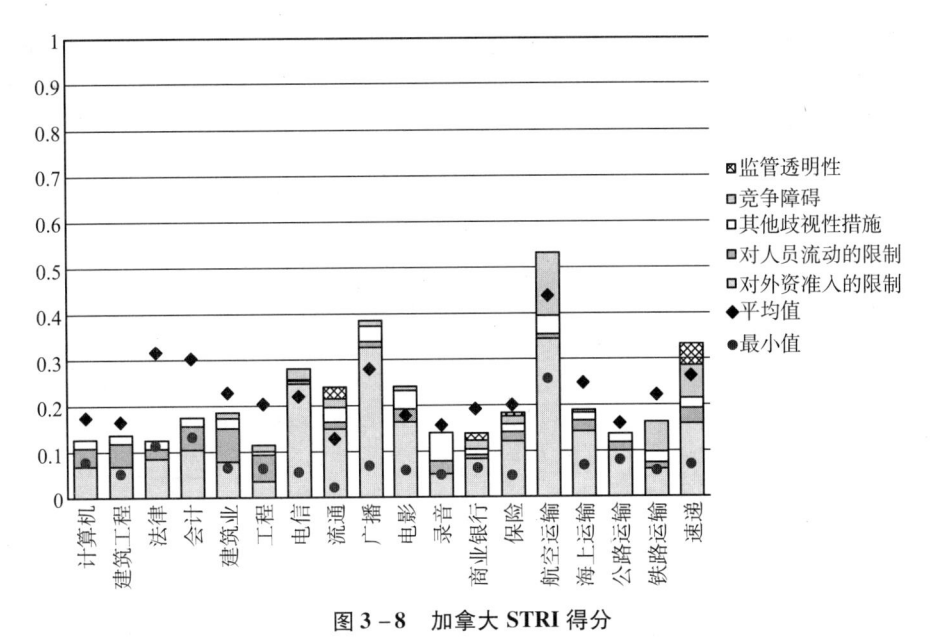

图3-8 加拿大STRI得分

资料来源：OECD。

从行业上看，工程、法律和计算机服务是加拿大STRI分值最低的行业。计算机和工程服务主要受普通监管条例的管辖，人员流动较为开放，并未设置任何国籍和居住年限要求。较为透明的资格认定系统，承认同等的工程教育学历，也允许外国专业人员通过暂住完成特定项目，但公司必须至少聘用一名专业工程师以监管所提供的服务。与之对应的加拿大服务贸易开放水平较低的行业领域为航空运输、广播和速递服务。加拿大航空运输服务的较高分值主要与投资体制有关，外商股权的影响力相对较弱。同时，加拿大坚持外商可投票的股份必须低于25%。广播服务的提供者同样有25%股权比例的严格限制。加拿大政府还要求广播公司董事会成员和管理人员已经需满足居住权要求。广播节目播出的时间受配额管制，要求普通电视、付费电视和特色电视服务提供者必须广播一定比例的加拿大节目。而除了实施邮政专营外，加拿大的速递服务监管体制相对较为宽松。

（八）美国

美国是 G7 成员，也是当前全球经济实力最强和经济危机后率先进入复苏进程的发达国家。通过 NAFTA，美国与加拿大和墨西哥市场实现高度整合。通过推动并得以实施的 TPP，美国同样发挥着议题选择、舆论引导、谈判导向的关键作用。美国的服务贸易发达，不仅众多企业被纳入《财富500》榜单，在众多领域制订全球规则，而且拥有完善的金融市场，为金融创新和交易创造了良好的条件。美国也是全球从经济危机中冲击较早复苏的国家。尽管奥巴马大力推动"再工业化"，美国的服务业发展依旧迅速，巨大的市场、有效的创新机制和包容多元的文化为服务贸易的发展创造了基础。美国的服务业市场整体较为开放，为其协商和发展奠定基础，为再工业化的发展奠定基础。

美国的 STRI 得分如图 3-9 所示。可见美国的多数（18 个中的 13 个）行业领域的 STRI 得分值低于平均值。整体商业环境有利于服务业的发展，在停留时间上较为宽松（首次入境最多可停留 36 个月），对 GPA 成员开放政府采购市场。按照 OECD 的分析，美国政府几乎不会通过国有化对外来投资造成严重影响，且除邮政运营商外，联邦或州政府并不直接在 18 个行业中拥有具有重要影响的企业。

按照行业分析，美国 STRI 分值最低的为录音、电影和流通服务。美国拥有世界领先的电影产业和音乐产业，对产业发展的政策环境也较为宽松，对录音、电影制作和电影发行公司的设立，以及外国文化作品传播均不设限。流通行业中则是除酒类分销和酒店开设外极少有限制。美国 STRI 分值最高的行业为航空运输、海运和速递服务。航空运输服务外资不得超过无表决权股票的 49% 和有表决权股票的 25%，在美成立的航空公司的 CEO 和三分之二以上的董事会成员需为美国公民。海运服务行业在股权和董事会成员等方面与航空运输相似。《琼斯法案》规定美国各点之间通过水陆运输商品的船舶需由美国制造、插有美国国旗

图 3-9　美国 STRI 得分

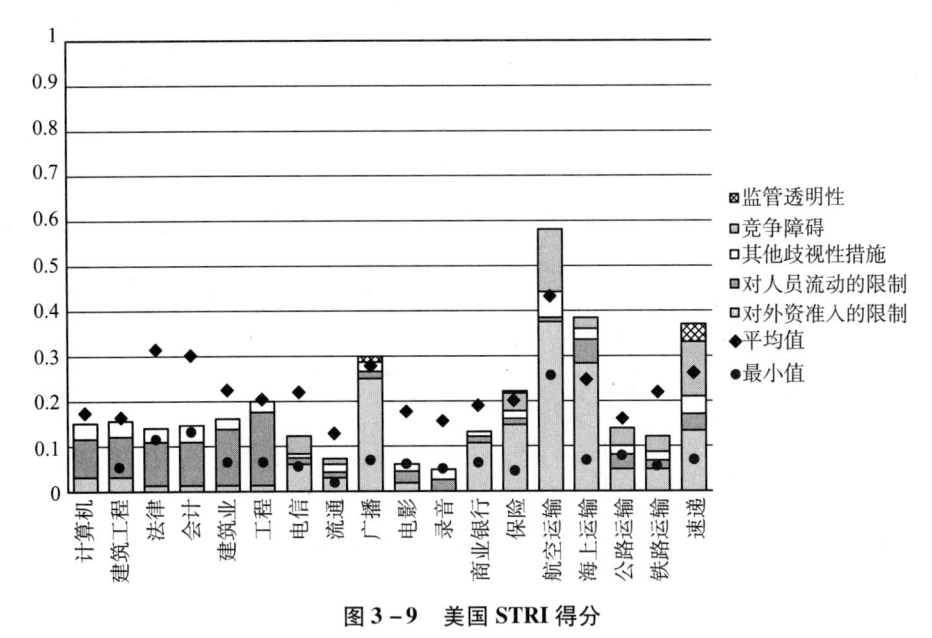

资料来源：OECD。

并为美国公民所有和控制。速递服务主要由美国邮政管理局（USPS）拥有递送平邮和标准邮件，以及使用邮箱的垄断权，私人企业不得处理 12.5 盎司以上信件。USPS 不受反垄断法管辖，且无需支付国家销售税和财产税。

(九) 墨西哥

墨西哥是北美自由贸易区（NAFTA）的成员，也是唯一的发展中国家成员，享受美国和加拿大给予的单方面优惠条件。墨西哥资源较为丰富，人口分布不均匀，也是美国与拉美国家经贸交往的重要通道。作为发展中经济体，墨西哥的工业制成品和农产品在贸易中所占比重较大。但是，在 NAFTA 和 TPP 的影响下，作为成员国的墨西哥也在不断改善国内经济环境，推动经济尽快从国际经济危机中复苏。墨西哥电信实力较强，电信、旅游和保险都是墨西哥重要的服务贸易优势所在。

墨西哥的 STRI 得分如图 3-10 所示。18 个行业中，墨西哥有 7 个行业的 STRI 分值低于样本国家平均值。造成这一结果的主要原因在于墨西哥相对严格的外资准入和监管制度。除外资股权限制外，墨西哥在电信和广播服务领域都有审查系统。外资商业银行和保险企业的董事会成员和管理人员需满足居住年限要求，外籍劳务按照配额管理。

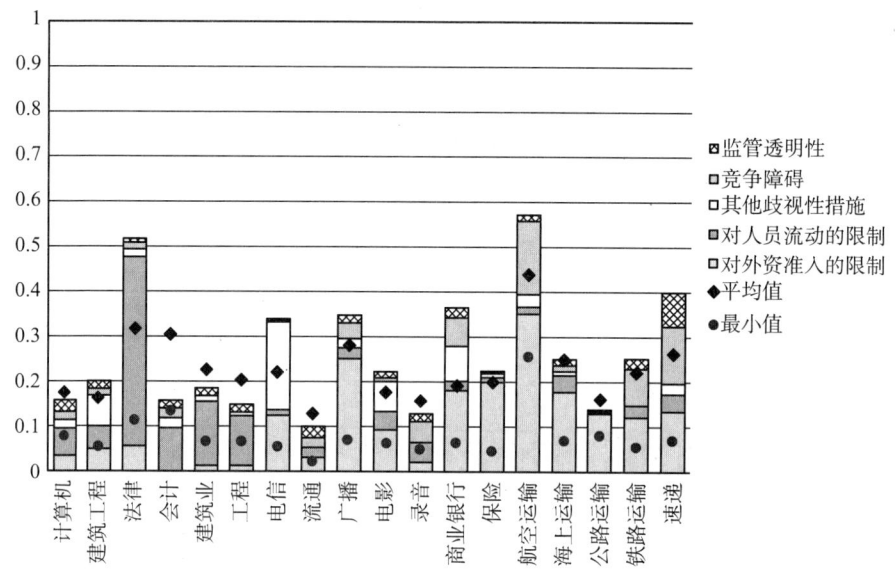

图 3-10 墨西哥 STRI 得分

资料来源：OECD。

具体行业上，流通服务、录音服务和公路运输服务是墨西哥 STRI 分值最低的 3 个行业。流通行业监管力度较小，限制主要是投资审查系统，以及限制零售商和批发商广告的发布。在录音服务行业的限制主要取决于通行措施，包括首次申请入境的允许停留时间和最低资本要求。墨西哥的公路运输的限制得分接近 OECD 国家平均值，除一般限制外，外资也需要首先完成对墨西哥的投资。墨西哥 STRI 分值最高的领域为航空运输、法律和速递服务。墨西哥的航空运输允许外资占股不超过 25%，且在竞争上有严格限制。墨西哥的速递行业规定 1 千克以上的信件和明信片需由国有邮政服务企业垄断提供，与航空运输相同均与美国的做法类似。墨西哥还对所有法律服务从业人员设定了国籍限制，不对外资发放从业执照。

（十）南非

南非是金砖国家之一，也是非洲大陆经济最为发达的国家。南非的基础设施较为完善，资源丰富，工业体系较为完整，但近年来因资源价格上涨过快导致资金抽离制造业，去工业化现象较为突出。总的来讲，南非在金砖国家中的服务贸易国际比重最低，但作为南部非洲发展共同体（SADC）的核心国家，南非也从2015 年刚刚完成的非洲大自贸区 TFTA 中获得更大的发展空间，对于减少跨境货物贸易流动壁垒、协调人员流动等方面均有更大的收益。作为英联邦的一员，南非的市场规则与经济运行模式也与其他国家相似，有利于市场融合。

南非的 STRI 分值如图 3-11 所示。可见，与发展水平较高、市场较为规范、开放的 OECD 相比，南非的服务贸易限制较多。所有行业的 STRI 分值均高于平均值。与人员临时流动相关的限制措施对所有行业的服务提供者都产生了影响。南非对所有类型的服务提供者均有强制的劳动力市场需求测试，并对合同和独立服务提供者有设定的配额。同时，南非根据采购法为本地供应商提供优惠待遇，也使得其 STRI 分值上升。

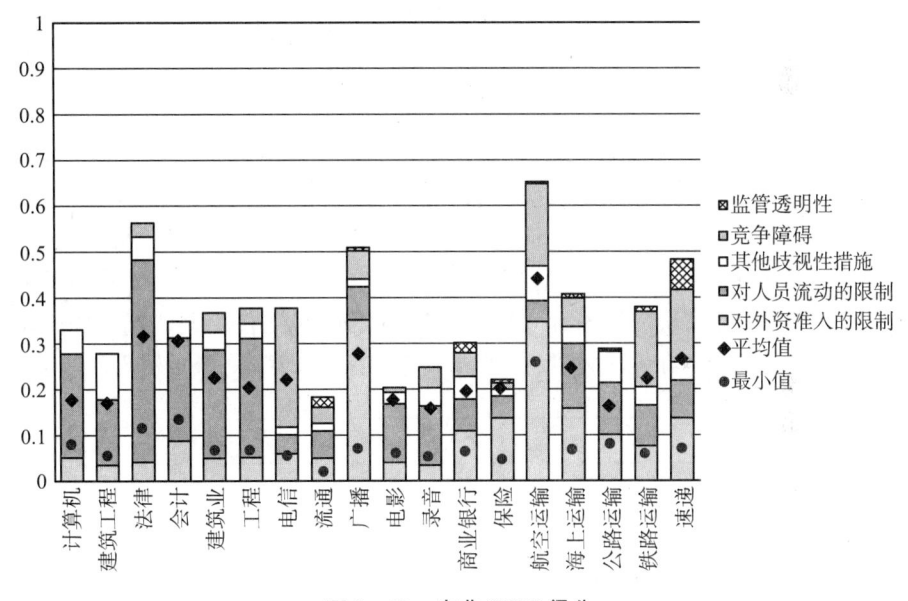

图 3-11 南非 STRI 得分

资料来源：OECD。

具体行业上，流通服务、电影服务和保险服务是南非 STRI 分值最低的 3 个行业。流通服务近有经济需求测试等少数酒类分销相关的批发和零售要求。电影服务的限制也主要在临时劳务人员的流动限制。保险服务的限制主要是某些跨境保险服务的商业存在要求和南非的精算师执业资格要求。南非限制较多的服务业主要为航空运输、法律服务和广播服务。航空运输除了对外资有股权限制外，提供国内交通服务需要 75% 的表决权由南非居民拥有，提供国际交通的表决权则必须由南非居民拥有。南非主要的航空公司均由南非政府拥有。南非不认可外国的法律服务执业资格和实践经验，而南非律师则在申请完整执业许可证时需要满足居住权要求。南非的广播服务也有外资股权比重,不得超过20%。广播公司80%的董事会成员需为南非人。外国作品的传播也受到限制。

(十一) 日本

日本是G7成员之一,也是唯一的一个亚洲成员。日本经济发展水平较高,尽管经历了20世纪90年代广场协议以来20多年的增长停滞,日本的经济体量、在国际的影响力依然处于较高水平。日本本土资源匮乏、人口基数大,人均资源十分有限。但依靠强大的国际贸易,日本在工业体系和制成品上均有较强竞争力,产品多处于价值链上的高端,在运输、专有权利使用费和特许费、其他商业服务、旅游、金融、信息和动漫等文化服务方面均具有较强竞争力。但是,由于日本市场相对封闭,在WTO多边做出承诺的同时事实上仍然存在许多隐性的贸易壁垒,外资进入难度较大,消费者对本国的产品和服务偏好性强,外来服务提供者难以拓展日本消费市场。尽管与美国等国完成了TPP协议谈判,但日本国内的市场开放阻力依旧不可忽视,甚至有可能影响批准协议。

日本的STRI分值如图3-12所示。可见,日本作为发达经济体,服务贸易的限制相对较少。18个行业中有11个的STRI分值低于样本企业的平均值。影响其STRI得分的要求包括对董事会成员中需有至少一名日本居民的要求,以及外商投资需通知政府主管部门的要求。在停留时间上,日本允许持首次入境许可证停留3个月。

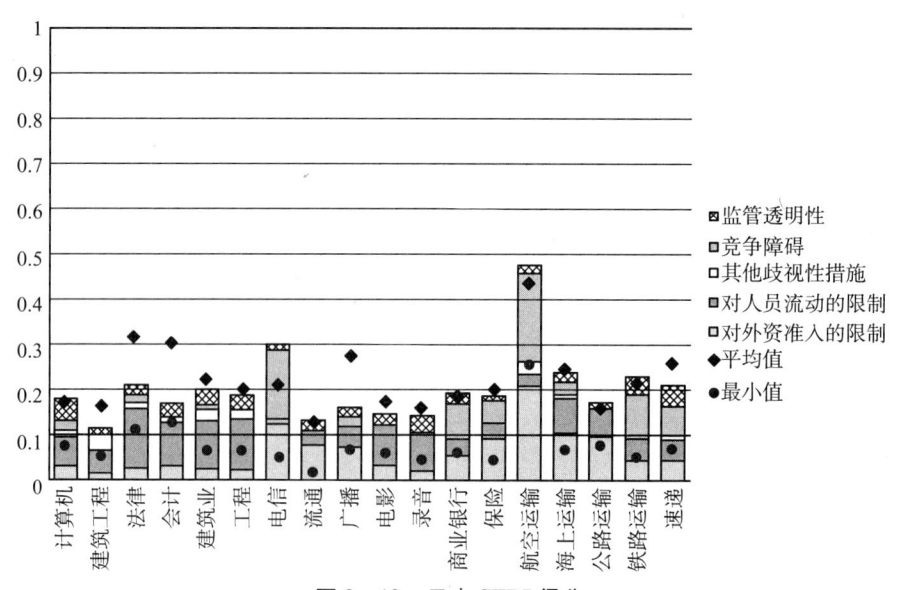

图3-12 日本STRI得分

资料来源:OECD。

具体行业上,建筑工程、流通服务和录音服务是日本 STRI 分值最低的 3 个行业。建筑工程服务领域,政府采购面向所有外国服务提供者开放。自 20 世纪 90 年代以来,日本逐渐减少对零售领域的管制力度,废除了《大型零售店铺法》,只对酒精饮料批发和零售许可证进行经济需求测试。日本以非歧视方式保护版权,分派版税,使得录音领域开放度较高。航空运输、电信服务和海上运输服务是日本限制最高的服务贸易行业。日本设置了外资股权限制,对董事会成员有国籍要求限制,航空公司联盟中的部分公司无需受反垄断法限制。电信服务领域,日本要求政府至少拥有主要电信公司三分之一的股份,对漫游费等领域没有进行监管,增加了对外资的限制。日本的沿海运输市场仅向日本船舶开放,运输协议不受竞争法律管制,执行领航服务人员均需拥有日本国籍。

(十二) 印度

印度是金砖国家之一,人口规模庞大,经济发展水平不高但近期增速较快。英语是印度人的母语之一,与英美交流的文化差异相对较小,使得印度便于被相关商业环境所接受。印度的软件园发展较早,政府强力推动,在基础设施建设、人才培育、技术保障等方面都提供了有力的支持,使得印度的服务外包迅速跻身全球前列。印度与东盟、日本、韩国、斯里兰卡和尼泊尔等均签有 FTA,为双边市场的整合和资源的有效流动创造了条件。但是,印度在 WTO 等多边平台上表现较有特点,贸易便利化协定的谈成就曾因为印度的异议而被迫推迟相当长时间。作为发展中经济体,印度的服务贸易在进出口贸易中所占比重相对较低,国内经济环境也多适合货物贸易的发展。

印度的 STRI 得分如图 3-13 所示。可以看出,印度的服务贸易限制性总体较强。18 个行业中,印度有 10 个行业的 STRI 分值都高于平均值。按照印度的"综合外资政策",以商业存在方式提供服务的外资均受其管理。该政策除了禁止外资进入一些行业外,对允许外资进入的领域也会因为投资额超过一定额度而需要政府进行监管。除此以外,印度还有一些通用的外资管理规定,包括临时服务提供者的经济需求测试,持有五年内多次入境签证的人员每次只能最长在印度停留 6 个月。

按照行业领域来看,印度 STRI 分值最低的为公路运输、工程服务和建筑工程。上述 3 个领域通过自动许可投资的方式进行管理。印度对工程服务不进行监管。在公路运输和建筑工程领域都没有国家层面的具体行业限制。相比而言,印度的 STRI 分值最高的为铁路货物运输服务、法律服务和航空运输服务。其中,印度的铁路较不发达,线路少、列车时速低。铁路货运属于禁止领域,不向私人或外资开放。外国服务提供者进入法律服务市场也受较大限制,仅印度公民可成为

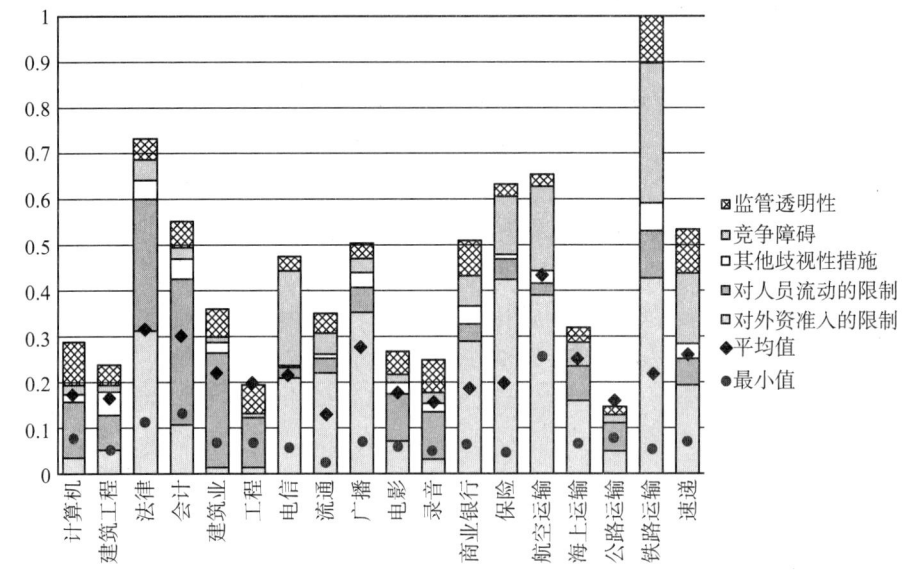

图 3-13 印度 STRI 得分

资料来源：OECD。

完全合格的律师。通过限制律师与非律师人员共享报酬，外资进入法律服务领域困难较大。印度航空领域对外资有 49% 的股权限制，且该投资还需要获得事先批准。航空运输领域的外资的董事会和 CEO 等管理人员必须为印度公民，且企业需为国有控股。

（十三）印度尼西亚

印度尼西亚是东盟成员国，也是东盟十国中影响力最大的国家之一。印度尼西亚资源较为丰富、人口较多，但因为岛屿众多，人口相对较为分散。印度尼西亚的服务贸易并不发达，与其他东盟成员国的市场整合水平不高，市场开放程度不高，在国际服务贸易领域的位置相对不高。

印度尼西亚的 STRI 分值如图 3-14 所示。可见印度尼西亚在所有的 18 个行业的 STRI 分值均高于样本国家的平均值，说明部分受到适用于所有行业的通用监管条例的影响。印度尼西亚的某些管理人员职位需由印度尼西亚人担任。所有的投资均需要接受审查。本国服务提供者可在政府采购中获得价格优惠。印度尼西亚的国有经济力量较强，在航空运输、银行业、广播、建筑工程、速递、流通、保险、海上运输、电信服务等行业中都存在至少一个以上的主要国有企业。印度尼西亚对自然人流动实现贸易限制，针对各服务提供者执行劳动力市场需求测试，允许临时人员最多停留 12 个月。

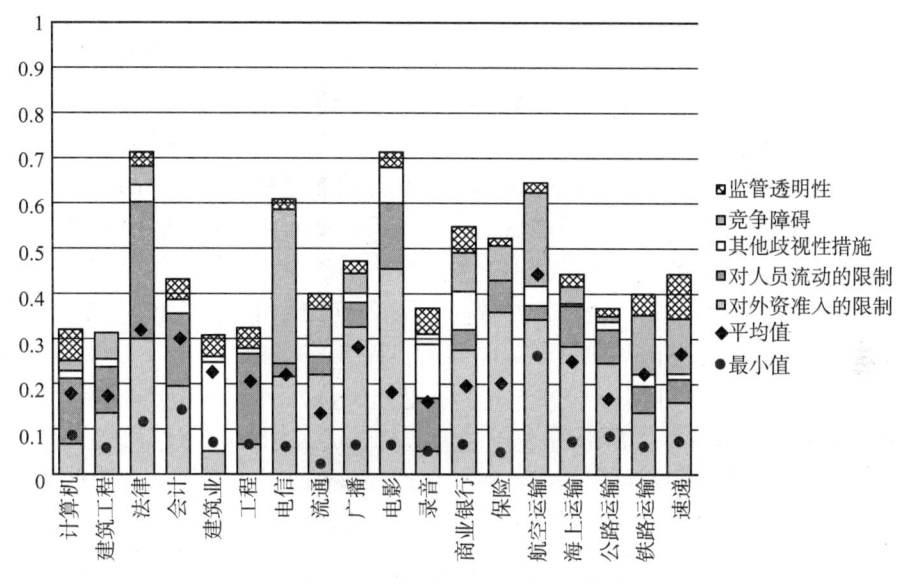

图 3-14 印度尼西亚 STRI 得分

资料来源：OECD。

按照行业领域，建筑、建筑工程和计算机服务是印度尼西亚 STRI 分值最低的行业。印度尼西亚的计算机服务领域没有专门的行业限制，建筑服务领域的限制也很少。但是，与其他样本国家相比，印度尼西亚对外资股权的比例限制为 55% 以下，且建筑师需要满足在印度尼西亚的居住年限要求。建筑服务行业的先进技术工程的外资股权不能超过 67%。建筑工程师还有本地化限制和居住年限要求。印度尼西亚政府控制了主要的建筑工程企业，对股权有更多限制，政府采购也对建筑工程行业带来了一定压力。印度尼西亚 STRI 得分最高的行业分别为电影服务、法律服务和航空运输服务。印度尼西亚不允许外资参与电影领域，也对放映电影采取银幕配额制，印度尼西亚制作的电影需要达到 60%，同时征收电影进口税。印度尼西亚是 STRI 样本国家中对法律服务限制最为严格的国家之一，不允许外国律师设立商业机构或行使律师职责，外国律师尽可以被印度尼西亚律师聘为外国法律顾问。印度尼西亚的航空运输投资体制将国内和国际交通相关的外资股权参与比例限制在 50% 以下，还设置了一些竞争障碍。印度尼西亚政府始终控制印度尼西亚鹰航，限制其股权结构，且鹰航无需受竞争法律管辖。印度尼西亚政府同时监管国内航线的机票价格，进一步影响外资对该行业的进入。

（十四）英国

英国是 G7 成员之一，也是最早完成工业革命的国家，随着美国的兴起，英国逐渐实现了产业的升级，完成了工业化进程。为了继续获得发展的动力，英国加大了对服务业的促进力度，从工业国转变为一个以服务业为主的国家，在金融、教育、旅游、保险等领域具有较强的全球竞争力，形成了一批服务业领军的跨国公司。尽管英国注重发展服务贸易，但在与其他国家建立互惠的经贸协定关系方面却有所保留，在加入欧盟之后，英国停留在欧元区之外，也没有签署申根协定，从而使得其市场与其他欧洲国家的市场之间的要素流动依然面临较多的障碍。英国的经济较为发达，消费水平较高，也已经形成相对独立和完整的社会组织管理体系，将其理念向其他英联邦以及更广阔的国家输出。

英国的 STRI 得分如图 3-15 所示。可以看出，英国的 STRI 总体得分较低，18 个行业的得分值均低于所有样本国家的平均值。英国没有与外商投资相关的通用限制，也是在规则制订和注册公司、获得行政许可等方面最为透明的国家之一。英国对临时劳务入境不设置任何限额或执行劳动力市场需求测试。但英国限制了外籍劳务人员的停留时间，任意 12 个月中，合同服务提供者和独立专业服务提供者在英国停留的时间不得超过 6 个月；公司内部调任人员可根据薪资水平在英国停留 12~24 个月。

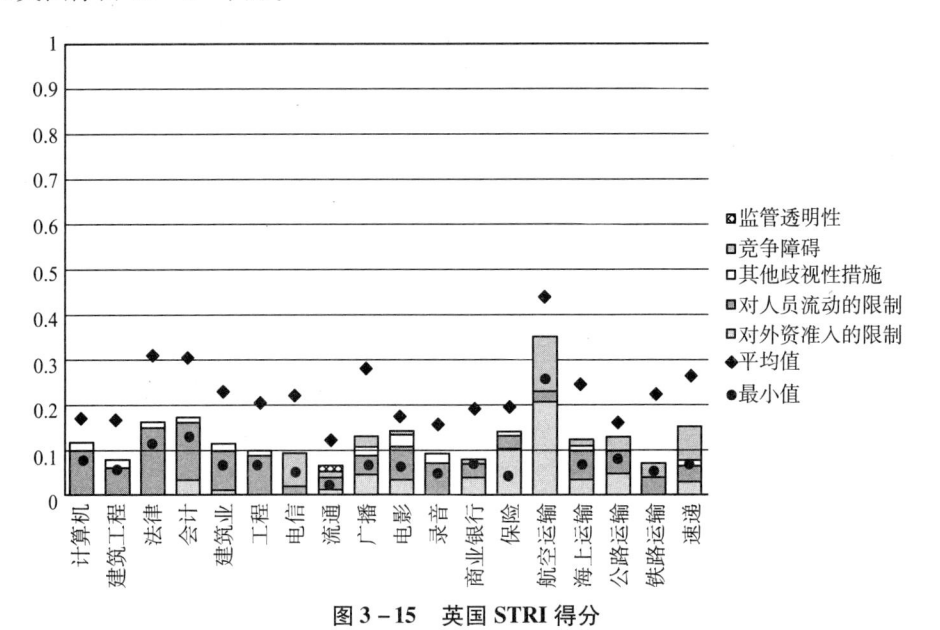

图 3-15 英国 STRI 得分

资料来源：OECD。

英国 STRI 分值最低的 3 个行业分别为流通服务、商业银行和铁路运输服务。流通服务并未针对零售商和批发商的准入和经营设置重要限制。商业银行的总体监管环境较为开放，并未设置具体领域限制，仅对为在欧洲经济区设立机构的外国银行的跨境交易进行限制。铁路方面，英国的铁路公司对铁路基础设施拥有垄断权，但需要分离基础设施管理和铁路运输经营，适当增加了铁路市场的竞争性。相比而言，英国服务贸易领域限制较多的 3 个行业分别为航海运输、会计审计和法律服务。航空运输是英国唯一设置外资股权限制的服务领域，非欧盟国民在英国航空公司的股权不能超过 49%。人员的流动措施限制了专业服务领域的开放度，欧盟指令适用于来自欧盟的法律、会计和其他监管职业从业人员，但对欧盟外的人员，需满足附加条件方可认可资格。

三、主要行业的 STRI 国别分布

除了按照国家进行纵向分析外，STRI 也可以用于对行业进行横向分析，为读者提供各国在主要行业市场开放上的不同情况。STRI 尚未覆盖所有服务行业，主要涉及的行业包括运输、电信、金融、分销、工程、视听、专业以及计算机和相关服务等 8 个。

（一）运输服务

运输是国际货物贸易的重要载体，也是服务贸易中的重要和基础行业之一。按照运输方式的不同，运输服务又可以分为公路运输、海上运输、航空运输和铁路运输等四大类。

如图 3-16 所示，按照 STRI 得分，各国对公路运输的限制总体较低，分值介于 0.08 和 0.37 之间，平均值为 0.16，标准差为 0.06。这说明各个国家在公路运输上的限制差距不大。作为发展起步较早的运输模式，公路运输在各国都成为最重要的运输方式，市场参与者数量较大，竞争也较为激烈。按照 STRI 分值，中国、印度尼西亚和南非的限制最高，卢森堡、新西兰和智利的限制最低。

根据 STRI 的测算，外商准入和人员流动的限制是公路运输的最大障碍。对外资企业股权比例、董事会成员和负责人、执业许可证或定价规定，以及自然人流动的障碍成为公路运输的主要限制。在一些国家，主要的公路运输的承运商仍然为国有企业。

如图 3-17 所示，各国海上运输的 STRI 得分差异比公路运输大。STRI 的平均值为 0.25，指数分布介于 0.07 和 0.44 之间，标准差为 0.099。其中，印度尼西亚、南非和俄罗斯的限制性最强，荷兰和葡萄牙的限制最少。

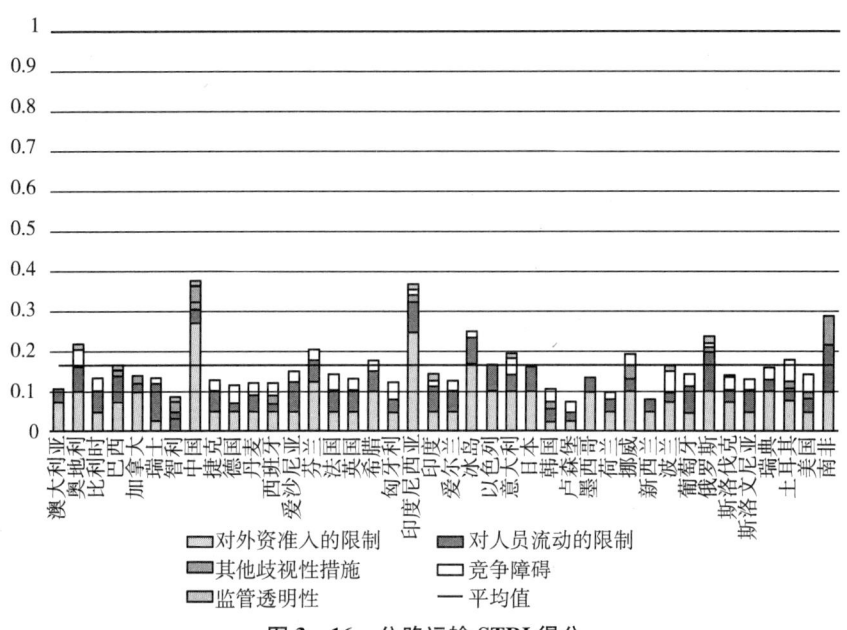

图 3-16 公路运输 STRI 得分

资料来源：OECD。

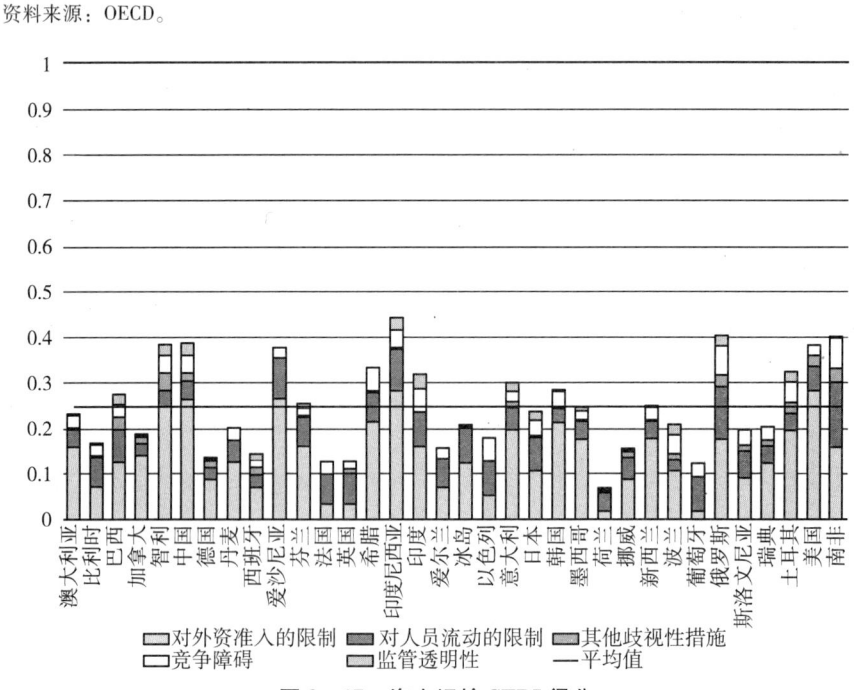

图 3-17 海上运输 STRI 得分

资料来源：OECD。

第三章 服务贸易保护的度量

海上运输历史悠久，是包括东西方文化交汇、新地理版图拓展等在内的各种经济文化交往活动的重要模式，发挥了积极而重要的作用。为了提供更强的货物运输和人员往来支持，主要贸易国往往加强对海洋的利用，在海上运输方面形成了各种商业惯例。STRI 的分值主要表现在对外资准入的限制，股权和董事会成员居住或国际要求、沿海运输限制、港口服务和货运保留计划等内容。只有丹麦、爱尔兰、冰岛、荷兰、挪威、南非和英国为设定沿海运输限制。

悬挂国旗是海上运输的特殊问题，在这一要求作为特定市场准入条件时，与之相关的注册都被认定为贸易限制。只有巴西、中国、法国、意大利、韩国、波兰和瑞典没有此类限制。与其他跨境运输方式相似，海上运输的人员流动往往因为涉及国家较多、较为普遍而被各国接受为惯例，对海员跨境移动的限制相对较松。

航空运输服务的 STRI 分值如图 3-18 所示。可见各国的平均值为 0.44，总体上差异不大。俄罗斯、印度和南非对航空服务的限制最强，澳大利亚、新西兰和智利则限制最少。

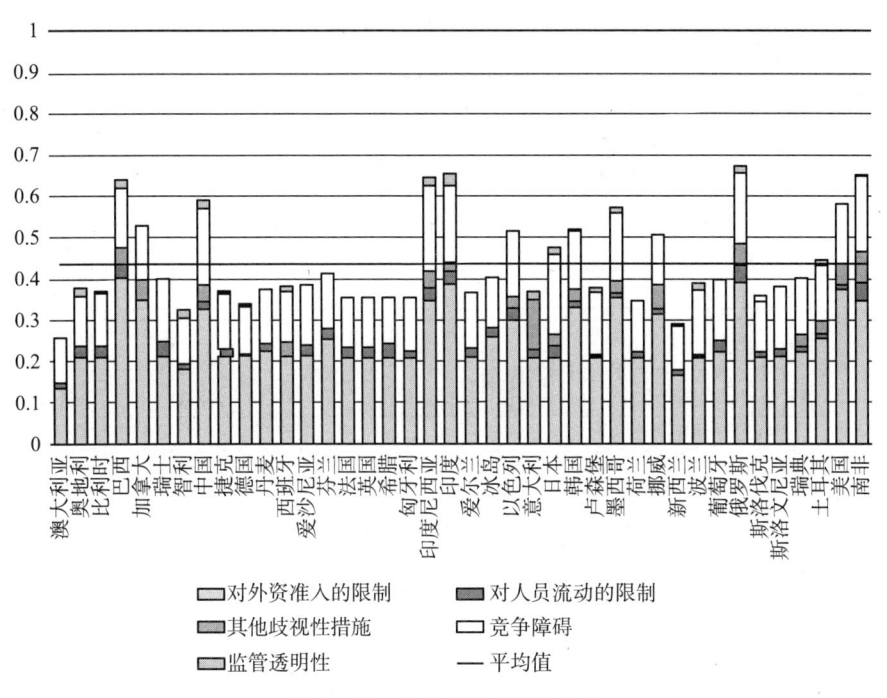

图 3-18 航空运输 STRI 得分

资料来源：OECD。

航空运输是现代服务贸易快速发展的重要基础。各国围绕航权有着不同协定。多数国家将航空运输领域的外资参股比例上限设为50%，航空公司董事会成员的国籍也有限定。STRI覆盖的国家签署了超过550份双边和多边航空协议。尽管开放天空协议已经在放宽限制方面取得进展，成为现代国际民航业发展的重要基石，但双边协议中的客运领域仍普遍限制第五航权，且很少涉及第七航权；货运领域多允许第七航权，以满足货物跨境运输和通过中转提高物流效率的需要。尽管各国在放宽关税规定和申请要求方面取得进展，但不少双边协议中普遍存在双重关税审批规定。

铁路运输的STRI分值如图3-19所示。并非所有国家都已经建成并使用铁路，冰岛并未列入。所有样本国家的铁路运输STRI平均值为0.22，但标准差很大，达到0.207。可以看到，限制性最高的印度和以色列实行铁路运输领域法定国有垄断，STRI值均为1，而荷兰、英国、斯洛文尼亚和匈牙利的限制程度最低。

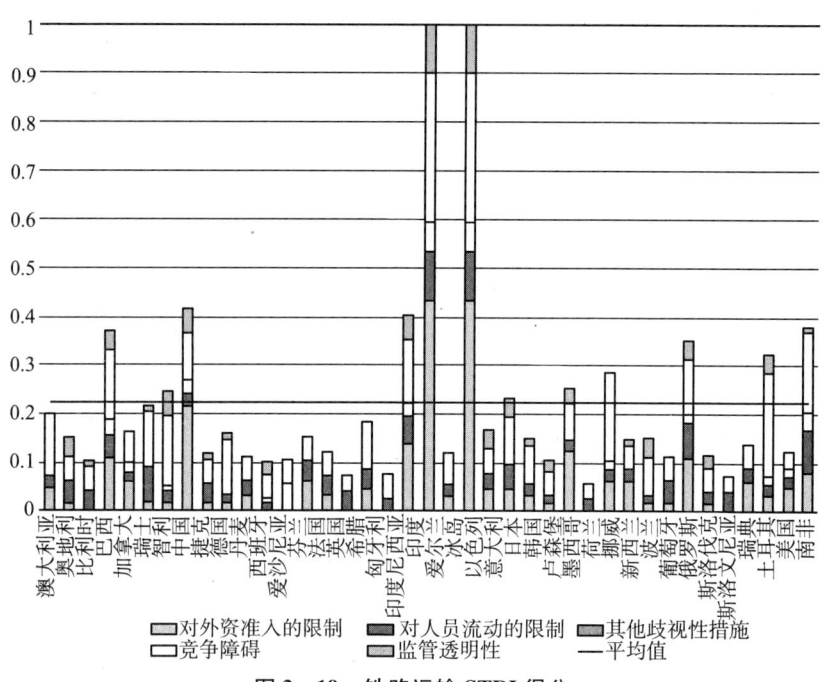

图3-19 铁路运输STRI得分

资料来源：OECD。

对STRI分值影响最大的两项政策分别是对海外市场准入的限制和竞争障碍。由于铁路性质较为特殊，既需要前期的大量资金投入，又具有空间上的排他性，不仅因为许多国家限制外资进入铁路运输领域，而且通过最佳实践监管无法确保竞争性市场。样本国家中，实行纵向分离监管的国家众多，这些国家都成立了纵向一体化铁路公司。多数国家还对基础设施领域的转让和交易进行限制，增加了铁路运输领域对竞争的障碍。在大型铁路运营商属于国有的国家，政府拥有更强的影响力，外商进入难度更大。

（二）电信服务

电信服务近些年来发展迅速，从传统的固定电话向移动通信服务、互联网通信服务发展，从基本电信服务向增值电信服务发展。电信服务除了满足消费者日益升级的需求外，也对其他服务贸易的发展起到了重要的支撑作用。另一方面，各国对电信领域都比较敏感，尽管在 GATS 中不少国家对电信服务的开放进行了多轮调整，但将其列为国家安全的国家也不在少数。

各国 STRI 分值如图 3-20 所示。样本国家的平均得分为 0.22，分值在 0.06~0.61 变化，标准差为 0.135。评分时，外资的市场准入限制和竞争障碍是主要限制。对电信服务限制最多的国家为印度尼西亚、中国、印度、巴西、俄罗斯和南非。

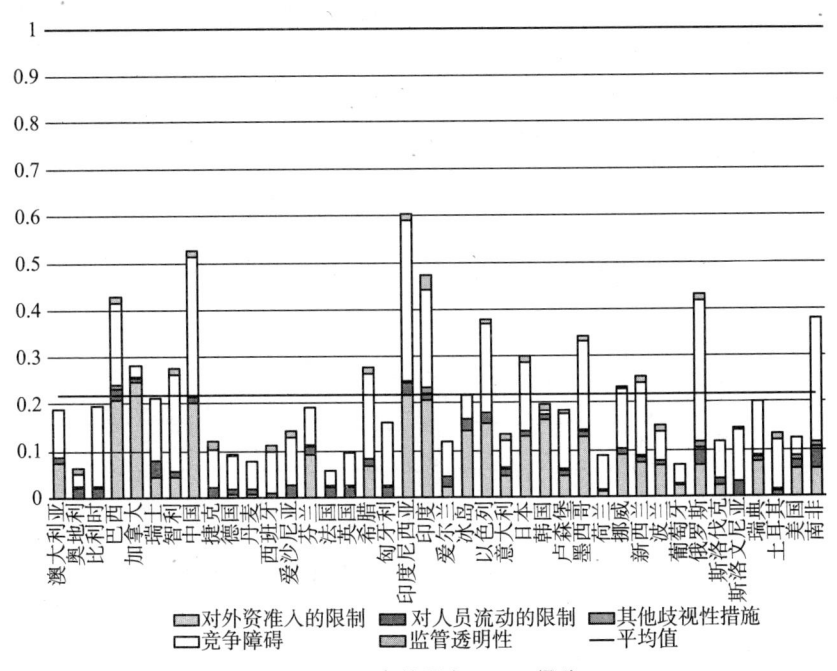

图 3-20 电信服务 STRI 得分

资料来源：OECD。

巴西、加拿大、中国、印度、印度尼西亚、以色列、韩国和墨西哥有外资股权限制，芬兰、挪威和瑞典等国对董事会成员和负责人居住要求。其他国家的相关限制包括缺乏要求当前主要服务提供者基于合理条款允许市场新入者使用其网络的监管条例，以及政府控制的服务提供者等。

(三) 金融服务

金融服务伴随着金融业的发展而迅速扩张，金融机构和各类资金大规模跨境流动、不断创新，在服务实体经济贸易结算、投资活动的同时，通过自身的发展，成为创造就业、为各产业提供资金支持、信用建设信息，影响全球经济的重要力量。因此，多数国家将金融服务作为较为敏感的行业领域，在开放上较为慎重。本轮经济危机就是从次贷危机爆发，迅速传播和扩大，在开放的同时加强金融监管、维护市场稳定性，减少金融发展的负面性意义重要。金融服务涵盖的领域较为广泛，STRI 测算主要包括商业银行服务和保险服务两大类。

商业银行服务包括多种业务，可以按照服务对象分为东道国本土居民和外国居民，按照币种分为东道国本币和外币，实际上也受到各国金融监管体系的复杂和多元影响。如图 3-21 所示，样本国家商业银行的 STRI 平均值为 0.19，标准差为 0.12，西班牙、英国和卢森堡的商业银行服务环境最为宽松。印度尼西亚、印度、中国、巴西、俄罗斯、墨西哥和南非的商业银行服务的 STRI 得分较高，限制性较强。

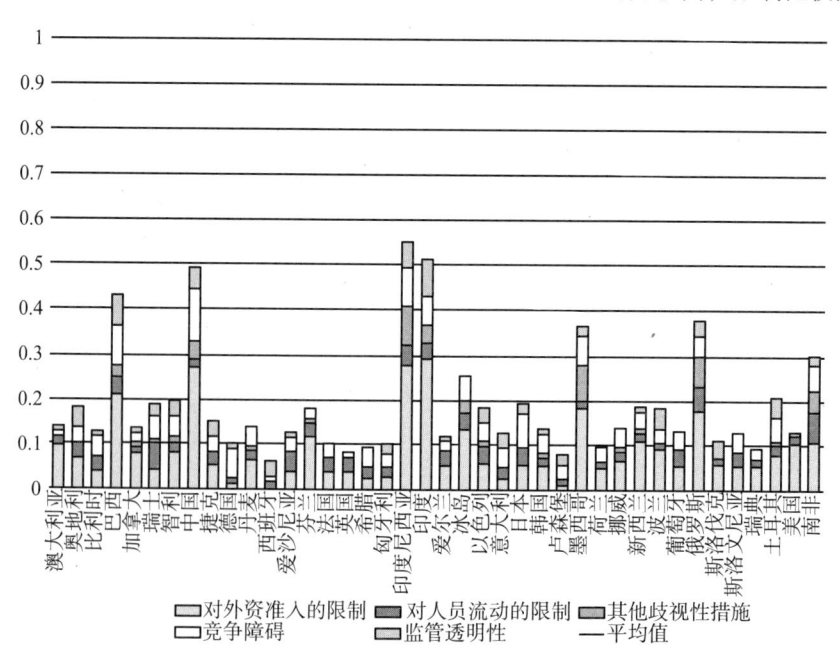

图 3-21 商业银行服务 STRI 得分

资料来源：OECD。

俄罗斯和墨西哥不允许外国银行在该国以分行方式提供服务。巴西、印度尼西亚、印度、冰岛、韩国和南非对外资商业银行从事外币业务进行限制，还有少数国家尚未实施《巴塞尔协议Ⅱ》和《巴塞尔协议Ⅲ》的标准。人员跨境流动的限制也对商业银行服务的限制性的影响因权重较小而相对有限。

保险服务主要分为寿险、财险和再保险等领域。由于各国对金融监管方式的差异，除了对机构投资的限制外，一些从事混业经营的金融企业可能在进行分页监管的国家也会受到限制。如图3-22所示，样本国家的保险服务STRI的平均值为0.20，标准差为0.13，最为开放的国家为荷兰和爱沙尼亚，印度、印度尼西亚、中国和俄罗斯的STRI得分则相对较高。

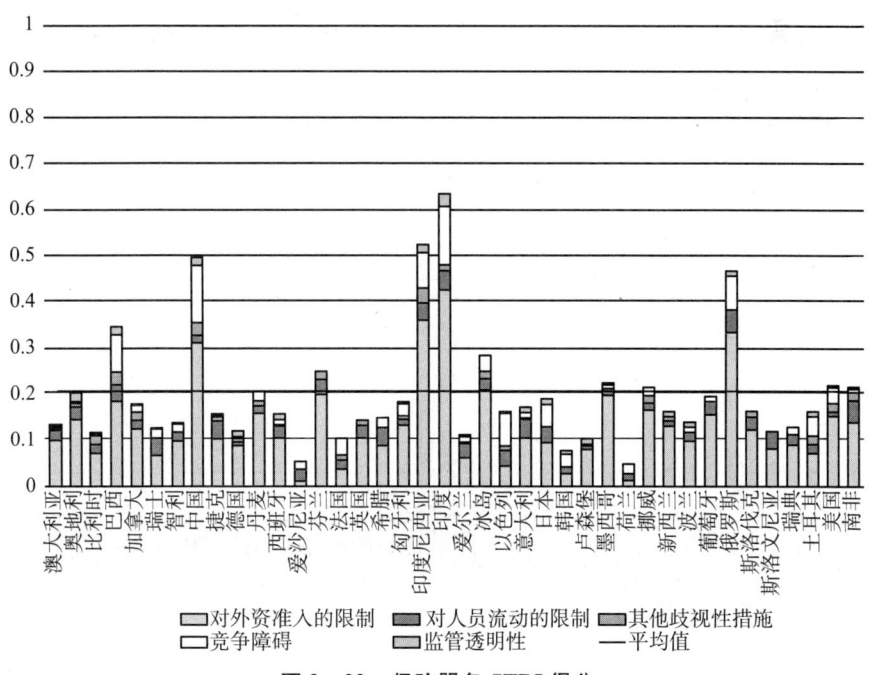

图3-22 保险服务STRI得分

资料来源：OECD。

印度尼西亚、印度、墨西哥、俄罗斯和南非禁止外国保险公司设立分支机构，提供任何保险服务。澳大利亚限制人寿保险公司的设立。巴西、中国、捷克、爱沙尼亚、以色列和斯洛伐克等国不允许保险公司以互助保险公司等方式存在。在允许进入的国家，对外资的主要限制集中于保险业务向外国再保险公司分保。巴西、中国、印度尼西亚限制外国再保险公司的规模，其他几个国家对外国再保险公司设置了具体的金融要求。对永久居留标准或获取保险执业执照时的国外学历和经验不认可也对中介和精算等保险服务形成限制。

(四) 分销服务

分销服务是一国消费者获得能够满足需求商品的重要支持。为了满足消费者的需求、促进产业的发展和配合，各国对分销服务大多持相对较为支持的态度。但是，由于分销服务可能引起的本土品牌与外资品牌之争，也会使得一些国家在开放分销服务方面相对较为谨慎。

如图 3-23 所示，样本国家的分销服务 STRI 得分整体较低。STRI 分值为 0.02~0.40，样本平均值为 0.13，标准差为 0.09。按照 STRI 的分值，西班牙、德国和捷克的市场最为开放，印度尼西亚、中国和印度的限制最高。

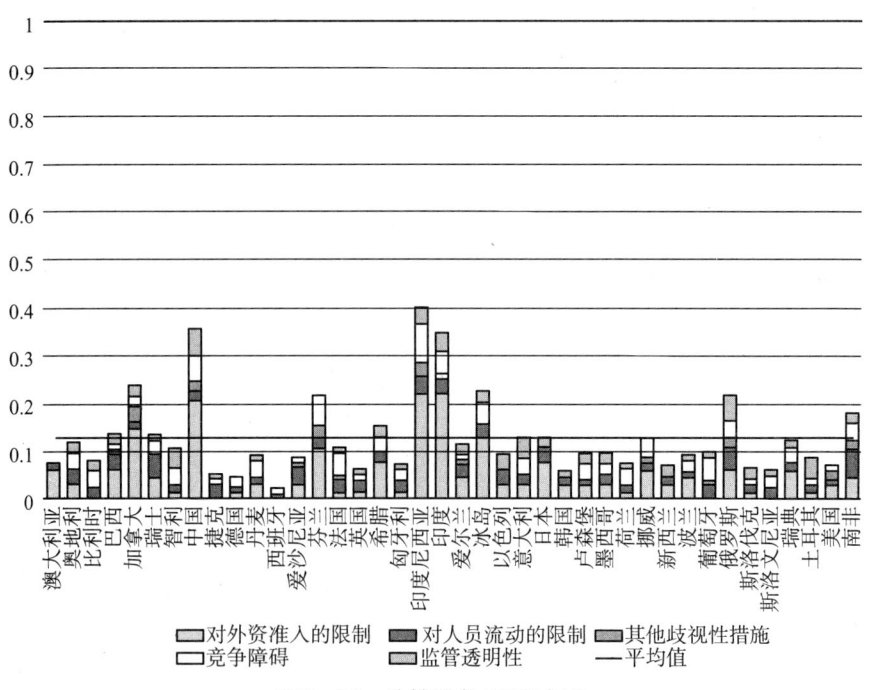

图 3-23 分销服务 STRI 得分

资料来源：OECD。

在分销服务领域，对外资准入的限制是影响多数国家开放水平最重要的因素。印度政府规定外资在多品牌零售业中所占股权比重不得超过 51%，但在单一品牌零售业中所占比不受限制。印度尼西亚规定小规模零售业不允许外资参股。加拿大、瑞士、芬兰、冰岛、挪威和瑞典等国将酒精饮品的零售和批发列入法定垄断。中国禁止外资零售商和批发商销售烟草制品。投资审查、对董事会成员和负责人的限制、对许可证的经济需求测试和对土地收购的限制也影响了分销服务的开放水平。欧洲国家对商店营业时间、季节性销售期和价格的规定，以及最低资本要求也构成了竞争障碍。印度对多品牌零售业的当地采购要求，一些国家对消费者信贷和政府采购的歧视性措施，与预包装货物包装尺寸相关的规定和标签要求等也影响了行业开放度。监管透明度和对人员流动的限制也会对分销服务的市场开放造成影响。

（五）工程服务

建筑工程服务是一国城市化和工业化发展的重要支持，在经济运行中的基础性作用不容忽视。包括道路和公共建筑等在内的市政工程在建筑服务中所占的比重达到一般以上，政府采购市场对工程行业尤为重要。

按照 STRI 的测算，工程服务包括建筑工程服务、建筑服务和工程服务三个大类。三类的 STRI 平均值分别为 0.16、0.22 和 0.22，行业限制程度不大，且国与国之间的差异相对较小。冰岛、印度尼西亚、俄罗斯、中国、爱沙尼亚、波兰和斯洛伐克等国的行业开放度相对较低。

对于建筑工程领域，投资审查、对建筑公司董事会成员和管理人员的限制、土地和房地产收购障碍，以及服务提供者的配额和劳动力市场测试成为主要的限制因素。一些国家的大型建筑公司由国家拥有，也会对外资参股进行限制。建筑服务的市场限制主要取决于对服务提供者的流动限制，一些国家还限制建筑师定价和进行宣传的权利。工程服务多为劳动力密集型，对工程师等专业人员流动的限制以及外资准入限制是影响行业开放度的主要因素。

（六）视听服务

视听服务所对应的是文化需求层面，在意识形态、宗教信仰、文化与风俗习惯，以及知识产权等诸多因素的影响下，视听服务往往受到较强的限制。"冷战"以来，西方对意识形态一直有较强的偏见，相关价值观也反映到其对其他国家视听服务领域开放程度的评价上。

STRI 的视听服务主要包括电影、电视、广播和录音等服务。按照分值，广播行业的 STRI 最高，为 0.07~0.78，均值为 0.28；电影行业的分值次之，为 0.06~0.72，均值为 0.18；录音行业的分值最低，为 0.16~0.37，均值为 0.16。按照 STRI 分值，印度尼西亚、中国、智利、匈牙利和俄罗斯等国的视听服务的限制较强。

在 STRI 的测算中，市场准入、股权限制和自然人流动都是重要的评判依据。中国禁止外资投资广播行业，韩国禁止外资投资地面广播行业，印度尼西亚仅允许外资持有不超过 20% 的地面广播行业企业股权。奥地利、巴西、加拿大、瑞士、西班牙、法国、希腊、印度、以色列、日本、墨西哥、土耳其、美国和南非都对外资进入广播行业设定股权比例限制，且均要求由本国居民担任公司负责人。银幕配额在视听服务的 STRI 得分评判中占重要部分。欧盟要求广播公司至少为欧洲范围内的新闻、体育赛事、广告、运动会和电视购物之外的业务保留一半以上的传播时间，有些国家还设定了特定的本土电影和音乐播放配额，一些国家对连续播放也予以限制。对外资的影响还包括部分国家实行的歧视性补贴，在版权保护和许可证费用分配方面的歧视性做法。国有企业在视听服务行业领域对行业竞争也产生了较大影响。

（七）专业服务

专业服务是 WTO 服务业中规模最大也最为复杂的行业之一，涉及各种具备专业服务技能的服务提供者。专业服务发展的水平在很大程度上影响着一国经济的专业化水平，日益成为各国重点鼓励的领域。同时，由于更多企业逐渐成长为跨国公司，需要满足对外投资的东道国相关要求，专业服务可以帮助企业缩短这一过程所需的时间。但是，由于各国历史延续做法的差异，各自的资质和标准体系并不相同，使得各类专业服务人员资质的互认难度较大。一些国际专业协会和行业组织在促进相关规定标准化方面发挥了重要作用，正在推进的跨大西洋贸易与投资伙伴协定（TTIP）也是美欧两大标准体系协商对接、促进专业协同的重要尝试。

STRI 对专业服务的评价主要包括法律服务和会计服务两类。其中，样本国家法律服务的 STRI 分值在 0.11~0.73，平均值为 0.31，限制较高的国家有印度、印度尼西亚和南非等。会计服务的 STRI 分值则是在 0.13~1，平均值为 0.3，限制较高的国家有波兰、土耳其和印度等。

对人员流动的限制是法律服务限制的主要原因，其次为对外资准入的限制。外国律师需要面对东道国对其提供服务范围的限制、获得执照所需资格的许可，以及律师事务所的执照管理等。许多国家将外国律师和事务所的服务范围限于国际法律和其母国的法律。会计服务的限制主要涉及注册会计师和法定审计师。对专业人士流动和外资准入的限制对行业限制的影响较大。波兰和土耳其将资格、许可要求与所有权限制结合，从国籍上限制了外国服务提供者提供会计专业服务。

(八) 计算机和相关服务

计算机和相关服务的发展是 20 世纪后期产业革命出现的关键技术,对于处理大量数据,提高业务协同效应、促进多行业协同发展、满足市场扩张的需求有着关键和不可替代的作用。计算机技术与信息技术的结合可以形成更为灵活有效的资源组织配置模式,对于跨境电子商务等新的组织业态的形成和发展、推动国际贸易的发展意义重要。

如图 3-24 所示,样本国家的 STRI 取值在 0.08~0.34,平均值为 0.18,标准差为 0.074。根据 STRI 分值,限制较高的国家为俄罗斯、印度尼西亚、南非、中国和印度。

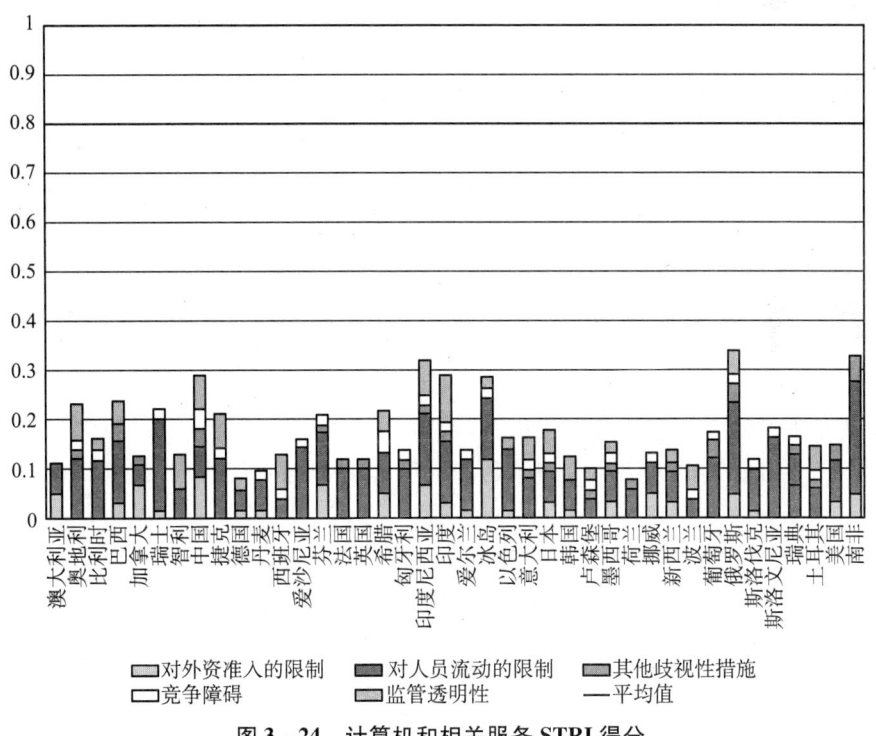

图 3-24 计算机和相关服务 STRI 得分

资料来源:OECD。

计算机和信息服务的限制主要来自人员流动的限制和监管透明性。总的来讲,各国对人员流动的限制不多,但各国监管规范差异较大。爱沙尼亚、冰岛、挪威和瑞典要求半数以上董事会成员需为本国居民,中国和希腊要求投资者需要证明有净收益，中国、印度和俄罗斯设置了对跨境并购的限制，还有一些国家有外国资本流动的限制。除此以外，计算机和信息服务行业受到的限制还包括劳动力市场需求测试、税收、政府采购、新的国内标准、国有企业竞争和监管透明度等方面的区别对待等。

第四节　STRI 的科学性和局限性

STRI 从设计到推出经历了较长时间，通过反复讨论最后完成，从设计上具有一定的科学性。但受服务贸易特点和一些简化假设条件所限，STRI 也同时存在一些局限性。

一、服务贸易限制性指数（STRI）科学性

通过上文的介绍可以看出服务贸易限制性指数（STRI）具有很多优点，主要包括涉及政策领域的全面性、设计方法的科学性、分析结果的直观性和设计体系的动态性等。

（一）政策领域的全面性

从服务贸易限制性指数（STRI）的设计体系中不难看出，该指标在设计时所考虑到的政策领域包括外资进入的限制、人口流动的限制、其他歧视性措施、竞争的壁垒和管制的透明性等 5 个领域。可以说，所涉及的政策领域是全面的，既将进入壁垒计算在内，也有对国内规制的考虑。从目前服务贸易发展趋势来看，服务贸易壁垒不仅仅体现在进入壁垒方面，更朝着国内规制方面的运营性和行业规制等壁垒方向发展，因此在计算服务贸易壁垒时就需要针对这些隐形的壁垒进行度量。服务贸易限制性指数在设计时，针对每个部门的状况，都做出来详细的评分体系，全面衡量了贸易进入壁垒、国内规制和行业特殊性，其评分系统是十分全面的。

（二）设计方法的科学性

服务贸易限制性指数在设计时，所考虑到的政策范围更加广泛、行业特性更加详细，并且将评分系统和权重系统区分开，让最后得出的结果更加全面地反映了贸易限制壁垒的高低。

评分系统中，并非如 Hoekman 指数一样，不区分部门的特殊性，只根据国民待遇和市场准入两个政策方面的四种服务模式进行打分，而是一方面将政策领域扩充至 5 方面，涉及进入壁垒、国内规制和行业竞争等多个政策维度进行考虑；另一方面针对每个部门都设计到了不同评分体系，充分考虑到了部门的差异性。所以在进行评分时更准确更客观。

在进行权重分配时，服务贸易限制性指数也将不同政策领域的权重进行了区分。一般情况下，将各政策进行等权重的对待更为常见，但是这样做往往会忽略掉各政策间的相对重要性，因此在权重设计时采用了区分权重的方式。区分的方法由于数据和相关知识的缺乏，采取了专家打分的方式进行。在充分考虑到专家打分可能会存在人为因素，因此邀请了众多的相关专家进行评分，用专家评分的数量来减少误差。

从以上两方面可以看出，服务贸易限制性指数在设计时考虑的更加精细，更加全面，也更加的科学。

（三）分析结果的直观性

STRI 以具体数值显示样本中各国各行业的限制水平，便于读者对限制的程度有直观的了解，也可以用作横向或纵向的比较。数值的大小直接反映出各国各行业对服务贸易限制的程度，有利于简化涉及服务贸易的众多因素的复杂影响，为认知、选择和行动提供有益、有效的参考。

通过数字表示限制程度，分析人员可将与各类服务贸易相关的因素代入研究，聚焦分析研究的对象和范围，减少初期筛选的工作量。使用相关统计图表有助于各方快速了解限制的程度，给决策者留下更深刻的印象。事实上，通过 STRI 分值的解构，各种限制因素的影响也得以更清晰展现，便于进一步开展细致分析。

（四）设计体系的动态性

服务贸易限制性指数所考虑的政策范围并不是完全固定的，而是根据服务贸易的发展形势和政策方向进行调整的。如果服务贸易政策在世界范围内做出了重大的变化，或者贸易制定者在对政策进行区分时以及政策重点发生变化使，都将把这些内容考虑在内，并且随时做出调整。因此就该指标在评分和权重的内容上来讲，是可以随时进行调整和变化的，因此该指标具有动态发展的能力。

动态性既表现为对原有打分体系的更新与改进，又可以新增国别和行业，将相对稳定的规则大类与具体的实际需求相结合,结合回溯方法,可以形成相对较为全面、准确的评价体系,为时间序列分析、横截面分析以及面板数据分析提供基本数据。

二、服务贸易限制性指数的局限性

虽然服务贸易限制性指数在设计时具有许多的优点,但同时也存在一些缺点。主要表现在涵盖的协定不完整、数据时效性不强、权重评分主观性强,以及测度体系差异强行融合等方面。

1. 涵盖协定不完整

STRI目前所考虑的范围局限在最惠国待遇(MFN)限制上,而并不考虑区域贸易协定(regional trade agreements)和互认协议(mutual recognition agreement)。而目前的贸易存在着大量的区域贸易协定,协定的内容尚无法体现在STRI的测算之中,因此STRI在计算服务贸易壁垒时的范围不能被各个国家普遍应用。

2. 数据时效性不强

STRI测算中的相当部分依据是从网上搜集的相关资料。但是,并非所有国家都将与服务贸易相关的法律法规上网,且在翻译过程和解读过程中可能存在两次失真,从而对法律法规的原意可能发生曲解。有些国家的法律法规更新速度较慢,依据旧的法律法规做出的分析和判断可能已经不能反映该国服务业市场的限制情况。

3. 权重评分主观性强

在计算权重时,该指数的权重标准是根据众多专家打分进行评判的,具有较强的主观性。虽然邀请了众多的专家进行评分,以此来减少人为的误差性,但是毕竟专家们每个人对于各个部门和政策领域的理解并不完全相同,各个专家的知识体系甚至意识形态都可能有较大的偏差。系统性偏差对STRI结果造成的主观性影响尚无过程进行识别和避免。

4. 测度体系差异强行融合

服务贸易整体相对较新,且发展速度很快。现有的服务贸易行业分类中有相当部分均为"其他"类,扩展空间较大。STRI对服务贸易的测度均采用相似的判定标准,但事实上各个行业对不同限制措施的敏感度存在较大差异,影响各类指数的可加性。不考虑这种差异进行强行融合,可能对测度结果的普适性和科学性造成较大的影响,也会给使用指数进行计算或比较带来不少问题。

第五节 服务贸易限制性指数对中国服务贸易的影响分析

STRI 的发布是 OECD 的重要探索，对于非成员的中国而言，既有有利和不利的影响，也带来了需要认真应对的挑战。

一、STRI 对中国的影响

作为服务贸易进出口大国，服务贸易限制性指数的公布信息也包括中国的服务贸易限制，其中会详尽地展示出中国各个产业部门的服务贸易限制性程度，反映着中国各部门的壁垒程度，或多或少地对中国产生着影响。

从有利角度来看，服务贸易限制性指数将中国纳入其中是因为中国服务贸易迅速发展，经济崛起，OECD 希望将中国纳入其话语体系。在全球服务贸易统计体系正在完善、中国服务贸易统计体系正在改进并力争与国际接轨的过程中，STRI 的测算也较为全面地反映了中国服务部门的信息，可以帮助中国较为清晰地认识到各个部门的限制情况，提供了改进的方向，为中国发展服务贸易提供了参考。

同时也要看到，STRI 也对于中国产生了一些不利影响。根据 STRI 的分值，中国的服务贸易总体上限制程度较高，其中以外资进入限制为主，其余的限制为辅。电视和广播业限制性排名第一，诸多部门排名第二，这些信息的公布对中国吸引外资会产生较强的消极作用，不利于中国吸引新的外资。STRI 的公布也给中国政府提出挑战，无论是否接受相关分析的结果，STRI 的发布不会停止，且影响力日益增强，被接受和使用得越多，就会使得后加入者更为被动。尽管 STRI 由于本身存在的机制性问题，使得意识形态等主观性反映在结果之中，并未充分考虑到中国作为发展中国家，发展服务贸易的需求特点，也没有考虑到中国国内区域性试验开放措施对服务贸易发展的有利支撑，但不与之开展充分的沟通和影响，无法将中国的想法加入指数编制之中，也不利于中国在全球规则制定过程中增强自身影响力。

二、STRI 对给中国提出的挑战

服务贸易限制性指数的公布，对于中国来说既是机遇也是挑战。继续扩大开

放是中国坚定不移的发展方向，而发展服务贸易则是调整经济发展结构、实现转型升级的重要途径。目前中国正在大力发展服务贸易和服务产业，国内很多体质机制需要进行改革，STRI 对中国各部门的限制情况做出了比较全面的分析，指明了中国的各部门的限制情况；同时，对于中国服务部门的发展提出了挑战，如果不能很好地处理产业和贸易发展中的不利措施，不仅不利于中国吸引外资进入，还会对本国的服务产业和贸易造成阻碍性影响。因此，在中国进行服务产业和服务贸易发展过程中应该十分重视 STRI 的公布结果。在发展和改革中，对于影响服务产业和贸易的各种限制要逐渐进行清理。

另一方面，这也说明中国在服务贸易有关测度方面需要加强。目前中国在服务贸易壁垒的研究上还基本停留在定性分析阶段，甚至对于有些部门的基本情况了解程度都还存在不足。因此 STRI 的公布对于中国各服务部门的监管提出了挑战，中国应该做好调研，将各部门的真实情况搞清楚，并且按照科学的方法建立监管措施，根据国家发展需要搞清楚哪些壁垒需要立刻清除、哪些需要逐步完善，将服务促进发展工作落到实处。

第六节　中国的对策

根据上文的分析可以看出，服务贸易限制性指数（STRI）是针对各国服务贸易限制性程度，根据各国做出的贸易政策和国内规制而制定的具有全面性、科学性的动态性的量化指标体系。能够以量化指标反映各国在四种服务贸易提供方式下的服务贸易限制性程度，从而为各国提供直观清晰的感受，指出各国各部门的限制性。

中国正在大力发展服务产业和服务贸易，北京、广东等多个区域都在加大服务业开放力度，为服务贸易提供便利发展条件。在国家宏观调控下，对于不利于服务产业和贸易发展的措施都应该尽量削减和消除。服务贸易限制性指数为中国服务贸易的发展提供了有利的指标建议和方向，同时也暴露出中国服务贸易的诸多问题。为了更好地发展服务产业和贸易，应在认真研究和分析的基础上主动进行应对：

第一，应该做好实地调研工作。调研既要包括对 STRI 方法本身的更为深入细致的探索，对其评价方法进行分析，为影响和改进 STRI 的评价发挥更加积极而重要的作用。同时，也要用好 STRI 的分析结果，在合理分析和评估的基础上，将 STRI 用于寻找和推进改革的工作上。STRI 在各部门的政策体系为中国的服务产业和贸易提供了明确的依据,中国应该根据服务贸易限制性指数指出的各部门的政策体系,认真梳理和分析各级政府在相关产业方面的措施,对确实阻碍服务贸易发展和服务业开放的措施重点评价,对不利于中国经济可持续发展、制约中国增强全球话语权的措施进行调整和改进。按照 WTO 承诺,中国应加强相关政策法规的透明度,相关政策的快速发布不仅有利于相关各方获得更为准确的投资决策依据,也能够更充分反映到 STRI 分值中,提高中国在样本国家中服务贸易开放中的排名。

第二,降低进入壁垒,强化产业发展。从上文可知,中国在服务贸易方面的限制性措施主要是来源于外资准入限制,但是从与其他国际的比较可以看出,其他国家在外资准入方面的限制性很低。经过改革开放三十多年的发展,尤其是加入 WTO 以来,中国的经济和产业的竞争力大幅增强,市场开放程度持续扩大。就目前世界情况而言,各国所采用的限制性措施已经逐渐从进入壁垒向国内规制等隐性壁垒转移,通过运用环保、劳工标准、科技门槛等手段保护自身产业。应加快向负面清单管理方式的演进,加快简化外资进入的流程要求,提高外资促进政策的有效性,避免影响外资进入的积极性。同时,还应该加强市场的建设,鼓励中国市场竞争加强的同时对中小企业等发展实力较弱的市场主体,按照国际通行做法进行重点保护,促进企业成长,避免因为开放步伐过大对企业造成的巨大冲击。

第三,中国应该积极参与到服务贸易限制性指数的建设中去。OECD 建立的 STRI 指数虽然具有一定的科学性,但是也仅仅是从国家层面所能看到的政策领域进行分析,并且其权重体系中掺杂了大量人为因素,很难避免最终的结果的主观性。因此中国应该积极参与到该指数的建设中去,一方面可以更充分地反映中国的真实信息,另一方面也可以通过相互交流学习,尝试建立自己的指标体系。在对自身服务贸易开放度进行客观、全面、公正评价的基础上,在国际组织或协议中积极发声,将我们的服务贸易限制评价方法进行更多宣传,以赢得更多支持,提高指数的影响力,在国际规则的制定中发挥更负责任的大国作用。在具备相关能力和经验的基础上,中国也可以以多种形式积极参与包括 OECD 在内的国际规则的制定和评价过程,以更高的标准寻找更符合中国需要的服务贸易发展路径。

第四,借鉴其他国家发展服务贸易的经验,促进服务贸易发展。STRI 所使用的权重体系反映了各国服务贸易专家对各个行业领域的举措发展服务贸易重要性的衡量。选择权重较高的措施,改进我国的相关管理规则,有利于更有效地促进相关行业服务贸易的发展。与传统的货物贸易相比,服务贸易对基础设施的需求不限于公路、铁路和海运等传统基础设施，而是对电信、网络和数据处理等基础设施的高速、普及、有效和防错等特性要求更高，对劳动力的需求也从体力向智力发展，对公平竞争和减少政府对市场干预的要求更强。适应服务贸易的需求，调整政策，以实现措施的有效和有针对性才能够为服务贸易发展创造良好条件。相关政策的梳理应在开放和发展的统一理念下展开，注重行业和层级的协调，既要减少政府行政行为对市场的不当干涉，又要建立健全标准规范的市场机制，以更为完善的规范体系减少企业发展的弯路，为国际化发展做好前期准备。

第五，在发展服务贸易过程中应更为开放。不仅发挥中国巨大消费市场和快速上升消费能力的优势，而且要看到经济危机后各国再平衡所表现出的新特点和需求，着重拓展全球服务贸易市场需求。为了以更快方式提升服务贸易竞争力，在全球价值链上提升自身位置，应加大对全球智力、研发和科技创新资源的利用。既要努力推动"双创"，发挥市场的灵活快速和高效务实的特点，又要大力吸引和用好境外包括发达经济体在内的国外智力资源，提高跨境服务提供能力。与货物贸易相比，服务贸易的创新空间广阔，新技术的出现既会创造更大的市场需求，也为服务贸易的开展提供了更大可能。加快发展跨境电子商务等中国具有较强竞争实力的行业领域，注重服务贸易快速发展过程中相关法律法规的配套，对可能影响服务贸易发展的信用不健全、侵犯知识产权等问题从法律上予以严格界定，加强执法，推动中国增强在相关领域全球话语权，为未来技术平台上的商业模式发展发展奠定更坚实的基础。

第四章

服务业投资的空间集聚效应

本章从中国制造业和服务业对比的视角，分析对外直接投资的行业内和行业间地理集聚效应。截至1991年底，中国批准的对外直接投资分布于全球100多个国家和地区，前30位国家和地区的企业数目占投资企业总数的76.7%，投资金额占总投资金额的94.6%。截至2000年，这两项比重分别为67%和83%，2002年为77%和88%[1]。尽管中国对外投资的区域越来越广泛，但是一些国家和地区仍然保持着中国对外直接投资主要流入国的地位。根据《中国对外直接投资统计公报》，2011年的投资主要流向中国香港、英属维尔京群岛、开曼群岛、卢森堡、法国、新加坡、澳大利亚、美国等国家和地区。前十位的国家或地区承接中国对外直接投资流量的比重达到了83.22%，前20位占比达90.57%；而从存量上，前15位国家或地区投资存量占比达88.5%，前20位国家或地区所占比重达到90.78%。另外，这里还统计了2003~2011年中国对外直接投资国别选择的前30位国家和地区，并将他们统计排序。结果显示，前30位东道国的组成国家或地区基本保持不变，仅是排名位次有些许变动。[2]

提到对外直接投资区位问题，大多数研究集中于探讨决定区位选择和区位分布的影响因素。而在分析中国对外直接投资的区位选择影响因素时，学界文献研究的重点多在于外部环境，即东道国的投资环境。这和最早明确提出国际直接投资区位优势概念的国际生产折衷理论有一定的关系，但是另一方面中国对外直接投资呈现出的地理集中分布这一特征和母国内部因素有一定的关系。这种区位选择的内部因素可以被理解为来自于中国对外直接行为主体的因素，即对外直接投资的地理集聚[3]和前后关联性企业投资的加入行为。

---

[1] 郑春霞：《中国企业对外直接投资的区位选择研究》，中国社会科学出版社2011年版，第135页。
[2] 由于表格较大，具体数据和排列情况如有需要请与作者联系。
[3] 有些文献也称之为来源国集聚效应。

克鲁格曼（Krugman）在《报酬递增和经济地理》一文中强调规模经济对产业地理集聚的作用，之后克鲁格曼和维纳布尔斯（Krugman & Venables）将克鲁格曼（Krugman）的中心—外围理论的基本思想运用到世界经济而非国家内部，而维纳布尔斯（Venables）的研究最具有代表性，他通过建立一个两国经济模型，在两个不完全竞争产业——上游和下游产业、两个地区的假设下，从理论上分析了聚集经济对公司区位的影响。在实证方面，维勒和莫迪（Wheeler & Mody），史密斯和佛罗里达（Smith & Florida），黑德（Head），里斯和斯温森（Ries & Swenson），赫尼兹和海洛斯（Henisz & Delios）等人将美国或者日本作为研究对象，结果均验证了集聚效应和前后关联企业的拉动在企业选择区位时发挥了重要作用。而格罗斯（Gross），拉夫和瑞恩（Raff & Ryan）从行业的角度更加细致地分析了日本制造业和非制造业企业在欧洲的直接投资区位选择情况。他们的研究对象是1970年到1995年日本在欧洲的直接投资企业，研究发现日本厂商趋向于选择有其他日本厂商的市场。具体地，1970~1980年日本在欧洲某一地区的制造业直接投资会吸引更多的制造业和服务业的投资；但之后日本在欧洲的服务业投资会吸引制造业投资的进入。

目前，学界对投资集聚效应的研究基本局限于外商直接投资的领域中，黑德和里斯（Head & Ries）、程和科万（Cheng & Kwan）、何（He）、梁琦、张俊妮、陈玉宇、余珮、孙永平等人的研究，均为应用中国的经验数据检验了外商对中国直接投资的区位选择问题，发现来自于同一个国家或地区的投资表现出集聚效应。而研究中国对外直接投资集聚效应的成果少之又少，尤其是具体到产业和行业关联这个层面。因此，接下来将要研究的问题则是中国存在于某一国家或地区的某一个特定行业的直接投资是否会吸引更多的对该行业的直接投资，如果是，我们称其为行业内地理集聚效应；相应地，如果中国存在于某一国家或地区的某一个特定行业的直接投资是否会吸引更多的对该地区其他行业的直接投资，即存在行业间的拉动作用，如果是，我们称其为行业间地理集聚效应。

第一节　计量经济模型的建立和样本说明

本节的实证研究将使用面板数据分析方法，该数据模型被广泛应用到多区域实证研究中，它能够提供时间和截面的综合信息。为了考察中国对外直接投资的行业内和行业间地理集聚效应，本节建立的基准模型的形式为：

$$Y_{it} = \alpha + \sum \beta_{1m} X_{1m,it} + \sum \beta_{2k} X_{2k,it} + \alpha_i + \varepsilon_{it} \qquad (4-1)$$

其中，β_{1m}表示核心变量的系数，m为核心变量的个数，β_{2k}表示控制变量的系数，共有k个控制变量，α_i表示模型中与对外直接投资区位选择相关的未观察因素，ε_{it}为随机误差项。

自2003年开始，历年《中国对外直接投资统计公报》都会统计中国对外直接投资的行业分布情况，但是仅局限于全部投资，并没有国别统计数据[①]。到2007年，该公报才开始统计中国对主要经济体直接投资的行业分布情况，其中主要经济体包括中国香港、欧盟、美国、澳大利亚、俄罗斯联邦和东盟。其中，由于中国香港其避税港的特点，对其进行的直接投资很大一部分是投资控股而非开展真实业务，故将其舍去，因此本节的样本确定为2008～2011年中国对这5个主要经济体的ODI（对外直接投资）流量，共20个观测值。此处的观测值较少，但是实际上这些观测值考察的样本国家为34个[②]。从投资额来看，2011年这些样本国家吸收的中国ODI流量占中国当年对外直接投资总量（除去三个避税港）的67.68%，样本国家吸收的投资存量占截至2011年末中国对外直接投资存量总量（除去三个避税港[③]）的43.43%，因此本节选取的地区样本具有一定的合理性和代表性。

由2007～2011年中国对主要经济体直接投资行业分布数据（行业划分的标准是2003年中国统计局发布的《三次产业划分规定》和《国民经济行业分类》[④]）可以看出，第一、第二产业相对应的具体行业的投资额统计得较为完整和连续，而第三产业包括了15个行业，具体到各个行业的统计数据缺乏完整性和连续性，具体表现为一些样本国家和地区的年度行业投资数据缺失，其主要原因可以归纳为两点，其一，第三产业门类较多，中国企业在某些行业的确没有发生直接投资行为；其二，中国企业对某些行业进行了直接投资，但投资额过小而被纳入"其他"栏。鉴于这些数据问题，并且考虑到模型所要研究的行业内和行业间的地理集聚效应问题，本章将研究重点放在制造业和服务业上。长期以来，中国同时使用"第三产业"和"服务业"两个概念，二者的内涵基本相同，并且近几年，从中央文件到学术报告都主要使用"服务业"这一概念。因此，样本

---

① 如果使用时间序列方法，时间跨度只有9年，并且早期几年的行业统计数据也不全面，这些都会影响检验结果的准确性。这也是我们选择面板数据方法的原因。
② 即美国、俄罗斯、澳大利亚、欧盟22国和东盟9国，中国对欧盟和东盟其他成员的投资数额太小，甚至好多年份为空缺，因此本节的样本没有计入这些国家。
③ 即英属维尔京群岛、中国香港、开曼群岛。
④ 第一产业是指农、林、牧、渔业；第二产业是指采矿业，制造业，电力、燃气及水的生产和供应业，建筑业；第三产业是指除第一、二产业以外的其他行业。第三产业包括：交通运输、仓储和邮政业、信息传输、计算机服务和软件业，批发和零售业，住宿和餐饮业，金融业，房地产业，租赁和商务服务业，科学研究、技术服务和地质勘查业，水利、环境和公共设施管理业，居民服务和其他服务业，教育，卫生、社会保障和社会福利业，文化、体育和娱乐业，公共管理和社会组织，国际组织。

国家和地区的服务业对外投资额用第三产业的投资额进行替代。具体地，凡是属于第三产业范畴的行业投资均划为服务业对外直接投资范畴；另外，第一、第二产业包括的五个行业的对外投资统计数据具有很好的完整性，因此我们将《中国对外直接投资统计公报》中中国对主要经济体的行业投资流量和存量统计表中的"其他"栏归入服务业。

第二节 对外直接投资的行业集聚指数

在考察中国制造业和服务业对外直接投资的地理集聚效应之前，首先将要考察样本范围内中国对外直接投资的静态和动态的产业和行业集聚指数，本章采用的是张为付设计的对外直接投资产业集聚度[①]。

对外直接投资的产业静态聚集度可以由静态集聚指数 S_i 来衡量，$S_i = a_i / \sum_{i=1}^{n} a_i$，$a_i$ 表示某个国家或地区对外投资在 i 产业的投资存量，$\sum_{i=1}^{n} a_i$ 表示该国家或地区对外直接投资存量的总规模，共有 n 个产业部门。该静态指数反映的是对外投资国的一个产业部门的对外直接投资在全部对外直接投资中的地位和比重，是衡量目前投资国对外直接投资在不同产业分布的存量指标[②]。

根据该计算公式及其含义，本节选取 2007~2011 年中国对 5 个主要经济体的行业投资数据作为核算对象，检验中国在这 5 年内对样本国家的三大产业和主要行业[③]的投资静态集聚水平。检验结果如表 4-1 和表 4-2 所示。

表 4-1　　　　2007~2011 年中国在样本国家内各产业静态集聚指数

年份	2007	2008	2009	2010	2011
第一产业	5.55%	4.63%	4.09%	3.63%	3.12%
第二产业	35.76%	47.92%	47.82%	48.38%	48.93%
第三产业	58.70%	47.45%	48.09%	47.99%	47.95%

---

① 本节考察的集聚度包括产业和行业，因此后文相应地分别核算了"产业集聚度"和"行业聚集度"。
② 马坤：《中国对外直接投资潜力的实证研究》，经济科学出版社 2010 年版，第 87 页。
③ 主要是 15 个行业，第一产业的一个行业，第二产业的四个行业和第三产业的 10 个行业。其中第三产业中的文化、体育和娱乐业，水利、环境和公共设施管理业，教育业三个行业的统计数值很小并且严重缺失，因此我们将其归纳入"其他"类别中。

表4-2　　　　2007~2011年中国在样本国家内各行业静态集聚指数

年份	农林牧渔业	制造业	建筑业	采矿业	电力、煤气及水的生产和供应业	交通运输、仓储和邮政业	金融业	批发和零售业
2007	5.55%	19.88%	3.26%	10.82%	1.80%	5.76%	16.01%	16.06%
2008	4.63%	16.49%	3.58%	19.82%	8.03%	6.02%	9.90%	13.96%
2009	4.09%	14.28%	3.14%	23.58%	6.82%	4.49%	8.79%	11.84%
2010	3.63%	16.29%	3.94%	21.44%	6.69%	3.51%	9.67%	9.24%
2011	3.12%	14.30%	3.45%	22.36%	8.82%	4.07%	9.61%	8.38%

年份	租赁和商务服务业	科学研究、技术服务和地质勘查业	居民服务和其他服务业	信息传输、计算机服务和软件业	房地产业	住宿和餐饮业	其他行业
2007	11.68%	1.30%	0.00%	0.47%	4.22%	0.33%	2.86%
2008	10.13%	0.87%	0.19%	0.77%	3.67%	0.07%	1.87%
2009	15.33%	1.72%	0.43%	0.57%	3.93%	0.37%	0.63%
2010	19.72%	1.81%	0.47%	0.39%	2.45%	0.35%	0.39%
2011	21.01%	1.36%	0.37%	0.29%	2.16%	0.34%	0.36%

根据核算结果，在样本范围内，租赁与商务服务业、采矿业和制造业的静态集聚指数最高，五年的指数均在15%~20%。从动态趋势上看，农林牧渔业，即第一产业的静态集聚指数呈稳定下降状态；第二产业整体的集聚指数在缓慢上升，具体到各行业，采矿业有所上升，而制造业，建筑业，电力、煤气及水的生产和供应业的集聚指数呈波动状态；第三产业整体的静态集聚指数几乎呈现平稳状态，其中只有租赁和商业服务业的集聚指数成明显上升之势，科学研究、技术服务和地质勘查业，居民服务和其他服务有小幅度上升，金融业比较平稳，而交通运输，批发零售，信息传输、计算机服务和软件业、房地产业、住宿和餐饮以及包含了文化、体育和娱乐业，水利、环境和公共设施管理业，教育业等的其他行业均表现出下降趋势。

对外直接投资的产业动态聚集度可以由动态集聚指数 D_{it} 来衡量，计算公式为 $D_{it} = b_{it} / \frac{1}{n} \sum_{i=1}^{n} b_{it}$，其中，$b_{it}$ 表示到 t 期为止在 i 产业的直接投资存量的增长速度，$\frac{1}{n} \sum_{i=1}^{n} b_{it}$ 表示投资国到 t 期为止的投资到各产业的投资存量增长速度的平均值，即平均增长速度。如果 $b_{it} > 0$，则表明投资国在 i 产业的投资规模扩大，该产业是投资国对外直接投资的扩张产业；如果 $b_{it} < 0$，则表明投资国在 i 产业的

投资规模在缩小,该产业是投资国对外直接投资的收缩产业。当 $\frac{1}{n}\sum_{i=1}^{n}b_{it}>0$ 时,即到 t 期为止,投资国在各产业对外直接投资的平均增长速度为正,如果 $D_{it}>1$,说明投资国的对外直接投资在向 i 产业集聚;如果 $D_{it}<0$,即 $b_{it}<0$,这意味着当投资国在各产业对外直接投资的平均增长速度为正的情况下 i 产业的投资规模在缩小,那么投资国的对外直接投资正从 i 产业向其他产业转移;如果 $0<D_{it}<1$,说明投资国在 i 产业的投资规模扩大,但是仍然存在投资从 i 产业向其他产业转移的情况。当 $\frac{1}{n}\sum_{i=1}^{n}b_{it}<0$ 时,如果 $D_{it}<0$,即 $b_{it}>0$,这意味着投资国在各产业对外直接投资的平均增长速度减缓时,i 产业的投资规模仍在扩大,那么此时尽管 $D_{it}<0$,它也表明投资国的对外直接投资在向 i 产业转移;如果 $D_{it}>0$,即 $b_{it}<0$,即此时投资产业是否转移不确定。

该动态集聚指数反映的是对外投资国在其投资产业部门间的转移方向、集聚趋势和速度,是衡量一段时间内投资国对外直接投资产业集聚和转移的存量指标[①]。根据该计算公式及其含义,本节选取 2008~2011 年中国对 5 个主要经济体的产业和行业投资数据作为核算对象,检验中国在这 4 年内对样本国家的产业和行业投资动态集聚水平。检验结果如表 4-3 和表 4-4 所示。

表 4-3　　　　2008~2011 年中国在样本国家内各产业动态集聚指数

年份	2008	2009	2010	2011
第一产业	0.502	0.755	0.757	0.688
第二产业	2.080	1.099	1.143	1.176
第三产业	0.418	1.147	1.100	1.136
三次产业平均增长率	0.475	0.526	0.501	0.480

表 4-4　　　　2008~2011 年中国在样本国家内各行业动态集聚指数

年份	农林牧渔业	制造业	建筑业	采矿业	电力、煤气及水的生产和供应业	交通运输、仓储和邮政业	金融业	批发和零售业
2008	0.318	0.307	0.838	2.295	7.509	0.735	-0.111	0.386
2009	0.350	0.327	0.342	0.778	0.301	0.158	0.356	0.301
2010	0.815	1.663	2.048	0.889	1.132	0.464	1.526	0.457
2011	0.722	0.783	0.770	1.339	2.270	1.728	1.177	0.883

---

① 马坤:《中国对外直接投资潜力的实证研究》,经济科学出版社 2010 年版,第 89 页。

续表

年份	租赁和商务服务业	科学研究、技术服务和地质勘查业	居民服务和其他服务业	信息传输、计算机服务和软件业	房地产业	住宿和餐饮业	其他行业	各行业平均增长率
2008	0.383	-0.022	—	1.924	0.385	-0.902	-0.045	0.748
2009	1.229	1.896	2.352	0.150	0.611	6.261	-0.412	1.133
2010	2.150	1.364	1.454	0.137	-0.069	1.052	-0.081	0.465
2011	1.416	0.360	0.482	0.303	0.799	1.033	0.934	0.457

根据以上的核算结果,从动态的角度,我们可以看出:

其一,从总体上看,中国对样本国家和地区的直接投资保持稳定增长的趋势,连续四年的产业平均增长率保持在了50%左右,而行业平均增长速度保持在45%以上,特别是2009年达到了113%。

其二,从产业数据看,每年各个产业的投资动态集聚指数均为正,说明中国对每个产业的投资都保持了持续增长的态势。具体地,第一产业的动态集聚指数小于1,而第二、第三产业的动态集聚指数基本上都大于1,这说明在样本期内,中国的对外直接投资在向第二、第三产业集聚,尽管中国在第一产业的投资规模有所扩大,但是仍然存在投资从第一产业向其他产业转移的情况。从时间维度上看,特别是从2009年到2011年,各产业的动态集聚指数变化不大,虽然有较小的波动,但基本保持平稳,只有第二产业从2009年开始表现出稳步提升的状况,即中国在样本国家和地区第二产业的投资集聚越来越明显。

其三,从行业数据来看,每年各个行业的投资动态集聚指数几乎均为正值,仅有几个数值为负,这说明中国对每个行业的投资都保持了持续增长的态势。其中2008年的金融业,科学研究、技术服务和地质勘查业,住宿和餐饮业和2010年的房地产业出现了负指数,即表明了中国在这几年的行业内投资出现了发散现象,中国的对外直接投资正从这几个行业向其他行业转移。从2011年的截面数据可以看出当年中国对外直接投资向采矿业,电力、煤气及水的生产和供应业,交通运输、仓储和邮政业,金融业,租赁和商务服务业,住宿和餐饮业6大行业集聚;从时间维度上看,电力、煤气及水的生产和供应业,金融业,租赁和商务服务业,住宿和餐饮业4大行业的动态集聚指数基本大于1,即中国对这几个行业的投资体现了明显的集聚态势。

从静态集聚指数看,中国制造业和服务业对外直接投资均在增加,但是制造业静态集聚指数表现出波动的情形,服务业的静态集聚指数则表现为平稳的状态;从动态集聚指数看,中国制造业对外直接投资是扩张的,动态集聚不确定,而中国服务业对外直接投资表现出明确连续的集聚效果,即更多直接投资在从其他行业向服务业转移。那么,这种行业的转移和集聚是否是由行业内和行业间地理集聚效应引致的?即存在于某一国家或地区的制造业投资存量是否对制造业集聚、服务业集聚有正效应,以及存在于某一国家或地区的服务业投资存量是否也对制造业集聚、服务业集聚有正效应。

基于以上的分析,我们提出以下四个命题。

H1:制造业内部存在地理集聚效应。

H2:服务业直接投资对制造业直接投资的地理集聚具有正效应。

H3:制造业直接投资对服务业直接投资的地理集聚具有正效应。

H4:服务业内部存在地理集聚效应。

第三节 服务业对外直接投资区位模式选择

根据以上四个命题设定两个模型:制造业对外直接投资区位选择模型和服务业对外直接投资区位选择模型。计量经济模型的形式以第二部分的基准模型为基础,其中,制造业对外直接投资区位选择模型的被解释变量为中国制造业对外直接投资流量,核心变量分别为t-1期制造业对外直接投资存量和t-1期服务业对外直接投资存量;服务业对外直接投资区位选择模型的被解释变量为中国服务业对外直接投资流量,核心变量分别为t-1期制造业对外直接投资存量和t-1期服务业对外直接投资存量。另外,中国制造业和服务业对外直接投资还会受到其他经济、政治等因素的影响,也就是如何确定模型中的控制变量,下面将对这一部分做出详细说明。

一、理论基础

关于制造业和服务业对外直接投资理论的兼容性,一些经济学家持肯定态度,他们认为两个行业进行国际扩张的潜在原理是相同的,用来解释制造业的对外直接投资理论可以被运用到服务业中去,如鲍德温(Boddewyn)等,特普斯特拉和余(Terpstra & Yu)、杜宁(Dunning)。但同时,一些经济学家对制造业和服务业对外直接投资理论的兼容性是存在质疑的,他们一般认为对外直接投资理论主要是用来解释制造业对外直接投资行为的,服务业因其自身的特性和行业多样性而不能用传统的国际直接投资理论来解释,如安德维克(Enderwick)、赫希(Hirsch)。

到目前为止,专门研究服务业对外直接投资区位理论的系统分析和实证研究都很少，其中对服务业对外直接投资理论做出较大贡献并具有代表性的是李嘉涛（Li Jia tao）和史蒂芬·辛格（Stephen Guisinger）。李和辛格（Li & Guisinger）研究了影响发达国家服务业对外直接投资的影响因素，其结论显示，东道国的市场规模、母国的垄断优势、母国与东道国的文化差异、母国服务业的竞争力等因素可以用来解释服务业对外直接投资行为。后来，李（Li）又对亚太地区服务业投资问题进行了研究，结果显示，市场规模、自然资源、基础设施、人力资本等因素是影响这些地区吸引服务业投资的重要因素。之后也有一些学者针对具体服务行业进行了研究，如莫西仁（Moshirian），李和莫西仁（Li & Moshirian），科（Quer）等，尼尔逊和查德哈（Neilson & Chadha），万（Wan）等，但是这些文章的研究对象都是银行业和保险业。

在已有文献的基础上，结合制造业和服务业对外直接投资的自身特征，本节将影响制造业和服务业对外直接投资区位选择的因素进行分析和归纳。

首先，关于制造业对外直接投资区位选择。UNCTAD 将中国对外直接投资划分为资源寻求、效率寻求和市场寻求型三类。20 世纪 80 年代开始，FDI 和国家出口导向战略是密切相关的，主要是制造业 FDI，中国很多制造业企业就是出口导向型的。同时，国内制造业也面临着资源稀缺、成本上涨等问题，因此，现阶段中国制造业对外直接投资选择区位时，东道国的自然资源禀赋、劳动力成本、与东道国贸易关系就成为重点考察因素。另外，虽然中国制造业中不乏一些优势行业，但是不可否认的是，中国制造业在国际分工中还处在中端或较低端的位置，国际竞争力较弱，因此拥有高技术和国际经营整合资源能力的企业是未来制造业企业发展的重点，拥有高水平技术的国家或地区也会成为中国制造业对外直接投资区位选择的对象。最后，由制造业自身的特点出发，它的投资活动涉及建厂、运输原材料、零部件等，因此传统的对外直接投资区位理论中涉及的其他影响因素本节也会纳入模型中。

其次，关于服务业对外直接投资的区位选择。一般地，服务的跨境行为即会产生服务贸易[①]，其中"商业存在"形式的服务贸易越来越成为主要的服务贸易实现方式，商业存在是指一成员的服务提供者在任何其他成员境内以商业存在提供服务，这种在服务需求国设立服务企业的形式也就是服务业对外直接投资。GATS 定义的服务业直接投资包括三层含义：一国服务提供者在其他国家通过某种形式拥有商业实体；该服务提供者在其他国家境内提供服务；该服务提供者通过其商业实体提供服务。事实上，GATS 定义的服务业直接投资表现出明显的市

---

① 《服务贸易总协定》（GATS）指出，服务贸易有四种提供方式：跨境交付、境外消费、商业存在和自然人流动。

场寻求特征。但是全面的服务业直接投资还应该包括投资企业一体化战略中的辅助服务，例如某一制造企业实施全球化战略，为了实现效率最优，它会建立海外子公司跟随进行辅助服务，该服务类型的子公司可以为母公司和其他子公司提供服务，也可以同时服务于东道国本地的其他客户。因此，和制造业对外直接投资相比，一个国家或地区的服务业市场规模是吸引服务业FDI非常重要的因素。因为制造业企业选址某个国家或地区进行直接投资，它可能将该地区作为销售地也可以仅作为生产地，但是服务业企业更多的是将其作为销售地。也正是出于该原因，东道国的技术水平对服务业投资影响不大。另外，值得注意的是，服务业直接投资意味着投资企业在东道国为客户提供个性化的服务，这就要求服务业从业人员必须具有一定的知识技能以便给客户提供优质服务；而且较高水平的人力资本水平有助于外来企业找到合适的人才，降低他们的搜寻成本和培训成本，这对外来服务业企业来说无疑会产生吸引力，因此服务业投资企业更看重东道国的人力资本水平而非劳动力成本。最后，服务是无法被运输的无形产品，因此和制造业投资相比，服务业对外直接投资受双边地理距离的影响不大。

根据以上的分析，可以将影响中国制造业对外直接投资的影响因素（即模型中的控制变量）归纳为：东道国的市场规模、自然资源、劳动力成本、技术水平、宏观经济稳定性、商业环境、基础设施、政治风险、双边贸易、双边投资协定、双边汇率、双边地理距离；而影响服务业对外直接投资的影响因素为：东道国的服务业市场规模、人力资本、宏观经济稳定性、商业环境、基础设施、政治风险、双边汇率、双边服务贸易、双边投资协定、双边文化距离。

二、变量说明以及数据来源

两模型中涉及的各变量（包括核心变量和控制变量）的代理变量、符号、预期影响方向和数据来源归纳如表4-5所示。

表4-5　　　　变量说明、预期影响方向和数据来源

变量		变量性质	变量含义	代理变量	预期符号	数据来源
被解释变量	ODI_FM ODI_FS	数值	制造业对外直接投资流量 服务业对外直接投资流量	中国制造业、服务业实际对外投资额		《中国对外直接投资公报》

续表

变量		变量性质	变量含义	代理变量	预期符号	数据来源
核心变量	ODI_SM$_{t-1}$ ODI_SS$_{t-1}$	数值	t-1期制造业对外直接投资存量 t-1期服务业对外直接投资存量	中国制造业、服务业实际对外投资存量		《中国对外直接投资公报》
控制变量	marketsize	指数	市场规模	市场规模指标①	/-	《全球竞争力报告》
	s_marketsi.	比重	服务业市场规模	东道国服务业增加值占GDP的比重		WDI数据库
	res	指数	自然资源丰裕度	矿石和金属产品的出口占其总出口的比重		WDI数据库
	wage	数值	工资水平	人均国民收入（GNIP）		National Accounts Main Aggregates Database
	hr	比重	人力资本	综合毛入学率		联合国开发计划署
	tech	指数	技术水平	创新指标		《全球竞争力报告》
	infra	指数	基础设施	基础设施指标		《全球竞争力报告》
	eco_stable	指数	宏观经济稳定性	宏观经济环境指标		《全球竞争力报告》
	business	排名	商业环境	对十项指标进行测评得到的排名		IFC《全球营商环境报告》
	political	指数	政治风险	政治稳定性指标②		世界银行《全球治理指标报告》
	exch_rate	数值	双边汇率	间接标价法表示的双边汇率③		National Accounts Main Aggregates Database
	export	数值	对各东道国出口	对各东道国出口额	/-	《中国统计年鉴》
	import	数值	从各东道国进口	从各东道国进口额	/-	《中国统计年鉴》
	s_trade	比重	双边服务贸易	双边服务贸易额占GDP比重		世界银行
	dist_geo	数值	地理距离	双边地理距离		CEPII数据库
	dist_culture	指数	文化距离	文化距离指数	/-	Hofstede教授的个人网站④
	BIT	虚拟	双边投资协定	双边投资协定生效则为1，否则为0		UNCTAD的BIT数据库

注：①该指标的核算体系中囊括了国内市场规模指数、外部市场规模指数、购买力平价调整后的国内生产总值以及出口占GDP的比重，它更好地测度了一个国家或地区的市场规模，该指数的范围是1-7，指数越大表示市场规模越大。

②Political Stability and Absence of Violence，该指数的范围是-2.5~2.5，指数越高表示该国或地区的政治稳定性越好。

③即汇率上升表示人民币升值。

④即http：//www.geert-hofstede.com，再应用Kogut & Singh[29]的计算文化距离指数公式CDij = $\sum$ {(Iki - Ikj)2/Vk}/4进行核算。

三、检验结果

在实际检验时,先通过豪斯曼(Hausman)检验确定该模型采用固定效应还是随机效应的形式,在对模型的多重共线性[主要是检验方差膨胀因子(VIF)及其均值]、异方差和序列相关进行检验后再对模型进行估计。表4-6和表4-7显示的是经过上述过程反复检验、纠偏后得到的估计结果,即这些模型中已不存在严重的多重共线性、异方差、序列相关等问题,以确保估计结果的准确性。

表4-6　　　　制造业对外直接投资区位选择模型的回归结果

	m1	m2
lnodi_sm	0.550 (1.64)	
lnodi_ss		0.894** (2.21)
Marketsize	-0.348 (-0.88)	-0.154 (-0.33)
Res	-0.0372 (-1.34)	-0.0265 (-0.89)
Tech	0.883** (2.26)	0.727* (1.71)
exch_rate	0.0000517 (0.06)	0.000251 (0.23)
Bit	0.776 (0.91)	0.702 (0.90)
常数项	1.705 (0.39)	-3.631 (-0.63)
Hausman (FEvsRE)	4.86 (0.5612)	5.00 (0.5441)
Method	随机效应	随机效应
Adjusted R^2	0.6727	0.7590
N	20	20

说明:估计系数下面的括号中为 t 统计量,星号表示显著性水平,即 * $p<0.10$, ** $p<0.05$, *** $p<0.01$,Hausman 统计量下的括号中为 p 值。

表 4-7　　　　服务业对外直接投资区位选择模型的回归结果

	m3	m4
lnodi_sm	0.682*** (3.24)	
lnodi_ss		0.874*** (4.41)
s_marketsize	0.253** (2.20)	0.250** (2.53)
Hr	-1.358 (-0.37)	-1.328 (-0.43)
eco_stable	0.274 (0.75)	0.171 (0.60)
Political	1.495 (1.24)	1.351 (1.34)
exch_rate	0.00709** (2.35)	0.00711*** (2.73)
Business	0.0515** (2.43)	0.0489*** (2.67)
常数项	-17.48* (-1.95)	-19.78** (-2.55)
Hausman (FEvsRE)	1.28 (0.9890)	1.05 (0.9940)
Method	随机效应	随机效应
Adjusted R^2	0.6574	0.7399
N	20	20

说明：估计系数下面的括号中为 t 统计量，星号表示显著性水平，即 * $p<0.10$，** $p<0.05$，*** $p<0.01$，Hausman 统计量下的括号中为 p 值。

中国制造业对外直接投资区位选择模型：

模型的回归结果（见表 4-6）显示，滞后一期中国服务业对外直接投资存量和一个控制变量——技术水平是显著的，并且它们的系数符号与预期相符，即中国在东道国滞后一期的服务业投资存量、东道国较高的技术水平对中国在东道国的制造业直接投资流入具有显著的促进作用。该模型的实证结果说明，命题 H1 没有得到支持，即中国制造业对外直接投资内部不存在地理集聚效应；命题 H2 得到支持，即中国服务业直接投资对制造业直接投资的地理集聚具有正效应。

中国服务业对外直接投资区位选择模型：

如表4-7所示，模型的回归结果中，两个核心变量——滞后一期中国制造业对外投资存量，服务业对外直接投资存量和三个控制变量通过了显著性检验，它们的系数符号与预期基本相符（有一项与预期相反）。中国在东道国滞后一期的制造业投资存量、服务业投资存量、东道国服务业市场规模、东道国双边汇率（即人民币升值）对中国对东道国的服务业直接投资流入具有显著的促进作用。该模型的实证结果说明，命题H3得到支持，即中国制造业直接投资对服务业直接投资的地理集聚具有正效应；命题H4也同样得到支持，即中国服务业对外直接投资内部存在地理集聚效应。

四、经济学意义的讨论

第一，中国制造业对外直接投资区位选择模型的计量结果m1显示，中国在某个东道国滞后一期的制造业对外直接投资存量对制造业直接投资的再流入没有影响，这意味着中国制造业对外直接投资内部并没有形成地理集聚效应。这在一定程度上说明中国分布于这些国家和地区的制造业直接投资并没有形成企业内规模经济和行业外部规模经济。我们认为这可能和中国制造业企业规模较小有关，他们缺乏高技术和高水平的管理能力，进而难以和实力雄厚的当地（特别是发达国家）企业进行竞争，致使他们难以形成企业内规模经济；另外，中国对外直接投资的制造业行业众多，企业的目标不尽相同，包括技术、劳动力、资源等，可能因为这种分散性而没有形成"数据库"，本地企业积累的经验等没有"外溢"到后来的投资者。

而前文第三部分对外直接投资行业集聚指数的核算结果显示，中国制造业对外直接投资是扩张的，中国对外直接投资中的制造业比重相对较高，这主要是服务业投资的拉动作用。m2的计量结果显示，中国滞后一期的服务业对外直接投资存量是影响当期对该国家或地区进行制造业直接投资区位选择的一个显著的正向决定因素，中国滞后一期服务业直接投资存量每增加一个百分点，中国当期制造业对外直接投资流量将增加0.894%，这意味着中国服务业直接投资对制造业直接投资的地理集聚具有正效应。这也是外部规模经济和范围经济作用的体现，服务业吸引了相关行业的投资流入。通过外部规模经济，服务业为当地的制造业企业提供了适用于他们生产的前后关联性服务，当然这些成熟的服务会对新资本的流入产生吸引力，当服务业的吸引力足够大时，制造业对外直接投资流出扩张。

第二，中国服务业对外直接投资区位选择模型的计量结果显示，中国滞后一期的制造业对外直接投资存量是影响当期服务业直接投资流动的一个正向决定因素，中国在某东道国滞后一期制造业直接投资存量每增加一个百分点，中国当期服务业对外直接投资流量将增加 0.682%。

该结果说明中国服务业对外直接投资存在跟随客户或者辅助服务的特性。为了规避企业转换服务产生的成本，很多企业倾向于选择原服务提供者。当这些服务企业对外直接投资时，他们为了保证初期收益的稳定也会选择在原来客户所在国家或地区进行直接投资。另一方面，如前文所说，一些企业在实现全球一体化运营的过程中，倾向在海外建立子公司为母公司或其他子公司提供辅助服务，这也就出现了投资区位的跟随特性。

另外，中国滞后一期服务业直接投资存量每增加一个百分点，中国当期服务业对外直接投资流量将增加 0.874%，这意味着中国服务业对外直接投资内部存在地理集聚效应。一方面，中国服务业对外直接投资企业存在"模仿"行为，并且为了减少信息搜集成本、降低风险而选择早期服务业企业选择的东道国进行投资；另一方面，原有服务业企业的内部扩张和企业集聚形成外部规模经济共同引致了更多的服务业投资，并且呈正向循环的状态。

除此之外，关于模型中的控制变量。中国制造业对外直接投资倾向于选择高技术水平的国家或地区作为东道国，这也说明了中国制造业发展相对比较落后，缺乏高新技术，对外直接投资是一个获取东道国技术的有效方式。另外，东道国服务市场规模是吸引中国服务业对外直接投资的重要因素，这也符合一般理论分析的预期，即中国服务业对外直接投资表现出明显的市场寻求特征。

第五章

服务贸易发展影响就业和工资

第一节 服务贸易与工资

一、服务业外商直接投资与工资

众所周知,服务业在一国经济中的地位是衡量这个国家内部经济结构是否合理、国际竞争能力孰强孰弱、经济社会发展协调与否的重要标志。一般而言,这种重要地位被量化体现为服务业产出和就业比重。对于前者,过去数十年来发达国家的发展历程以及中国 2013 年服务业产值首次超过制造业(祝宝良,2014)已经提供了很好佐证;对于后者,伴随中国经济社会发展和结构调整,服务业的就业增长弹性大、就业容纳能力强的独特优势会进一步得到发挥(胡晓义,2013)。其实,服务业不仅在就业数量方面表现抢眼,与制造业相比,其在就业结构和工资等方面的表现也有许多鲜明的特征。以中国为例,服务业员工平均工资自 2003 年开始超过制造业(2011,1.09 倍),而同一地区的金融、通信等与餐饮、零售等部门之间,同一部门在东部、沿海与中部、西部之间差距明显。那么,如何解释十年来中国服务业劳动力市场的发展及其当前特征的形成?显然,在经济全球化和加入 WTO 的背景下,中国服务业开放和服务贸易发展达到了前所未有的水平。2012 年中国服务业实际利用外资 538.4 亿美元,占 FDI 总额的 48.2%,超过制造业 4.5 个百分点作为国际经济学的重要命题之一,对外开放的收入分配效应历来备受关注但难有定论。新古典贸易理论的斯托尔伯—萨缪尔森定理提供了分析这一问题的理论框架,此后围绕展开的实证研究大量涌现。目前来看，有关服务业开放的收入分配效应尚缺乏针对性研究，这与服务业在国民经济中的地位快速上升形成了不小反差。

（一）文献综述

近年来，学界有关外商直接投资影响工资差距的研究主要集中在制造业领域，针对服务业的理论与实证研究还不多见。其中，通过宏观变量的匹配构造出微观数据样本，用以检验对外开放的收入分配效应越来越受到学者们的关注。

1. 外商投资对东道国工资差距的影响

大量研究发现，外商直接投资扩大了东道国的工资差距，在控制了行业和企业因素后，FDI 仍然对工资差距有显著拉大作用（Haddad & Harrison, 1993; Girma et al., 2001）。利普西和斯宏（Lipsey & Sjholm, 2001）利用印度尼西亚 1996 年 14000 个制造业企业数据，分析指出外资企业对蓝领工人的工资支付比内资企业高 12%，对白领工人的工资支付高 22%。所以，FDI 拉大了不同技能水平劳动力的工资差距。德里菲尔德等人（Driffeld et al., 2010）采用 1980~1995 年英国企业调查数据，运用 IV - GMM 方法分析发现具有技术转移和技术溢出效应的 FDI 会提高高技术劳动力的相对工资水平。包群和邵敏（2008）研究指出外资企业提高了工业行业科技人员的相对报酬，FDI 的收入外溢效应与行业特征密切相关。许和连等（2009）利用 1998~2001 年 12180 家中国制造业企业数据，从行业和地区视角分析发现外资企业自身较高的技术水平和资本密集度等特征能在很大程度上解释内外资企业的工资差距。朱彤等（2012）使用 2002 年中国城镇住户调查数据（CHIP）分技能组、所有制组、性别组检验了外商直接投资对工资水平的影响，发现 FDI 扩大了工资差距。

很明显，学界有关 FDI 影响工资差距的研究主要集中在制造业，服务业样本还不多见。戴枫和赵曙东（2009）验证了上海市生产性服务业 FDI 对技能工资差距的扩大作用。钟晓君和刘德学（2013）认为广东省服务业 FDI 对工资水平有微弱的提升作用，但其中降低了消费性服务业的工资水平。此外，也有学者在服务业 FDI 影响就业的研究中间接提到 FDI 可能对工资水平具有的提升作用（薛敬孝和韩燕，2006）。

2. 基于宏观和个人匹配数据的研究

劳动经济学中最具影响力的研究之一是明瑟工资方程（Mincer, 1974），它明确了工资与受教育程度、工作经验等个人特征的关系，此后性别、种族、职业、行业和区域等因素对工资的影响也相继得到关注（Bratsberg & Terrel, 1998; Altonji & Williams, 1992; Kain, 1968）。随着中国家庭住户调查数据可获得性的提高，越来越多的学者开始使用经过宏观变量匹配的个人数据来检验工资水平受到的影响。赫林和庞塞特（Hering & Poncet，HP，2010）利用CHIP1995分析发现，较好的市场准入条件促进了工资的增加，其中高技能工人更能从较好的市场准入条件中受益，民营企业相对国有企业更为敏感。卡莫尔（Kamal）、罗莉和欧阳（Lovely & Ouyang，2012）利用CHIP1995和CHIP2002更为翔实地证明了HP的结论。以HP为基础，李磊和刘斌（2011）利用CHIP2002就城市贸易影响个人工资水平进行了实证分析，认为贸易对工资水平有提升作用，拉大了不同技能组、不同性别组的工资差距。韩、刘和张（Han，Liu & Zhang，2012）利用中国城市家庭调查数据（UHS），在工资方程中引入高贸易开放度地区、南方谈话、加入WTO三个虚拟变量，结论显示加入WTO导致工资不平等加剧。

综上，以往研究大多采用制造业中行业和地区层面的宏观数据，无法考虑个人特征差异、企业异质性等问题，比如在区分技能与非技能时，部分研究甚至直接以整个行业的员工技能水平作为替代。而且，就以往基于微观数据样本的研究而言，主要是将个人所在的地区与该地区的对外开放指标进行匹配，但显然个人所在企业或行业的对外开放对工资水平的影响更为直接。本章就将由此入手，在解决FDI可能存在的内生性问题的同时，控制个人、企业等因素，检验外商直接投资对中国服务业整体工资水平，以及不同的技能组、性别组、行业要素密集度组工资水平的影响。

接下来的内容安排是：以中国城镇为例，对个人与行业匹配数据进行实证分析，第二部分计量模型、变量设计与数据样本的描述性统计，第三部分实证结果及其讨论，第四部分结论。

（二）计量模型、变量设计与数据样本的描述性统计

1. 计量模型和变量设计

基于国外以往研究和微观数据样本的特点，本节以明瑟工资方程（Mincer，1974）为基础构造用以检验个人工资影响因素的计量模型：

$$\ln wage_{ij} = \alpha + \beta_1 \ln FDI_j + \beta_2 \ln VAD_j + \beta_3 \ln EMP_j + \beta_4 \ln X_{ij} + \varepsilon_{ij} \quad (5-1)$$

其中，i表示个人，j表示个人所在的服务业细分行业。wage$_{ij}$表示个人i在j行业的小时工资。我们将个人月工资和周工作小时数相结合求得小时工资，主要是考虑到"同工不同时"这一现实情况。FDI$_j$是本节的核心解释变量，表示服务业细分行业j的外商直接投资，即j行业实际使用外资金额与汇率的乘积。由于在中国城乡移民调查数据中，个人所在的服务业被细分为交通运输、仓储和邮政业，信息传输、计算机服务和软件业，批发和零售业，住宿和餐饮业，金融

业，房地产业，租赁和商务服务业，科学研究、技术服务和地质勘查业，水利、环境和公共设施管理业，居民服务和其他服务业，教育，卫生、社会保障和社会福利业，文化、体育和娱乐业，公共管理和社会组织等 14 个行业，所以本节据此整理行业 FDI 数据，以便进一步将其与行业中的个人进行匹配。考虑到服务业发展水平和服务业就业人数可能会对服务业工资水平产生影响，本节引入服务业产值 VAD_j、和服务业年底就业人数 EMP_j 来分别衡量这两方面的作用。另外，X_{ij} 表示行业 j 中个人 i 的特征变量，包括受教育年限、工作经验、性别、婚姻状态、职业类型等，以及个人所在企业的特征，比如所有制、规模和所在地区等。其中，工作经验的数据来自调查问卷中"您是从哪一年开始从事这份工作的？"，可以用被调查的 2007 年减去该项数值得到。职业类型被划分为国家机关党群组织、企事业单位负责人，专业技术人员，办事人员和有关人员，商业、服务业人员，农、林、牧、渔、水利生产人员，生产、运输设备操作人员及有关人员、军人、不便分类的其他从事人员等。国有企业的垄断性质可能会影响其内部工资的制定，在此引入国有企业虚拟变量。企业规模被划分为小（少于 100 人）、中（100~999 人）、大（多于 1000 人）三种类型。在将数据中的省市区域代码进行归类后，省份和直辖市包括广东、河南、湖北、上海、江苏、浙江、重庆和四川。国外通常以是否取得高等教育文凭来划分技能劳动力和非技能劳动力。不过，中国城乡移民调查数据没有提供最高教育程度的个人数据，我们采用调查问卷中"排除跳级、休学后的受正规教育年限"大于（等于）15 年和小于 15 年来分别表示技能劳动力和非技能劳动力。之所以选取这一指标，是因为 15 年对应了在中国取得大专及以上文凭所需的年限。

  对于解释变量 FDI_j 需要说明的是，外资一般具有较高的中间品投入、先进的管理水平、较强的盈利能力以及高资本密集度和较高的技术水平等特点，所以外资进入服务业将会增加对技能劳动力的需求，提高他们的工资水平（Feenstra & Hanson，1997）。而且长期来看，外资的技术溢出效应会整体上提高行业生产率，这会进一步增加对技能劳动力的需求，促进其工资水平的提高。对非技能劳动力而言，外资进入服务业可能产生两方面的影响：第一，如果外资进入的动机是利用优惠政策和廉价的劳动力资源，则会增加对非技能劳动力的需求，提高他们的工资；如果外资进入了房地产等投机性强或金融、保险等资本密集型行业，则会影响对非技能劳动力的需求（薛敬孝和韩燕，2006），可能降低非技能劳动力的工资水平。第二，由于外资进入服务业加剧了产品市场上的竞争，企业为了降低成本可能会降低工资水平（亓朋等，2008）。综上，外资进入服务业对技能劳动力和非技能劳动力工资水平的影响无法确定。此外，服务业发展水平、服务业就业同样会对个人的工资造成影响。从服务业发展水平来看，一方面行业发展水平可能对该行业工资的增加起到促进作用；另一方面劳动力的自选择效应导致发展水平越高的行业劳动力市场竞争越激烈，从而降低了个人的工资水平。从服务业就业来看，一方面就业人数的增加可能导致人力竞争加剧，个人的工资水平下降；另一方面行业内劳动力数量的增加可能会提高在工资谈判中的话语权，进而对工资水平有正向促进作用（钟晓君和刘德学，2013）。由此可见，服务业发展水平和服务业就业对个人工资的影响也不明确。

2. 数据样本的描述性统计

本节中服务业行业层面的数据均来自《中国统计年鉴》，并利用国内生产总值平减为以2007年为基期的实际值。中国城乡移民调查数据由澳大利亚国立大学、澳大利亚昆士兰大学和北京师范大学发起调查，德国劳动经济研究所（IZA）提供技术支持，我们使用2007年数据中城市家庭调查、农村家庭调查和移民家庭调查中的城市家庭调查，该部分覆盖了9个省区（直辖市）、18个城市、5003个家庭、14683个城镇个人，涉及被调查者的年龄、教育、工作和家庭等方面的信息。本节将数据样本限定为：从事工资性工作的服务业劳动力，合同类型为固定合同、长期合同和短期合同，男性年龄为16岁到60岁，女性年龄为16岁到55岁，剔除务农和自我雇佣劳动力。为了避免户籍限制这一制度因素造成的偏误，剔除农村户籍的样本，只保留城镇户籍。表5－1列出了主要变量的描述性统计结果。

表5－1　　　　　　　　　主要变量的描述性统计

变量名称	均值	标准差	最小值	最大值	样本个数
对数小时工资	2.462318	0.712523	－4.382027	5.926926	3761
服务业FDI	21.29167	2.190375	17.22728	24.51645	3761
服务业产值	27.0229	0.6595977	25.16583	27.93368	3761
服务业就业人数	15.11358	1.03304	13.19805	16.51233	3761
受教育年限	12.7833	3.278978	2	33	3761
工作经验	11.62138	10.25324	0	42	3761
工作经验平方	240.1574	336.6117	0	1764	3761
女性	0.4509439	0.4976538	0	1	3761
已婚	0.8223877	0.3822369	0	1	3761
国企	0.1712311	0.3767608	0	1	3761
企业规模（中）	0.3304972	0.4704547	0	1	3761
企业规模（大）	0.1611274	0.3676973	0	1	3761

注：行业FDI、行业产值、行业就业人数为对数形式并滞后两期。

（三）实证结果及其讨论

由于个人工资对行业变量的影响极为微小，将宏观变量引入微观工资方程的优点之一便是能够减轻方程的内生性（Hering & Poncet，2010）。考虑到服务业行业变量对个人工资影响的时滞性，且服务业行业变量和个人工资可能受到同时期的外部冲击，本节采用斯坦（Ebenstein）等（2009）的做法，将滞后一期的行业变量引入工资方程，以便解决外资开放可能存在的内生性，这使得本节设定的工资方程更加贴近现实。为了考察引入滞后期行业变量对内生性问题的解决能力，本节使用工具变量检验行业 FDI 的外生性。在工具变量的选择方面主要有两个标准：一是与内生解释变量显著相关，二是与残差项不相关。本节借鉴王志鹏和李子奈（2004）的思路，选取滞后三期的服务业 FDI 作为服务业 FDI 的工具变量。在使用两阶段最小二乘法（2SLS）分别对全体组、不同技能组、不同性别组以及不同要素密集度组进行回归后，DWH 结果显示不拒绝服务业 FDI 为外生变量的原假设（见表 5-5）。当变量不存在内生性问题时，OLS 比 2SLS 更有效，表 5-2 至表 5-4 报告了回归结果。

如表 5-2 所示，行业 FDI 对工资有显著提升作用，但对不同技能水平工资的影响显著不同。FDI 显著提高了服务业技能劳动力的工资水平，对非技能劳动力工资的影响却不显著。这意味着，外资进入中国服务业扩大了对技能劳动力的需求，提升了他们的工资。以往部分学者指出，为利用相对充裕的非技能劳动力而进入中国的外商直接投资，可能促进非技能劳动力工资的增加，这一结论显然不被支持。行业产值和就业人数也对工资存在显著的影响。对于全体组，行业产值提升反而降低了工资水平，而且行业产值对工资的负向作用主要来自非技能组。也就是说，行业产值越高的服务业细分行业，对非技能劳动力的需求越低，进而降低了这部分劳动力的工资水平。行业产值对技能劳动力工资的促进作用并不显著。就业人数对非技能劳动力的工资也有显著影响，这说明在非技能群体中，"抱团"现象可能更加明显，就业人数上升有利于其与雇主工资谈判能力的提升，进而提高了非技能劳动力的工资水平。受教育年限对非技能劳动力的工资有显著的提升作用，但对技能劳动力的影响则不显著。工作经验对工资的影响呈现倒 U 型作用，即工作年限的增加开始会提高工资，但工龄的进一步增加可能对于雇主而言意味着员工接受新知识的能力在下降，进而对工资有负面影响。此外，已婚、更大的企业规模对工资有正向影响，女性劳动力面临"同工不同酬"的性别歧视。

表 5-2　　　　　　　　　全体组和不同技能组的回归结果

	（1）全体组	（2）技能组	（3）非技能组
行业 FDI	0.0181** (2.54)	0.0252* (1.86)	0.0103 (1.18)
行业产值	-0.0485** (-2.21)	0.0262 (0.71)	-0.0821*** (-2.98)
行业就业人数	0.0808*** (4.85)	0.0494 (1.43)	0.0926*** (4.91)
受教育年限	0.0447*** (11.34)	-0.00251 (-0.36)	0.0463*** (6.69)
工作经验	0.0227*** (6.55)	0.0188*** (2.76)	0.0259*** (6.55)
工作经验平方	-0.000353*** (-3.55)	-0.000372* (-1.84)	-0.000391*** (-3.47)
已婚	0.0616** (2.03)	0.190*** (3.73)	0.0451 (1.21)
女性	-0.134*** (-6.82)	-0.144*** (-4.39)	-0.137*** (-5.73)
国企	-0.00524 (-0.17)	-0.0937 (-1.47)	0.0367 (1.13)
企业规模（中）	0.134*** (5.90)	0.158*** (4.24)	0.114*** (3.99)
企业规模（大）	0.133*** (4.44)	0.201*** (3.74)	0.0976*** (2.73)
职业固定效应	有	有	有
省份固定效应	有	有	有
常数项	1.450*** (3.29)	0.545 (0.69)	2.278*** (4.20)
样本个数	3761	1304	2457
修正后的 R^2	0.3268	0.2850	0.3124

注：括号中为相应的 t 值，回归使用稳健的标准误，*、**、*** 分别代表 10%、5% 和 1% 的显著性水平。

如表 5-3 所示，FDI 对不同性别劳动力工资的影响均是显著的。进一步的，对女性工资的提升作用较男性更强，即 FDI 有助于缩小性别工资差距。其实，相比制造业，女性由于自身能力特质而更适合于服务业，许多服务业细分行业的女性就业比例显著高于男性。值得一提的是，婚姻状况对不同性别劳动力工资的影响具有显著差异，结婚对男性工资具有明显的正向拉动作用，对女性的影响则不显著。之所以如此，一方面是因为受中国传统文化影响，男性在婚后更多地承担了"养家糊口"的责任，使其更加努力的工作甚至牺牲闲暇时间，而女性则更多从事家务活动、生育子女等无酬劳动（刘斌和李磊，2012）；另一方面，男性的工资差距会对女性的婚嫁行为产生影响，通常工资水平较高的男性更容易得到女性的青睐，且在婚姻选择上也更具竞争力，所以结婚率相对较高（Ginther & Zavodny，2001）。

表 5-3　　　　　　　　　　不同性别组回归结果

	(4) 男性	(5) 女性
行业 FDI	0.0183 * (1.80)	0.0215 ** (2.19)
行业产值	-0.0541 * (-1.78)	-0.0503 (-1.58)
行业就业人数	0.0980 *** (3.88)	0.0702 *** (3.28)
受教育年限	0.0463 *** (8.65)	0.0420 *** (7.20)
工作经验	0.0186 *** (3.81)	0.0257 *** (4.76)
工作经验平方	-0.000270 ** (-2.07)	-0.000401 ** (-2.28)
已婚	0.112 ** (2.45)	0.0180 (0.45)
国有企业	-0.0144 (-0.32)	0.00987 (0.25)
企业规模（中）	0.119 *** (3.77)	0.158 *** (4.69)
企业规模（大）	0.108 *** (2.65)	0.182 *** (4.09)

续表

	(4)	(5)
	男性	女性
职业固定效应	有	有
省份固定效应	有	有
常数项	1.338** (2.20)	1.423** (2.20)
样本个数	2065	1696
修正后的 R^2	0.3247	0.3295

注：括号中为相应的 t 值，回归使用稳健的标准误，*、**、*** 分别代表 10%、5% 和 1% 的显著性水平。

接下来我们将服务业细分行业按不同要素密集度类型进行重新划分，参照蔡宏波（2013）的方法，将交通运输、仓储和邮政业，信息传输、计算机服务和软件业，房地产业，租赁商业服务业划分为资本密集型服务业，将金融业，科学研究、技术服务和地质勘查业，水利、环境和公共设施管理业，教育，卫生、社会保障和社会福利业，公共管理和社会组织划分为技术密集型服务业；将批发和零售业，住宿和餐饮业，居民服务和其他服务业，文化、体育和娱乐业划分为劳动密集型服务业。如表5－4所示，FDI对资本密集型服务业的工资水平有显著提升作用，对技术密集型服务业有提升作用但不显著，对劳动密集型服务业的影响为负但不显著。造成这些结果的一部分原因可能是近年来FDI较多进入资本密集型行业，对这些行业劳动力的需求有所扩大，也提高了相应的工资水平。对技术密集型和劳动密集型行业工资的影响不显著但方向相反，在一定程度上证实了前述技能组的回归结果，说明FDI不会提升技术密集型行业的工资，也不会降低劳动密集型行业的工资，而只对不同技能水平的个人存在显著影响。这也再次说明使用个人微观数据，而不是行业层面的加总数据来研究这一问题的必要性。表5－5为2SLS与OLS系数及DWH检验结果。

表5－4　　　　　　　不同要素密集型行业组的回归结果

	(6)	(7)	(8)
	劳动密集型	技术密集型	资本密集型
行业 FDI	－0.0287 (－0.08)	0.0208 (1.02)	0.0722* (1.82)
行业产值	－0.0969 (－1.14)	0.189*** (4.02)	0.0174 (0.29)

续表

	（6）	（7）	（8）
	劳动密集型	技术密集型	资本密集型
行业就业人数	0.149 (0.83)	-0.0819 (-1.40)	-0.108** (-2.43)
受教育年限	0.0532*** (8.00)	0.0363*** (6.10)	0.0389*** (4.83)
工作经验	0.0225*** (3.34)	0.0284*** (5.64)	0.0152** (2.37)
工作经验平方	-0.000402** (-1.97)	-0.000380*** (-2.74)	-0.000282 (-1.57)
已婚	0.0486 (0.88)	0.0553 (1.11)	0.140*** (2.83)
女性	-0.126*** (-3.53)	-0.142*** (-4.83)	-0.135*** (-3.30)
国有企业	-0.0219 (-0.30)	-0.0518 (-1.00)	-0.000606 (-0.01)
企业规模（中）	0.126*** (2.89)	0.140*** (4.38)	0.111** (2.44)
企业规模（大）	0.181*** (2.89)	0.101** (2.20)	0.177*** (3.10)
职业固定效应	有	有	有
省份固定效应	有	有	有
常数项	2.644 (0.69)	-2.324** (-2.09)	1.334 (0.81)
样本个数	1177	1550	1034
修正后的 R^2	0.3156	0.3000	0.3344

注：括号中为相应的 t 值，回归使用稳健的标准误，*、**、*** 分别代表 10%、5% 和 1% 的显著性水平。

表 5-5　　　　　2SLS 与 OLS 系数及 DWH 检验结果

分组	DWH 检验 P 值	2SLS 系数值	OLS 系数值
全体	0.2854	0.0388	0.0181
技能	0.9759	0.024	0.0252
非技能	0.2245	0.0371	0.0103
女性	0.1659	0.0837	0.0215

续表

分组	DWH 检验 P 值	2SLS 系数值	OLS 系数值
男性	0.7505	0.2466	0.0183
劳动密集型行业	1	0.0262	-0.0266
技能密集型行业	0.9409	0.0104	0.0208
资本密集型行业	1	0.0655	0.0722

(四) 小结

本节将中国城乡移民调查数据的城镇个人与其所在服务业细分行业的外商直接投资相匹配，利用 OLS 和工具变量实证分析了外资进入对中国服务业工资的影响。研究发现：外资对服务业劳动力的整体工资水平有显著的提升作用。针对不同技能水平、不同性别、不同要素密集型行业的分组检验表明：第一，FDI 显著提高了服务业技能劳动力的工资，对非技能劳动力的影响却不显著；第二，FDI 对服务业女性工资的提升作用大于男性，有助于缩小服务业中的性别工资差距并降低性别工资歧视；第三，FDI 对资本密集型服务业的工资水平有显著的提升作用，对技术密集型服务业的影响不显著，对劳动密集型服务业的影响为负也不显著；第四，行业产值对技术密集型服务业的工资水平存在显著的提升作用，对服务业中男性和非技能劳动力工资的影响显著为负。行业就业人数的增加提高了服务业非技能劳动力的工资，且对男女工资水平均有提升，但扩大了性别工资差距。此外，行业就业人数的增加还降低了资本密集型服务业的工资水平。第五，以往研究的部分结论在本节中得到了证实：受教育年限的提高有利于提升工资水平；工作经验对工资的影响呈现出倒 U 型；已婚、更大的企业规模对工资存在正向影响。

正值中国新一轮对外开放大幕拉起，在已然成为世界头号引资国和全球服务业外资迅速兴起的新形势下，特别是本节把外资进入表征的对外开放与国内服务业工资差距建立起了联系，因此根据以上结论中国应继续积极、稳妥、有序地扩大服务业对外开放，引导外资更多地进入服务业部门。当然，与此同时应更注重引进外资的质量和结构，加强引进具有较高资本、技术和知识含量的投资项目，充分发挥服务业外资通过直接的劳动力需求和长期技术外溢在提升中国技能劳动力工资水平及缩小性别工资差距方面的重要作用。面对本节研究过程中揭示出的问题，我们认为，首先应该进一步加大对非技能劳动力的教育培训力度，鼓励对非技能群体政府及其自身的人力资本投资，加速完成从非技能向技能的转变。其次，为打破"同工不同酬"这一既损害经济效率又显失公平的扭曲性制度，应尽快取消国内劳动力市场上的顽固壁垒并摒弃各种歧视性规章,最大程度上消除劳动力市场分割,这对于改善中国收入分配状况意义重大。

二、服务业进口与工资

加入世界贸易组织以来,贸易壁垒的进一步削减、外贸经营权管理权下放和人民币汇率市场化改革,都极大降低了企业的出口门槛,释放了对外贸易的规模效应,使中国迅速成为全球最重要的贸易体,2013 年对外贸易额首破 4 万亿美元,位居世界第一(海关总署,2014)。其中,中国对外服务贸易顺应世界服务贸易蓬勃兴起和发展的趋势,在全球服务贸易以及中国对外贸易中的地位快速上升,服务贸易总额从 1982 年的 44 亿美元增长到 2012 年的 4706 亿美元,30 年间增长超过 100 倍,占全球服务贸易的比重由 0.6% 提升到 5.6%,排名也从 2001 年的十名之外上升到 2012 年的第三位。不过,中国服务贸易长期逆差,并有进一步扩大的趋势,2012 年服务进口 2801.4 亿美元,同比增长 18.2%;出口 1904.4 亿美元,同比增长 4.6%。不过,和以上对外贸易的繁荣发展形成鲜明对比的是,中国居民的收入差距不仅没有缩小,反而持续扩大。中国的基尼系数从 1980 年的 0.32 上升到 1990 年的 0.36,再到 2001 年的 0.45 和 2012 年的 0.474。城镇可比样本的基尼系数和泰尔指数分别由 1995 年的 0.35 和 0.23 增至 2007 年的 0.42 和 0.33(李宏兵和蔡宏波,2013)。面对收入差距明显扩大的局面,如何才能让劳动者公平的享受经济发展的成果,实现"居民收入增长和经济发展同步、劳动报酬增长和劳动生产率提高同步"的收入倍增目标?

毫无疑问,同一时期出现的贸易开放与收入差距的扩大具有千丝万缕的联系,其实作为国际经济学的重要命题,国际贸易如何影响收入分配历来备受关注但难有定论。新古典贸易理论的 Stolper – Samuelson 定理提供了分析这一问题的理论框架,而自 20 世纪 90 年代以来,不论在发展中国家还是发达国家,"全球化是否加剧了收入不平等?"(Goldberg & Pavcnik,2007)已经成为最热门的实证问题之一。以往多数研究认为,针对不同的观测样本贸易开放对工资差距产生的影响存在差异,而且就技能、性别或地区等层面工资差距受到的影响而言也有不同。但是,这些研究大多集中在货物贸易和制造业上,较少选取服务贸易作为考察对象,出于数据可得性和分类的限制国内学者更是极少针对服务贸易影响中国工资差距进行全面而深入的实证分析。我们将以第二次全国经济普查服务业企业数据为基础,选取外资或外资控股的服务业企业作为样本,借鉴芬斯特拉和汉森(Feenstra & Hanson,1999)采用的估计高技能员工相对需求的方法建立回归模型，分行业和地区考察中国服务进口对工资差距的影响。

（一）文献综述

国际贸易理论研究一直以来试图厘清国际贸易与收入分配的关系。古典贸易理论认为，两国的工资水平介于两国各个部门相对劳动生产率之间：技术优势越明显，可生产的商品种类越多，该国相对工资水平就越高。由于古典贸易理论简单地假设单一要素投入，因此只涉及贸易双方的工资差距问题。新古典贸易理论从要素禀赋视角出发，将商品市场与要素市场联系起来，建立了国际贸易一般均衡分析框架。根据斯托尔帕和萨缪尔森（Stolper & Samuelson，1941），如果一国高技能劳动力相对丰裕，贸易开放会增加高技能劳动力的工资，从而扩大工资差距；如果一国低技能劳动力相对丰裕，贸易开放会增加低技能劳动力的工资，从而缩小工资差距。20世纪70年代末以来新贸易理论兴起和蓬勃发展，迪诺普洛斯（Dinopoulos）、斯若普罗尔斯和许（Syropoulos & Xu，1999）在克鲁格曼（Krugman，1979）模型的基础上，引入高技能劳动力和低技能劳动力两种生产要素，考察两国产业内贸易对工资差距的影响，结论发现产业内贸易有助于提高高技能劳动力的相对工资，从而扩大工资差距。另外，随着外包形式的国际贸易快速发展和地位上升，新新贸易理论也开始取代新古典贸易理论和新贸易理论成为解释外包这种产品内贸易的主流理论。芬斯特拉和汉森（Feenstra & Hanson，1996）研究发现，外包形式的产品内贸易同时提高了发包国（发达国家）和承包国（发展中国家）中间产品的技术密集度，也扩大了双方的工资差距。

由以往理论研究可知，发展中国家低技能劳动力相对丰裕，国际贸易有助于提高低技能劳动力的工资水平，从而缩小高技能与低技能劳动力的工资差距，然而实证研究大多得出与此相反的结论。伍德（Wood，1994，1999）、利默（Leamer，1996，1998，2000）等均指出与发展中国家的贸易降低了发达国家对低技能劳动力的需求，使得这部分劳动力失业增加、工资降低，工资差距扩大。戈尔德堡和帕瓦尼克（Goldberg & Pavcnik，2004）则发现贸易自由化在短期和中期会降低发展中国家低技能劳动力的收入。谢地和吴（Hsieh & Woo，2005）检验了香港1976~1996年工资差距与外包的关系，结果表明香港熟练与非熟练劳动力工资差距的扩大主要归因于对中国的外包。喻美辞（2008）的实证分析认为，在不考虑制造业行业特征时，对外贸易导致工资差距扩大；在考虑制造业行业特征时，对外贸易会由于行业要素密集度的不同对工资差距产生不同的影响。滕瑜和朱晶（2011）经验研究发现，中间品贸易占总体贸易比重的增加会加剧中国熟练和非熟练劳动力工资差距的扩大。陈怡等（2011）还考察了贸易开放对中国不同地区工资差距的影响,他们认为贸易开放对中西部地区制造业熟练与非熟练劳动力工资差距存在正向作用,对东部地区影响不显著。陈波和贺超群(2013)在异质性企业贸易模型中引入两阶段生产模式,模型分析显示当出口企业利润上升,技术工人会由于绩效工资的相对上升而拉大与非技术工人的工资差距,其实证分析验证了这一结论。

不过,有关国际贸易影响工资差距的实证研究尚未给予服务贸易以足够的关注。梅塔和哈桑(Mehta & Hasan,2012)考察了贸易自由化和服务业改革对印度工资差距的影响,二者约能解释工资差距扩大的一半,且服务业改革的影响比贸易自由化大得多。蔡宏波等(2012)从中国发包方的视角,整体和分组检验了材料外包、服务外包和狭义材料外包对中国28个制造业行业工资差距的影响。结果表明,材料外包和狭义材料外包显著提升了制造业熟练劳动力的工资份额,而服务外包的影响不显著。范爱军和卞学宇(2013)引入多个控制变量的实证分析显示,服务贸易的发展会使中国工资差距先扩大后缩小。综合来看,以往的实证研究似乎对国际贸易扩大工资差距达成了基本共识,同时对工资差距进行区域和行业层面的考察,将国际贸易细化至制造业或外包,也都能够得到相似的结论。然而,对于服务贸易如何影响国内工资差距研究较少,而单独考虑服务进口对工资差距影响的文献就更加匮乏。

(二)中国服务贸易发展现状:以进口为例

1. 中国服务贸易发展基本概况

根据商务部《中国服务贸易统计2013》数据表明,中国服务贸易总额从1982年的44亿美元增长到2012年的4706亿美元,30年间增加100多倍,年增长率16.85%。从表5-6可以看出,2009年全球金融危机使中国服务贸易总额首次出现下降,服务贸易总额占全球的比重却不降反增,从4.2%上升到4.4%,服务进口也表现出小幅增长。

表5-6　　　　　　　　1982~2012年中国服务贸易发展

年份	服务进出口总额			服务进口额		
	金额(亿美元)	同比增长(%)	占世界比重(%)	金额(亿美元)	同比增长(%)	占世界比重(%)
1982	44	—	0.57	19	—	0.47
1983	43	-2.27	0.58	18	-5.26	0.47
1984	54	25.58	0.71	26	44.44	0.66

续表

年份	服务进出口总额 金额（亿美元）	同比增长（%）	占世界比重（%）	服务进口额 金额（亿美元）	同比增长（%）	占世界比重（%）
1985	52	-3.70	0.66	23	-11.54	0.57
1986	56	7.69	0.62	20	-13.04	0.44
1987	65	16.07	0.60	23	15.00	0.42
1988	80	23.08	0.65	33	43.48	0.53
1989	81	1.25	0.60	36	9.098	0.53
1990	98	20.99	0.61	41	13.89	0.50
1991	108	10.20	0.64	39	-4.88	0.46
1992	183	69.44	0.98	92	135.90	0.97
1993	226	23.50	1.19	116	26.09	1.21
1994	322	42.48	1.55	158	36.21	1.52
1995	430	33.54	1.83	246	55.70	2.08
1996	430	0	1.72	224	-8.94	1.80
1997	522	21.40	2.02	277	23.77	2.17
1998	504	-3.45	1.90	265	-4.53	2.02
1999	572	13.49	2.07	310	16.99	2.27
2000	660	15.38	2.25	359	15.80	2.46
2001	719	8.99	2.43	390	8.85	2.65
2002	855	18.86	2.71	461	18.06	2.96
2003	1013	18.48	2.80	549	19.04	3.08
2004	1337	31.98	3.08	716	30.54	3.38
2005	1571	17.50	3.24	832	16.16	3.53
2006	1917	22.02	3.51	1003	20.62	3.80
2007	2509	30.88	3.86	1293	28.83	4.13
2008	3045	21.36	4.15	1580	22.24	4.47
2009	2867	-5.843	4.46	1581	0.07	5.08
2010	3624	26.41	5.05	1922	21.55	5.48
2011	4191	15.64	5.20	2370	23.33	6.10
2012	4706	12.29	5.60	2801	18.20	6.80

资料来源：商务部《中国服务贸易统计2013》数据表组。

1982年中国服务进出口总额为44亿美元，1991年增长到108亿美元，年增长率9.4%。其中，1982年服务进口19亿美元，1991年增长到39亿美元，年增长率7.5%。1983年和1985年服务进出口总额分别下降2.27%和3.70%，服务进口在1983年、1985年、1986年和1991年分别下降5.26%、11.54%、13.04%和4.88%。1982~1991年，中国服务贸易一直保持顺差，1991年顺差规模扩大到30亿美元。①

随着1991年中国恢复关贸总协定缔约国地位谈判的深入，中国逐渐提升服务市场的开放水平，直接推动了服务贸易的更快发展。1992年中国服务进出口总额183亿美元，服务进口92亿美元。2001年，中国服务进出口总额达到719亿美元，年增长率14.7%，服务进口390亿美元，年增长率15.5%。②特别地，这段时期服务进口增长大大快于出口。1992年中国服务贸易首次出现逆差，1994年转变为顺差，1995年开始出现持续大量逆差，2001年逆差规模达到61亿美元。显然，这与中国服务业对外开放的进一步扩大以及服务业发展水平与发达国家差距较大有关。

2001年中国加入世界贸易组织，无论是货物贸易还是服务贸易都出现了新一轮的增长高潮。服务进出口总额从2002年的855亿美元增长到2012年的4706亿美元，增幅超过5倍，年增长率16.8%。其中，服务进口从2002年的461亿美元增长到2012年的2801亿美元，增幅达6倍，年增长率17.8%。这一时期服务贸易逆差不断扩大，从2002年的67亿美元到2012年的897亿美元，增幅13倍。2009年，全球金融危机影响了中国服务贸易发展，服务进出口总额出现了十年来首次下跌，降幅5.8%，同时服务进口却稳中有升，基本维持在2008年的水平。2010年，世界经济扭转下滑势头，整体保持温和增长，中国服务进出口总额3624亿美元，比上年增长26.4%。其中，服务出口1703亿美元，同比增长32.4%；服务进口1922亿美元，同比增长21.5%，远远超过世界服务贸易的平均增幅。③

2. 服务进口的行业表现

如表5-7所示，中国服务进口以传统服务贸易为主，现代服务贸易快速发展。传统服务贸易中旅游、运输、其他商业服务一直居于主导地位，占服务总进口的近70%。2002~2009年，传统服务部门的进口占服务总进口的比重均在70%左右，但比重逐年下降，2010~2012年比重逐年上升，从2010年的70%增

---

① 商务部：《中国服务贸易统计2015》。
② 同上。
③ 同上。

长到 2012 年的 74%。现代服务部门的进口出现了较快的增长：保险、金融、咨询服务的进口比重增长较快，分别较 2002 年提高了 0.4 个、0.5 个、1.4 个百分点；计算机及信息，专利使用费和特许费基本保持稳定水平。这在一定程度上反映出服务进口结构正在优化，随着中国服务业市场的进一步开放，金融、保险、咨询服务等处于劣势的现代服务部门将持续扩大进口。

表 5-7　　　　　　2002~2012 年中国服务进口的行业结构（%）

年份 部门	2002	2003	2004	2005	2006	2007	2008	2009	2010	2011	2012
运输	29.3	33	34.3	34.2	34.3	33.5	31.9	29.5	32.9	33.9	30.6
旅游	33.1	27.5	26.7	26.2	24.2	23.0	22.9	27.6	28.6	30.6	36.4
通信	1.0	0.8	0.7	0.7	0.8	1.0	0.8	0.5	0.6	0.6	0.6
建筑	2.1	2.1	1.9	1.9	2.0	2.3	2.8	3.7	2.6	1.6	1.3
保险	7.0	8.3	8.6	8.7	8.8	8.3	8.1	7.1	8.2	8.3	7.4
金融	0.2	0.4	0.2	0.2	0.2	0.2	0.4	0.2	0.7	0.3	0.7
计算机及信息	2.4	1.9	1.7	2.0	1.7	1.7	2.0	2.0	1.5	1.6	1.4
专利使用费和特许费	6.7	6.4	6.3	6.4	6.6	6.3	6.5	7.0	6.8	6.2	6.3
咨询	5.7	6.2	6.6	7.4	8.4	8.4	8.6	8.5	7.9	7.8	7.1
广告宣传	0.9	0.8	1.0	0.9	1.0	1.0	1.2	1.3	1.1	1.2	1.0
电影音像	0.2	0.1	0.2	0.2	0.1	0.2	0.2	0.2	0.2	0.2	0.2
其他商业服务	10.6	11.7	11.8	11.3	11.2	14.1	14.6	11.9	8.9	7.7	7.0

资料来源：商务部《中国服务贸易统计 2013》数据表组、世界贸易组织《2010 年世界贸易报告》。

3. 服务进口的地区表现

中国服务进口表现出明显的地区发展不平衡，当前服务进口集中于中国沿海发达地区。根据商务部的统计，2007 年上海、北京和广东的服务贸易总额分别以 611 亿美元、503 亿美元和 407 亿美元居全国前三位，合计占全国总额的比重 60.60%，特别是在运输、保险、计算机及信息、咨询服务等领域这些地区具有明显的竞争优势。由于难以获得中国各个省市服务进口的具体数据，本节基于第二次全国经济普查服务业企业数据，加总外资或外资控股服务业企业在华主营业务收入作为各个省市商业存在形式的服务进口，如表 5-8 所示。

表 5-8　　　　　　　　　2008 年中国服务进口的国内地区分布

地区		企业数量	进口额	比重（%）
东部地区	北京	4472	260563299	29.67
	天津	556	6180853	0.70
	河北	85	21757053	2.48
	辽宁	1187	26978024	3.07
	上海	5042	172656220	19.66
	江苏	1139	40729162	4.64
	浙江	821	23942909	2.73
	福建	554	8270446	0.94
	山东	524	16775460	1.91
	广东	4116	133032891	15.15
	海南	80	266844	0.03
中西部地区	山西	43	12050118	1.37
	内蒙古	48	48792334	5.56
	吉林	81	5548905	0.63
	黑龙江	81	4823918	0.55
	安徽	98	10583970	1.21
	江西	84	1081663	0.12
	河南	86	10529632	1.20
	湖北	208	10626749	1.21
	湖南	134	9076694	1.03
	广西	107	3620884	0.41
	重庆	166	9210022	1.05
	四川	264	22058205	2.51
	贵州	34	2295356	0.26
	云南	125	1436263	0.16
	西藏	4	48382	0.01
	陕西	156	8731820	0.99
	甘肃	32	1016870	0.12
	青海	13	19460	0.002
	宁夏	10	2641539	0.30
	新疆	52	2891900	0.33

资料来源：根据第二次全国经济普查服务业企业数据计算整理。

从 2008 年外资或外资控股的服务业企业数量来看，上海、北京和广东分别以 5042 家、4472 家和 4116 家企业位居全国前三，遥遥领先于其他省市区。从服务进口额（外资或外资控股的服务业企业在华主营业务收入）占比来看，北京、上海和广东分别以 29.7%、19.7% 和 15.1% 位居全国前三，共占全国服务进口总额的 64.5%。具体可以看出，服务进口主要集中在东部地区，东部 11 个省市的服务进口占全国服务进口总额的 81%，中西部 20 个省市所占份额仅为 19%。

（三）服务进口影响工资差距的实证检验

1. 模型设定

借鉴芬斯特拉和汉森（Feenstra & Hanson, 1999）在研究美国工资差距扩大时采用的估计行业内高技能劳动力相对需求变化的方法，在高技能和低技能劳动力相对供给不变的情况下，工资差距的变化主要取决于对这两类劳动力的需求，即只要获知高技能对低技能劳动力的相对需求变化就能推知工资差距的变化。假定企业生产商品 i 需要投入三种要素：资本 K_i、高技能劳动力 H_i 和低技能劳动力 L_i，企业的生产函数为：$Y_t = f_i(K_i, H_i, L_i, Z_i)$。

其中，Z_i 表示影响产出的外生变量，比如商品价格、技术进步和企业特征等，资本存量在短期内是给定的，$K_i = K$，那么此时企业的最优决策是通过劳动力投入组合使得总成本最小。企业的成本函数为：$C_i = c_i(w_H, w_L, K_i, Y_i, Z_i)$。

w_H 为高技能劳动力工资，w_L 为低技能劳动力工资。根据企业的生产函数和成本函数，可以计算企业的劳动力需求函数：

$$C_i = c_i(w_H, w_L, K_i, Y_i, Z_i) = \min(w_H H_i + w_L L_i), \text{ s.t. } Y_i = f_i(K_i, H_i, L_i, Z_i) \quad (5-2)$$

$w_i = w_i(w_H, w_L)$，$x_k = x_k(K_i, Y_i, Z_i)$。对（5-2）式进行对数泰勒级数二次展开，可以得到线性超对数成本函数，再对其求 $\ln w_i$ 的偏导得到：

$$S_{Hi} = \alpha_i + \sum_{j=1}^{M} \beta_{Hj}^i \ln w_j + \sum_{k=1}^{MK} \gamma_{Hk}^i \ln x_k, \quad i = 1, 2, \cdots, M \quad (5-3)$$

$S_{Hi} = \dfrac{w_H H_i}{w_H H_i + w_L L_i}$ 是企业 i 支付给高技能劳动力的工资占劳动力总成本的比重。在高技能和低技能劳动力相对工资不变的情况下，S_{Hi} 的增加意味着高技能劳动力相对需求的增加，因此用它来反映企业 i 对高技能劳动力相对需求的变化。

对（5-3）式进行差分可得：

$$S_{Hi} = \varphi_0 + \varphi_K \ln K_i + \varphi_Y \ln Y_i + \varphi_Z \ln Z_i, \quad i = 1, 2, \cdots, N \quad (5-4)$$

这里，考虑的外生变量 Z_i 包括技术因素和个体特征。技术因素会导致企业生产函数和成本函数的变化,从而影响高技能和低技能劳动力的需求。由于本节的研究对象是高技能和低技能劳动力的工资差距,我们采用企业中高级职称员工占所有员工的比重、年末使用计算机数量作为技术因素的衡量指标。另外,作为国际贸易主体的企业,其行为会对工资水平产生影响。企业通过对外贸易扩大了市场需求,更容易产生规模效应,从而提高产量、就业和工资。在此,使用主营业务利润作为企业的个体特征。当然,也有必要引入劳动力个体特征,由于受教育程度对工资水平存在显著影响,我们使用大专学历以上员工占所有员工的比重作为劳动力个体特征的衡量指标。

综上所述,最终的回归模型可以表示为:

$$\ln\left(\frac{W_i}{W}\right) = \beta_0 + \beta_1 \ln trade_i + \beta_2 \ln K_i + \beta_3 \ln tec_i \\ + \beta_4 \ln compt_i + \beta_5 \ln profit_i + \beta_6 \ln edu_i + \mu_i \qquad (5-5)$$

其中,$\frac{W_i}{W}$ 为企业 i 工资与平均工资之比,$trade_i$ 为外资或外资控股的服务业企业在华主营业务收入,作为商业存在形式的服务进口,K_i 为企业总资产,tec_i 为企业中高级职称员工占所有员工的比重,$compt_i$ 为企业年末使用计算机数量,$profit_i$ 为企业主营业务利润,edu_i 为大专学历以上员工占所有员工的比重,μ_i 为误差项。

2. 变量和数据说明

本节采用的数据主要来自国家统计局 2008 年第二次全国经济普查外资或外资控股的服务业企业数据。

$\frac{W_i}{W}$ 表示企业 i 工资与平均工资之比。由"职工工资和福利"计算企业 i 工资 W_i,同时根据《2013 中国统计年鉴》全国城镇职工平均工资 w,计算 31 个省市外资或外资控股服务业企业的工资与全国城镇职工平均工资之比。

$trade_i$ 表示外资或外资控股的服务业企业在华主营业务收入,作为商业存在形式的服务进口。

K_i 表示企业总资产,tec_i 为企业中高级职称员工占所有员工的比重。具体的,通过加总服务业企业数据得到具有中高级职称的员工数量,进而获得企业中高级职称员工占所有员工的比重。$compt_i$ 表示企业年末使用计算机数量。$profit_i$ 为企业主营业务利润。edu_i 为大专学历以上员工占所有员工的比重。具体的,通过加总服务业企业数据得到大专学历以上员工数量,进而获得企业大专学历以上员工占所有员工的比重。

3. 回归分析和讨论

（1）行业层面。

从表5-9可以看出，就全行业数据的回归结果而言，服务进口对工资差距的影响是显著的。同样显著的还有企业总资产、中高级职称员工占比、年末使用计算机数量、主营业务利润、大专学历以上员工占比。就现代服务业而言，与全行业回归结果相似，各个解释变量都会显著影响中国工资差距。对传统服务业来说，企业总资产、年末使用计算机数量对工资差距的影响不显著，但服务进口、中高级职称员工占比、大专学历以上员工占比的系数都在10%的置信水平上显著。

表5-9 分行业回归结果

变量	全行业 系数（标准误）	P值	现代服务业 系数（标准误）	P值	传统服务业 系数（标准误）	P值	行业虚拟变量 系数（标准误）	P值
$lntrade_i$	0.0451 (0.020)	0.025	0.0155 (0.026)	0.547	0.0593 (0.033)	0.072	0.0451 (0.020)	0.024
lnK_i	0.0182 (0.010)	0.080	0.0369 (0.013)	0.005	-0.0046 (0.080)	0.797	0.0180 (0.010)	0.082
$lntec_i$	-0.1190 (0.013)	0.000	-0.1500 (0.019)	0.000	-0.0647 (0.019)	0.001	-0.1209 (0.014)	0.000
$lncompt_i$	0.0413 (0.016)	0.009	0.1112 (0.022)	0.000	0.0104 (0.024)	0.664	0.0587 (0.016)	0.000
$lnprofit_i$	0.0842 (0.019)	0.000	0.1297 (0.025)	0.000	0.0448 (0.026)	0.088	0.0805 (0.019)	0.000
$lnedu_i$	0.4568 (0.031)	0.000	0.4435 (0.033)	0.000	0.4971 (0.086)	0.000	0.4655 (0.031)	0.000
industry							0.1232 (0.032)	0.000
R^2	0.2109		0.3020		0.1217		0.2150	

在分别对全行业和传统服务业的分析中，服务进口都表现出对工资差距的正向影响，而对现代服务业的分析中，服务进口对工资差距影响则不显著。企业总资产对工资差距在现代服务业和传统服务业上的影响存在差异。对于现代服务业，企业总资产的增加会扩大工资差距；对于传统服务业，企业总资产的增加会缩小工资差距。综观全行业，企业总资产的增加总体上会拉大工资差距。衡量技术因素的两个变量对工资差距的作用正好相反：衡量员工技能水平的中高级职称员工占比对工资差距的影响为负，这无论在全行业、现代服务业还是传统服务业

都是显著的；衡量企业高技术水平的年末使用计算机数量对工资差距的影响为正，这在全行业和现代服务业都是显著的，而在传统服务业影响则不显著。衡量个体特征的变量对工资差距的影响都为正向：无论在全行业、现代服务业还是传统服务业，衡量企业个体特征的主营业务利润和衡量劳动力个体特征的大专学历以上员工占比都会扩大工资差距，而且影响十分显著。

将行业变量（industry）以二元赋值的形式（现代服务业取值1，传统服务业取值0）引入模型，回归结果如表4。服务进口会显著扩大工资差距，同时中高级职称员工占比会显著缩小工资差距，企业总资产、年末使用计算机数量、主营业务利润、大专学历以上员工占比都会显著扩大工资差距。而且，在现代服务业中各个变量对工资差距的扩大作用大于传统服务业。

（2）地区层面。

从表5-10可以看出，对于全国数据而言，各个解释变量对工资差距都有显著影响。对于东部地区，与全国数据相似，各个变量都会显著影响中国工资差距。对于中西部地区，企业中高级职称员工占比、主营业务利润对工资差距的影响并不显著，而服务进口、企业总资产、年末使用计算机数量和大专学历以上员工占比的影响都在5%的置信水平上显著。

表5-10　　　　　　　　　分地区回归结果

变量	全国 系数（标准误）	P值	东部地区 系数（标准误）	P值	中西部地区 系数（标准误）	P值	地区虚拟变量 系数（标准误）	P值
$lntrade_i$	0.0451 (0.020)	0.025	0.0396 (0.020)	0.049	0.2064 (0.083)	0.014	0.0512 (0.020)	0.010
lnK_i	0.0182 (0.010)	0.080	0.0287 (0.011)	0.007	-0.0657 (0.033)	0.050	0.0234 (0.010)	0.022
$lntec_i$	-0.1190 (0.013)	0.000	-0.1146 (0.014)	0.000	0.0278 (0.044)	0.527	-0.1030 (0.013)	0.000
$lncompt_i$	0.0413 (0.016)	0.009	0.0514 (0.016)	0.002	-0.0978 (0.042)	0.020	0.0371 (0.016)	0.017
$lnprofit_i$	0.0842 (0.019)	0.000	0.0911 (0.019)	0.000	-0.0237 (0.066)	0.722	0.0803 (0.018)	0.000
$lnedu_i$	0.4568 (0.031)	0.000	0.4482 (0.031)	0.000	0.3386 (0.130)	0.010	0.4379 (0.031)	0.000
district							0.6788 (0.057)	0.000
R^2	0.2109		0.2384		0.1411		0.2480	

在分别对全国、东部地区和中西部地区的分析中，服务进口表现出对工资差距的正向影响。我们发现，服务进口对工资差距的影响从大到小依次为中西部、全国、东部地区。企业总资产对工资差距在不同地区的影响并不一致。在东部地区，企业总资产的增加会扩大工资差距；在中西部地区，企业总资产的增加会缩小工资差距。综观全国，企业总资产的增加还是会拉大工资差距。衡量技术因素的两个变量对工资差距的作用正好相反：衡量员工技能水平的中高级职称员工占比对工资差距的影响为负，这在东部地区和全国都是显著的；衡量企业高技术水平的年末使用计算机数量对工资差距的影响为正，这在东部地区和全国也都是显著的。但在中西部地区结果则恰恰相反：中高级职称员工占比对工资差距的影响为正，年末使用计算机数量对工资差距的影响为负。衡量个体特征的变量对工资差距都有正向影响，无论在东部还是中西部地区，衡量企业个体特征的主营业务利润和衡量劳动力个体特征的大专学历以上员工占比都会扩大工资差距，而且这些影响都是显著的。

将地区变量（district）以二元赋值的形式（东部地区取值1，中西部地区取值0）引入模型，回归结果如表5-10所示。服务进口会显著扩大工资差距，企业中高级职称员工占比会显著缩小工资差距，企业总资产、年末使用计算机数量、主营业务利润、大专学历以上员工占比都会显著扩大工资差距。而且，在东部地区各个变量对工资差距的扩大作用大于中西部地区。

（四）小结

本节采用第二次全国经济普查服务业企业数据，针对其中外资或外资控股的服务业企业，借鉴芬斯特拉和汉森（Feenstra & Hanson，1999）采用的估计高技能员工相对需求的方法建立回归模型，分行业和地区考察中国服务进口对工资差距的影响。结论表明，无论对全国、东部地区还是中西部地区，全行业、现代服务业还是传统服务业，服务进口的增加都会导致工资差距的扩大。此外，企业总资产、主营业务利润、高技术使用水平、大专学历以上员工占比等因素会扩大工资差距，而企业中高级职称员工占比的提高会缩小工资差距。

在全球贸易发展的重心逐渐转向服务业的时候，服务贸易作为新的生力军对一国经济增长的重要性不言而喻。中国服务贸易长期处于逆差，服务进口增速远远快于出口，这在一定程度上反映出本国服务业发展无法满足对服务产品的旺盛需求。就目前发展水平来看，这种供给缺口及其造成的服务贸易逆差在相当长的时期内还将一直存在。根据本节结论，由于服务进口会不断扩大工资差距，政府在制定对外贸易政策时需要对服务进口加强引导和管理，减少进口那些本国能够提供的低端服务,增加对本国无法或较少提供的优质服务的进口。值得一提的是,我们发现大专学历以上员工占比会显著扩大工资差距,而中高级职称员工占比对工资差距有减小作用,因此应该鼓励企业更加注重对员工技能的培养和提升,而非对高学历的一味追求。

第二节 服务贸易与就业

一、生产者服务进口与就业

自20世纪90年代以来,进口贸易对各国就业所产生的影响成为众多国家日益关注的焦点。例如,西方国家的一些贸易保护主义者将发达国家上升的失业率归结为从发展中国家低价进口产品的结果。在他们看来,非熟练劳动力资源稀缺的发达国家从发展中国家进口劳动密集型产品,会损害发达国家相关产业的利益,对其就业带来威胁。从目前来看,尽管学术界与各国政府对货物进口的就业效应问题较多关注,但已有研究中,对服务进口与就业关系的相应文献却较少。与此相对应地,自20世纪90年代中期以来,中国服务贸易进口的增长速度与规模正在持续加快,在这样的背景下,本节将以中国为例,研究服务贸易进口如何影响就业。

在对服务贸易进口的就业效应进行研究时,我们有必要明确区分生产者服务进口与消费者服务进口对就业所产生的效应的不同。[①] 这是因为消费者服务进口只是被消费者消费的最终产品,它不进入到生产部门投入生产,因此,从国外进口消费服务的过程实质上就是替代了国内消费者服务的生产,因此无疑会减少进口国的就业水平;虽然与消费者服务进口一样,生产者服务进口同时也会对进口国的生产者服务提供商产生"替代效应",但生产者服务并不是直接用来供个人消费的最终产品,它是一种用来生产其他产品或服务的中间投入,它扮演着一个中间连接者的重要角色,与此同时,大部分生产者服务将使用人力资本和知识资本作为其生产的主要投入要素,因此,在他们的产出中包含有大量的人力资本与知识资本的服务。因此,生产性服务进口能够促进生产专业化、扩大资本和知识

---

① 1966年美国经济学家 H. Greenfield 最早提出生产性服务(Producer Services)的概念。生产性服务业包括保险、银行、金融和其他商业服务业,如广告和市场研究,以及职业和科学服务,如会计、法律服务、研究与开发等为其他公司提供的服务;而消费者服务则指直接向个体消费者提供的服务。

密集型的生产，从而提高劳动与其他生产要素的生产率，因而对其他部门的生产产生扩大效应，促进就业水平的提高。由于上述生产者服务进口对就业所产生的"替代效应"与"促进效应"的同时存在，这使得服务进口对就业的效应问题变得更为复杂。而本节则试图从生产者服务进口这一角度对中国就业的效应问题进行探讨与研究，而且，本节更进一步把这种效应区分为生产者服务进口对服务业就业的效应与对制造业的影响。

（一）文献回顾

传统国际贸易理论的 Heckscher – Ohlin 和 Stolper – Samuelson 定理为我们分析进口贸易的就业效应提供了理论依据。上述两定理认为，国际贸易会对产品的相对价格，继而对要素的相对需求及收益产生影响，更进一步地说，自由贸易可使一国生产要素禀赋丰裕的产业受益，而使生产要素禀赋稀缺的产业受损。而从本书的研究角度出发，根据上述定理我们可推断，如果劳动丰裕的中国从外国进口资本和技术密集型服务的话，中国服务部门的资本报酬率将会降低，因此在服务生产中所使用的资本量将会减少，而工人的工资率将会上升，雇用的工人数量将会增加。

除贸易理论外，劳动经济学家曾用要素含量的方法来对贸易影响一国劳动需求的效应进行预测，他们通常会得到进口贸易会降低一国劳动需求的结果（Borjas et al.，1992；Wood，1994）。然而，他们的这种分析方法经常被贸易学家所批判，在他们看来，以贸易流量的变化而不是相对价格的变化来作为研究的出发点是不正确的。

另外，也有学者认为，进口贸易不仅仅改变了对劳动的需求，而且同时产生了国际竞争的压力，而这会对与劳动需求相关的技术产生影响，从而在生产效率上获得提升（Langhammer，2006；Francois & Woerz，2007），而这将进一步对劳动需求产生影响。

上述所提到的三种研究方法都从不同角度对进口贸易影响劳动力需求的效应进行了分析，假如我们对此问题的分析把它扩散到超过两个国家，两种产品，两种要素的分析框架后，就变得更为复杂与难以预测。而近年来，一些学者把进口贸易对就业所产生的效应问题归结为究竟进口对当地的生产是起着"替代作用"或是"促进作用"（Davis & Mishra，2007）。如果进口贸易品并没有对当地产品产生替代，而是作为一种当地生产的投入要素，又或者进口品并没有在当地进行生产，在此情况之下，进口贸易对当地就业的负面效应将不会发生，进口贸易甚至会促进当地就业水平的增加。在关于国际服务外包的相关文献上，对于此问题的分析就比较深入，一方面，芬斯特拉和汉森（Feenstra & Hanson，1996）认为，中间品贸易进口对进口国本国生产起着替代效应，但同时，中间品贸易进口也同时会降低公司的成本，因此扩大了产生，产生一种积极的规模经济效应（Grossman & Rossi-Hansberg，2006），这同时会促进劳动的需求，因此总的效应取决于负的替代效应和正的规模效应的综合。

在实证研究中，对货物进口贸易影响就业的相关文献较多，如低工资国家的产业间进口贸易以及发达国家的产业内进口贸易会导致进口竞争产业就业和收入水平的降低（Revenga，1992；Sachs & Schatz，1994；Greenaway et al.，1999a & 1999b；Landesmann et al.，2001）；但另一方面，也有得出进口并不会对就业产生效应的相关结论（Aiginger et al.，1996；Winter-Ebmer & Zimmermann，1998；Hofer & Huber，2003）。而对于涉及服务贸易与就业关系的文献还相对较少，关于中国服务贸易影响就业的研究方面，国内学者李伍荣、高静（2004）认为，服务贸易层次多、范围广、就业点多，而且服务贸易自由化是必然的趋势，因此，发展服务贸易可明显提高中国的就业水平。周申、廖伟兵（2006）创新性地运用投入产出分析方法，对中国服务贸易的就业效应进行了系统的经验研究，认为中国服务出口带动的就业人数和服务进口替代的就业人数均有所上升，服务贸易对就业的净影响较小，但呈现出向有利于就业的方向变动的趋势。

从上述文献来看，已有研究并没有系统、深入地对服务贸易进口，特别是生产者服务进口影响就业的效应进行理论与实践研究，鉴于此，我们尝试在这一角度进行探讨。

（二）实证分析

为对中国生产者服务进口影响就业的效应进行研究，我们拟使用单位根检验、格兰杰因果检验、协整、误差修正模型等计量经济学方法，使用1982~2007年中国生产者服务进口的数据进行考察。

1. 数据来源与分析

中国服务贸易进口数据来源于联合国贸发组织的统计手册（UNCTAD Handbook of Statistics 2008）数据库，其中，生产者服务进口额的计算公式为：总服务进口额—旅游进口额—政府服务进口额，其中包括运输、通信、金融、保险、其他商业服务（与贸易相关中介服务、专业和技术服务、租赁服务等）等方面,[①]另外，中国服务业和制造业的就业数据来源于《中国统计年鉴》各年份。

---

① 由于服务贸易分部门进口数据的可获得性与连续性，在这里我们只选取通信、运输以及其他商业服务来做分部门的分析。而中国旅游服务进口其实就是中国公民到海外进行旅游活动和消费，对中国的就业不会产生直接影响。

图 5-1 反映了生产者服务进口额的基本情况,从图中我们可以看到,中国生产者服务的进口在进入 20 世纪 90 年代以后快速增长,而其中又以交通运输服务进口额的增长最为明显,而通信服务进口额的增长最低,其他商业服务进口额位于两者之间;而从图 5-2 中国制造业和服务业就业的基本情况来看,两者的增长速度都很快,在进入 90 年代之后,中国服务业就业的增长速度与规模开始超过制造业就业,成为吸收中国就业的主要渠道。

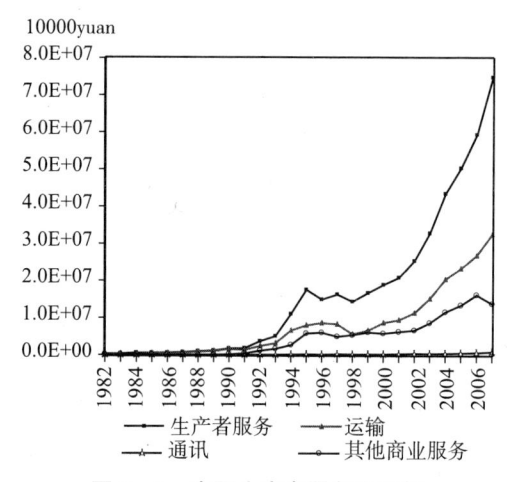

图 5-1 中国生产者服务进口额

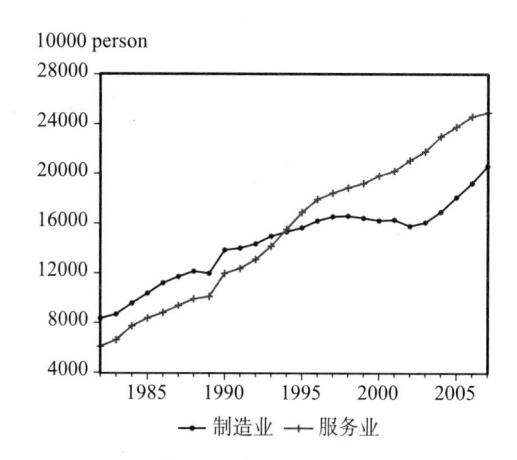

图 5-2 中国制造业和服务业就业情况

2. 时间序列的平稳性检验

在对经济变量的时间序列进行最小二乘回归分析之前,首先要进行单位根检验,以判别序列的平稳性。在此采用 Dickey – Fuller 的 ADF 检验方法,检验时采用 AIC 最小准则自动选择滞后阶数。表 5 – 11 列举了对服务业就业 [log（Service_EM）]、制造业就业 [log（Manu_EM）]、生产者服务进口 [log（Producer）]、信息通信进口 [log（Commun）]、交通运输进口 [log（Transport）]、其他商业服务进口 [log（Other）] 及上述变量的一阶差分进行平稳性检验的结果。①

表 5 – 11　　　　　　　　变量的 ADF 检验结果

变量	ADF 检测值	检验类型（C, T, K）	临界值	结论
log(Service_EM)	-1.312	(1, 1, 0)	-3.603**	非平稳
Δlog(Service_EM)	-2.09	(0, 0, 1)	-1.956**	平稳
log(Manu_EM)	-2.178	(1, 1, 0)	-3.603**	非平稳
Δlog(Manu_EM)	-3.673	(1, 0, 0)	-2.992**	平稳
log(Producer)	-1.405	(1, 1, 0)	-3.603**	非平稳
Δlog(Producer)	-4.43	(1, 0, 0)	-3.738*	平稳
log(Commun)	-1.802064	(1, 1, 0)	-3.603**	非平稳
Δlog(Commun)	-4.250050	(0, 0, 0)	-2.665**	平稳
log(Transport)	-1.620066	(1, 1, 0)	-3.603**	非平稳
Δlog(Transport)	-4.540356	(1, 0, 0)	-3.738**	平稳
log(Other)	-3.209865	(1, 1, 3)	-3.633**	非平稳
Δlog(Other)	-3.847654	(0, 0, 0)	-2.665**	平稳

注：这里的 Δ 是差分算子。检验形式（C, T, K）中的 C、T 和 K 分别表示单位根检验方程包括截距项、时间趋势和滞后阶数。*、** 分别表示 1%、5% 的显著水平下的临界值。

检验结果表明,虽然时间序列变量 log（Service_EM）、log（Manu_EM）、log（Producer）、log（Commun）、log（Transport）和 log（Other）是非平稳的,但是它们的一阶差分变量都是平稳的。由此可知,上述四变量的时间序列都是一阶单整序列,即 I（1）。

3. 格兰杰因果检验

格兰杰因果关系（Granger Causality, Granger, 1969）所反映的是一个经济变量是否对另一变量具有显著的滞后影响。对时间序列数据而言,若一个变量 x 的滞后值在另一个变量 y 的解释方程中是显著的,那么就称 x 是 y 的格兰杰原

---

① 为消除异方差性,所有数据都经过取自然对数处理。

因。据此，我们可用格兰杰因果检验用来判别生产者服务进口、信息通信进口、交通运输进口、其他商业服务进口是否是服务业就业和制造业就业变动的原因，其中，滞后阶数由 AIC（SC）信息准则来确定，结果见表 5-12。

表 5-12　　　　　　　　　格兰杰因果检验结果

原假设	F 统计量	显著性概率	结论
log(producer) 不是引起 log(Manu_EM) 的原因	1.169	0.291	接受原假设
log(producer) 不是引起 log(Service_EM) 的原因	4.033	0.028	拒绝原假设*
Log(commun) 不是引起 log(Manu_EM) 的原因	0.352	0.558	接受原假设
Log(commun) 不是引起 log(Service_EM) 的原因	1.292	0.323	接受原假设
log(transport) 不是引起 log(Manu_EM) 的原因	2.776	0.109	拒绝原假设
log(transport) 不是引起 log(Service_EM) 的原因	3.409	0.078	拒绝原假设
log(other) 不是引起 log(Manu_EM) 的原因	2.094	0.149	接受原假设
log(other) 不是引起 log(Service_EM) 的原因	4.346	0.018	拒绝原假设*

以上检验结果表明，生产者服务进口并不是制造业就业的格兰杰原因，却是服务业就业的格兰杰原因；信息服务进口并不是制造业就业与服务业就业的格兰杰原因；交通运输进口是制造业就业与服务业就业的格兰杰原因；其他商业服务进口不是制造业就业的格兰杰原因，却是服务业就业的格兰杰原因。以下，我们对具有 Granger 因果关系的变量，我们拟进行协整分析。

4. 协整检验

协整检验的常用方法有 E-G（Engle-Granger）两步检验法和约翰森（Johansen, 1988）检验法，Engle-Granger 检验通常用于检验两变量之间的协整关系。根据 Engle 和 Granger 的原始定义，对于双变量模型，协整要求两个变量要具有相同的单整阶数。从前面的单位根检验中，我们已经得出以上变量都是一阶单整的结论（见表 5-11）。因此，我们的协整检验按照 E-G 两步法进行：

第一步，用普通最小二乘法（OLS）对上述存在格兰杰因果关系的变量组进行回归，据此，我们可得到相应结果如表 5-13 所示。

表 5-13　　　　　　　　　方程 OLS 回归结果

	回归结果	调整后的 R^2	D.W.
方程 1	LOG(Service_EM) = 5.838 + 0.24 × LOG(producer) (47.356)(30.461)	0.975	0.517
方程 2	LOG(Manu_EM) = 7.351 + 0.1471 × LOG(transport) (55.652)(16.789)	0.922	0.460

续表

	回归结果	调整后的 R^2	D.W.
方程3	LOG(Service_EM) = 5.436 + 0.275 × LOG(transport) (42.215)(32.274)	0.977	0.764
方程4	LOG(Service_EM) = 6.928 + 0.189 × LOG(other) (35.817)(13.814)	0.888	0.417

注：括号内为变量的T值。

第二步，令e1、e2、e3、e4分别表示以上四个方程对应的残差序列，对各方程残差项进行单位根检验，结果见表5-14。

表5-14　　　　　　　　残差序列e的单位根检验

残差序列	检验类型（C, T, K）	ADF值	临界值	结论
e1	(0, 0, 2)	-3.112	-2.661*	平稳
e2	(0, 0, 1)	-2.551	-1.955**	平稳
e3	(0, 0, 2)	-2.907	-2.661*	平稳
e4	(0, 0, 1)	-3.949	-2.679*	平稳

注：检验类型（C, T, K）中的C、T和K分别表示单位根检验方程包括截距项、时间趋势和滞后阶数。*、**分别表示1%、5%的显著水平下的临界值。

从表5-14可知，上述四个方程（1）-（4）回归残差的ADF值都通过了5%的显著性检验，因此，可以认为上述四个方程的回归残差序列都是平稳序列，也即是说上述四个方程的变量间都存在着协整关系；另一方面，从数量上来看，生产者服务进口额每增加1%，服务业的就业将会增加0.24%；从分部门来看，每增加1%交通运输服务的进口额将增加0.275%（0.1471%）服务业（制造业）的就业水平；而每增加1%的其他商业服务进口额将增加0.189%服务业的就业水平。

5. 误差修正模型

误差修正模型（Error Correction Model）是一种具有特殊形式的计量经济模型，是协整分析的一个延伸。若变量之间存在协整关系，即表明这些变量之间存在着长期稳定的关系，而这种稳定的关系是在短期动态过程的不断调整下得以维持的。如果由于某种原因出现了短期偏离均衡的现象，必然会通过对误差的修正使变量重返均衡状态，而误差修正模型将短期的波动和长期均衡结合在一个模型中。

由上述协整检验可以知道生产者服务进口与服务业就业，交通运输进口分别与制造业、服务业就业，其他商业服务进口与服务业就业之间存在着协整关系，据此我们可对各方程分别建立误差修正模型，结果如表5-15所示。

表 5-15　　　　　　　　方程（1）-方程（4）的误差修正模型

方程	
方程 1	$\Delta\text{LOG}(\text{SERVICE\_EM}) = 0.035 + 0.102 \times \Delta\text{LOG}(\text{PRODUCER}) - 0.284 \times \text{ECM}(t-1)$ 　　　　　　　　　　　　(4.002)　　(3.501)　　　　　(-2.987) 调整后的 $R^2 = 0.385$　D.W. = 1.539
方程 2	$\Delta\text{LOG}(\text{MANU\_EM}) = 0.025 + 0.0523 \times \Delta\text{LOG}(\text{TRANSPORT}) - 0.264 \times \text{ECM}(t-1)$ 　　　　　　　　　　　　(2.543)　　(1.505)　　　　　(-2.363) 调整后的 $R^2 = 0.169$　D.W. = 1.425
方程 3	$\Delta\text{LOG}(\text{SERVICE\_EM}) = 0.04 + 0.09 \times \Delta\text{LOG}(\text{TRANSPORT}) - 0.326 \times \text{ECM}(t-1)$ 　　　　　　　　　　　　(4.562)　　(2.924)　　　　　(-3.153) 调整后的 $R^2 = 0.355$　D.W. = 1.704
方程 4	$\Delta\text{LOG}(\text{SERVICE\_EM}) = 0.047 + 0.042 \times \Delta\text{LOG}(\text{OTHER}) - 0.13 \times \text{ECM}(t-1)$ 　　　　　　　　　　　　(6.634)　　(3.169)　　　　　(-2.629) 调整后的 $R^2 = 0.306$　D.W. = 1.714

在表 5-15 的误差修正模型中，差分项反映了短期波动的影响。从各模型的估计值来看，短期内生产者服务进口对服务业就业的弹性系数为 0.102，交通运输进口对制造业（服务业）就业的弹性系数为 0.0523（0.09），其他商业服务进口对服务业的弹性系数为 0.042，都为正数，这与长期的就业效应相一致；另外，误差修正项 ECM 系数的大小反映了对偏离长期均衡的调整力度，从各模型的估计值来看，以上四个模型误差修正项的系数都为负，而且是显著的，符合反向修正机制影响的短期波动规律。这表明当方程 1（2，3，4）的短期波动偏离长期均衡时，将以 -0.284（-0.264，-0.326，-0.13）的调整力度将非均衡状态拉回到均衡状态。

（三）小结与政策建议

通过利用 1982～2007 年的时间序列数据，运用格兰杰因果检验、协整技术及误差分析模型，我们从生产者服务进口视角对其影响中国制造业和服务业劳动力市场的效应进行了实证研究。结果表明，从长期来看，中国生产者服务进口总体上促进了服务业的就业，生产者服务进口额每增加 1%，服务业的就业将会增加 0.24%，但生产者服务进口对制造业就业并没有显著影响；而在分部门的分析中，信息服务进口对中国服务业和制造业就业都没有显著影响；交通运输进口对中国服务业和制造业就业产生显著影响，交通运输服务进口额每增加 1%，制造业（服务业）的就业水平将会增长 0.1471%（0.275%）；其他商业服务进口促进了中国服务业的就业，每增加 1% 的其他商业服务进口额将增加 0.189% 服务业的就业水平，但其他商业服务进口对制造业就业没有显著影响。与长期的就业效应相一致，从短期来看，生产者服务进口对就业也同时产生促进效应，但效应较小。

以上研究结论对中国国扩大就业提供了新的思路与政策空间：政府应该降低生产者服务进口壁垒以促进国内就业水平的提高，鉴于信息服务进口增长规模与速度相对较小（这有可能是导致信息服务进口对中国就业效应不显著的主要原因之一），但信息服务进口对于提高其他产业的技术水平起着非常关键的作用，因此，今后可加大力度进口信息服务；另外，政府应重视生产者服务（特别是信息服务与其他商业服务）与制造业产业之间的前向与后向联系，只有这样，才能进一步发挥生产者服务进口对制造业就业的促进效应。

二、服务进口与就业性别歧视

经济全球化对一国劳动力市场的影响越来越引人关注，其中就国际贸易对就业的影响而言，以往研究选择的视角各有不同，比如行业层面、地区层面等，这些情况下结论往往是复杂和不确定的，一个较少被研究而且结论尚不明确的视角便是性别。促进性别平等是联合国千年发展目标中的八大目标之一，而就业性别歧视被认为是实现这一目标的主要障碍，虽然各国在消除就业性别歧视方面不遗余力，但这种现象目前在许多国家仍然存在。既然男女就业平等对促进教育、人类健康和经济发展等至关重要，而且对于最终完全实现男女平等意义重大，那么性别视角在国际贸易的就业效应研究领域理应得到重视，至少有理由相信，厘清经济全球化的发展如何影响一国男女就业对于我们更好地利用对外贸易改善女性就业条件、促进男女就业平等是十分必要的。

相比于货物贸易，近年来全球服务贸易的地位正在迅速提升，特别是中国对外服务贸易虽然起步较晚，但发展迅速。服务进出口总额从1982年的43.4亿美元增长到2013年的5396.4亿美元，30年间增长了100多倍，全球排名从1982年的第32位上升到2013年的第3位，速度之快令世界刮目。[①] 服务贸易在当前经济全球化中的地位快速上升及其在中国对外贸易中的占比快速增加，是我们以此作为研究对象的重要原因，不过正是由于服务贸易较货物贸易更复杂、更新颖，有关服务贸易的统计和数据尚显落后，现有研究多是基于服务贸易的大类行业，鲜有深入服务进出口的企业和产品，在很大程度上制约了在服务贸易领域开展更为深入的实证研究。

解决这一困境的出路在于获得服务贸易细分行业、产品数据，我们掌握的

---

① 数据来源：《中国服务贸易统计2015》。

2008年第二次全国经济普查服务业企业数据提供了企业的资本构成和收入情况，而服务贸易四种提供模式中的"商业存在"是目前发展最快且占比最大的一类服务进出口，因此可以利用这一数据来源把在华外资服务业企业的主营业务收入作为中国"商业存在"模式的服务进口，这样便能获得企业层面的服务进口数据，从而据此进行更为微观的实证研究。以往有关性别就业的影响因素研究受到数据的诸多限制，很难明确服务贸易对就业性别歧视会产生怎样和多大程度的影响。虽然有相当数量的研究提出了贸易减少歧视的部分观点，但是并不能就此给出将其应用于中国或是服务贸易的一致结论，希望本节的研究能够在一定程度上弥补这一不足。

（一）文献综述

就业性别歧视的根源在于工业生产中重男轻女的观念，考虑到劳动生产率和产量，企业通常会雇用更多的男性员工。埃尔森（Elson，1999）以及埃尔森和卡格太（Elson & Cagatay，2000）指出，尽管男女平等被视为发展中国家经济发展的一个重要问题，但是传统认识将性别歧视看作一个社会问题而非经济问题，他们对此方面的关注程度并不高。这种情况符合新古典经济学的基本假设，即在理性人假设的基础上，市场通过协调个人活动完善财富分配的机制，因此政府需要确保市场中所有的个体能自由竞争。贝诺瑞拉（Beneria，2003）和诺达斯（Nordas，2003）认为市场并不能有效消除就业性别歧视，并证明不分性别的市场才能促进男女就业平等，他们指出欠发达国家的女性就业机会和工资的增加来源于贸易自由化，并且大多数依赖于出口导向型企业。

关于国际贸易对女性就业以及就业性别歧视的影响，格瑞（Cravey，1998）、米斯（Mies，1998）、赖特（Wright，2006）和伯纳迪欧（Bernadino，2007）研究发现，因为女性"天生"适合技术含量较低、薪水较少的职业，而且女性看起来更加温顺，所以她们一般从事短暂灵活的工作，这符合一般家庭中经济来源主要依靠男性，女性收入为家庭次要经济来源的传统。当贸易自由化发展、市场竞争更激烈的时候，女性这些"天生"特征使得便宜的女性劳动力可以替代昂贵的男性劳动力，因此女性更倾向于在出口导向型企业工作。伯纳迪欧（Bernadino，2007）还进一步指出，当自由贸易协定的好处惠及之时，对女性就业有利的新的出口导向型工作可能因此产生。例如，欧盟和东盟自由贸易区引起制造业出口的下降和服务业出口的增加，在制造业中女性员工占了90%。

对于国际贸易给发展中国家女性就业或性别就业歧视带来怎样的影响，现有文献得出的结论并不完全一致，这体现在影响是积极还是消极、具体程度有多大以及在不同地区、不同产业之间的差异（关凤利和孟宪生，2006）。卡格太（Cagatay, 2003) 和皮尔逊（Pearson, 2003) 认为在发展中国家，贸易关税占到政府收入的相当比重，这又会成为医疗、教育等社会服务业的资金来源。社会服务业为女性主导的产业，而贸易自由化会因减少关税或者建立出口加工区使得政府的关税收入下降，从而导致从事于社会服务业的女性失业。陈昊（2013）应用GMM和反事实PSM方法分析认为，对于出口频率低的企业，出口加剧了就业性别歧视；对于出口频率中等和高的企业，出口缓解了就业性别歧视。其中，女性就业水平的变化并非由女性劳动力供给的变化造成。陈昊和刘骞文（2014）还发现，虽然出口贸易的增加能够显著提高整体的就业水平，但对女性就业却呈现显著的负向作用，不过他们并没有检验进口对性别就业的影响。席艳乐等（2014）利用2002年和2007年中国住户收入调查数据，分别从中间品和最终品贸易的视角检验了贸易自由化对中国性别就业差异的影响，指出中间品和最终品贸易对男性就业的促进效应均大于女性，即中间品和最终品贸易对性别就业有负向影响，并且贸易自由化在不同的职业和技能水平上对男女就业产生了差异化的显著影响。张志明和崔日明（2014）提出服务进口不利于中国服务业就业结构的改善，而服务出口则对其形成了有利影响。具体的，服务进口对男性劳动力就业结构的影响大于女性，与服务进口不同，服务出口更有利于男性和中高技术行业熟练劳动力就业比重的提升。

（二）变量选取和数据的描述性统计

1. 变量选取

我们研究的样本来自第二次全国经济普查服务业企业数据，其中部分样本存在数据异常、数据缺失以及数据不完整等问题，比如年末从业人员数合计为1，职工工资和福利费为0但资产总计却十分庞大等。因此需要剔除这些异常企业，经过初步整理得到约15万个企业的截面数据，其中外资控股企业（外商资本占总资本的50%以上）有6655个。对于这些企业，我们考虑的指标包括行政区划代码（Code）、机构类型（Type）、年末从业人数（女性）（w）、年末从业人数（具有研究生及以上学历）（nn）、年末从业人数合计（n）、资产总计（Scale）、实收资本（I）、外商资本（FDI）、主营业务收入（R）、年末在用计算机数（N）。其中，机构类型划分为企业、事业、机关、社会团体、民办非企业单位、基金会、居委会、村委会和其他组织，出于建立模型的方便，这里将其取作0、1虚拟变量，如果机构类型属于企业、社会团体、民办非企业单位、基金会、其他组织，虚拟变量取值为0，否则虚拟变量取值为1。资产总计是指企业拥有或控制的能以货币计算的经济资源，包括各种财产、债权和其他权利。通常认为，资产总计越大的单位规模也越大，所以将其作为衡量单位规模的指标。

对于服务进出口，考虑到"商业存在"是世界贸易组织《服务贸易总协定》当前最为重要的服务贸易提供模式：某一成员的服务提供者在任何其他成员境内建立商业实体、附属单位或者分支机构，为该成员和其他成员的服务消费者提供服务。这里，外商资本占总资本 50% 及以上的服务业企业的主营业务收入即可被看作中国"商业存在"模式的服务进口。另外，假设男性工资为 100，女性工资占男性工资的百分比即为性别工资比例 W_w/W_m。如果性别工资比例接近于 1 说明男女工资没有较大差异，如果明显小于 1 说明存在一定的性别歧视。不过遗憾的是，本书样本并没有将工资细化为男性工资和女性工资。性别就业比例 $\ln(w/m)$ 被定义为企业女性员工人数除以男性员工人数再取对数值。如果女性员工人数比男性员工人数少，$\ln(w/m)$ 小于 0；如果女性员工人数比男性员工人数多，$\ln(w/m)$ 大于 0。因此，$\ln(w/m)$ 小于 0 时，$\ln(w/m)$ 越小说明女性的就业状况越差，如果 $\ln(w/m)$ 接近于 0，说明男女就业状况相差不大。

2. 服务进口和性别就业比例的描述性统计

从图 5-3 和图 5-4 可以看出，样本数据存在较多异常值，均值反映的变量信息不再准确。在服务贸易方面，除了数十家企业的服务进口数额较大以外，大多数企业的服务进口数额都在 10000 万元以内，这说明目前"商业存在"模式的服务业企业进口差距很大，中小企业服务贸易尽管数额较小却能反映大多数企业的状况。

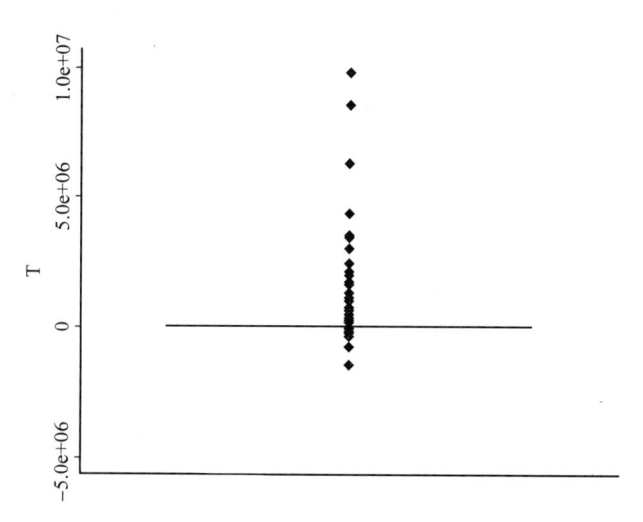

图 5-3 服务进口额箱线图

注：箱线图（Boxplot）是利用数据中的五个统计量：最小值、第一四分位数、中位数、第三四分位数、最大值来描述数据的一种方法，也可以通过它粗略地看出数据是否具有对称性、分布的分散程度等，可以用于对几个样本的比较。

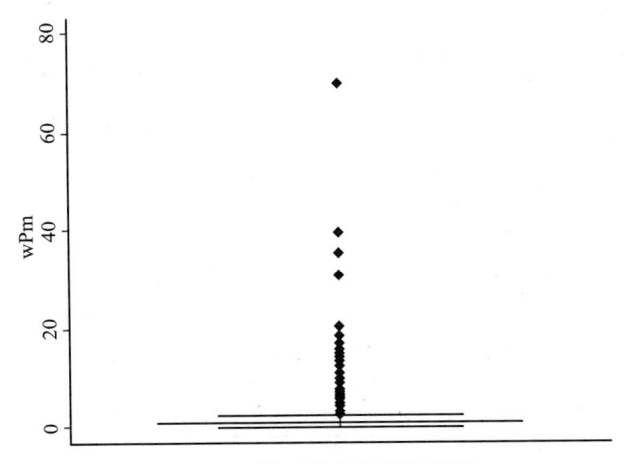

图 5-4　性别就业比例箱线图

表 5-16　服务进口（T）和性别就业比例（w/m）的描述性统计

变量	均值	下四分位点	中位数	上四分位点	最大值	最小值	标准差	方差
T	23014.86	124	1245	6252	976314069.5	-1411982	227980.9	5.20e+10
w/m	1.060378	0.34375	0.666667	1.142857		0	1.772765	3.142697

再看性别就业比例，中位数仅为 0.67，说明有一半的企业女性员工人数不及男性员工人数的 67%。虽然性别就业比例的均值大于 1，但这是由于异常值所致，不足以反映实际情况①。总体来看，统计结果说明目前中国服务业企业还存在就业性别歧视的现象。

从各个变量的描述性统计（见表 5-17）我们可以看出，外资企业年末从业人数合计的均值为 97.01，年末从业人数（女性）的均值为 43.45。如果以均值进行计算，外资企业的女性员工人数占总数的比例为 $\frac{w}{n} \approx 44.79\%$，这说明上文对外资企业性别就业比例的描述性统计得出均值大于 1 的结果是由较多异常值所致，整体来看企业女性员工人数少于男性。

---

① 参见下文以均值进行的计算，外资企业的女性员工人数占总数的比例为 $\frac{w}{n} \approx 44.79\%$。

表 5-17　　　　　　　　各个变量的描述性统计

变量	外资企业（6655 个观测值）			
	均值	标准差	最小值	最大值
W	43.45079	314.2922	0	15732
Nn	12.51991	59.54817	0	1930
N	97.00481	533.5953	1	24204
Scale	132098.4	1093884	-981	3.86e+07
I	49335.3	358493.7	1	1.82e+07
FDI	47907.26	356437.2	1	1.82e+07
R	23696.83	229496.1	-1.4e+06	9763140
N	94.95071	507.7997	0	16771

（三）模型的建立与回归分析

借鉴卡茨和墨菲（Katz & Murphy，1992），考虑两种生产要素：男性劳动力和女性劳动力，两种劳动力的替代弹性为 σ。由于性别工资的差异取决于劳动力供给和相对需求的变化，可以得到：

$$\frac{W_w}{W_m} = \frac{1}{\sigma}\left[D - \ln\left(\frac{w}{m}\right)\right] \tag{5-6}$$

其中，W_m 和 W_w 分别表示男性工资水平和女性工资水平，$\frac{W_w}{W_m}$ 即为性别工资比例。D 代表相对需求的变化，这里我们选择外商资本 FDI、企业规模 Scale、服务进口数额（T）、年末在用计算机数 N（反映企业技术能力）来表示。$\frac{w}{m}$ 表示相对劳动力供给。由此，可以得到：

$$\frac{W_w}{W_m} = \alpha_0 + \alpha_1 \ln\left(\frac{w}{m}\right) + \alpha_2 FDI + \alpha_3 Scale + \alpha_4 T + \alpha_5 N + \varepsilon \tag{5-7}$$

由（5-7）式可以直观地看出服务进口对性别工资比例的影响，如果服务进口使得男女工资差异变大，则 $\alpha_4 > 0$；相反，如果服务进口使得男女工资差异缩小，则 $\alpha_4 < 0$。（5-7）式被广泛地应用于相对工资差距的相关研究中，比如威尔德和莫瑞斯（Velde & Morrisey，2002）采用这一模型考察了东亚 5 个国家外商直接投资对工资差距的影响。然而，应该注意到男女就业人数比例 $\frac{w}{m}$ 也受到性别工资比例 $\frac{W_w}{W_m}$ 的影响，即：

$$\ln\left(\frac{w}{m}\right) = f\left(\frac{W_w}{W_m},\ Z\right). \quad (5-8)$$

影响两种类型劳动力相对供给的因素主要有外商资本 FDI、企业规模 Scale、具有研究生及以上学历的从业人员数 nn、机构类型 Type。

$$\ln\left(\frac{w}{m}\right) = \beta_0 + \beta_1 \frac{W_w}{W_m} + \beta_2 FDI + \beta_3 Scale + \beta_4 nn + \beta_5 Type + u. \quad (5-9)$$

以上 $\frac{W_w}{W_m}$ 和 $\ln\left(\frac{w}{m}\right)$ 的模型构成了同时决定性别工资比例和性别就业比例的联立方程,由于我们关注服务进口对就业性别歧视的影响,所以将 (5-7) 式代入 (5-9) 式可以得到:

$$\ln\left(\frac{w}{m}\right) = \gamma_0 + \gamma_1 FDI + \gamma_2 Scale + \gamma_3 nn + \gamma_4 Type + \gamma_5 T + \gamma_6 N + u. \quad (5-10)$$

(5-10) 式中外商资本对性别就业比例对数值的影响系数为 γ_1,从方程的联立过程可以看出 γ_1 由 β_2 和 $\beta_1\alpha_2$ 两个部分组成。β_2 度量了外商资本通过影响劳动力相对供给对性别就业比例的作用,$\beta_1\alpha_2$ 度量了通过影响劳动力相对需求对性别就业比例的作用。因此,γ_1 实际上度量了服务业企业对东道国就业性别歧视的综合影响。同样地,γ_5 实际上度量了服务贸易对东道国就业性别歧视的综合影响。

我们运用 STATA 软件,利用 (5) 式模型进行回归分析,计算出消除异方差之后模型的各个系数,如表 5-18 所示。

表 5-18　　　　　　　　　　模型基本回归结果

Ln(w/m)	Coef.	Std. err	T	P>|t|
FDI	6.63e−08	3.01e−08	2.20	0.027
Scale	5.78e−09	8.23e−09	0.70	0.483
nn	−0.0010517	0.0002363	−4.45	0.000
Type	−0.2652018	0.4273462	−0.62	0.535
T	7.07e−08	3.44e−08	2.05	0.040
N	0.0000428	0.0000273	1.57	0.116
_cons	−0.3354843	0.011942	−28.09	0.000
修正后的模型回归结果				
Ln(w/m)	Coef.	Std. err	T	P>|t|
Scale	2.34e−08	7.68e−09	3.05	0.002
nn	−0.0008727	0.000211	−4.14	0.000
T	9.97e−08	3.56e−08	2.80	0.005
_cons	−0.3334351	0.011893	−28.04	0.000

观察各个系数的 P 值，只有年末从业人数（具有研究生及以上学历）的 P 值为 0.000、FDI 的 P 值为 0.027、服务进口 T 的 P 值为 0.04，其他 P 值均大于 0.05。只有上述 3 个系数通过了显著性检验，模型的回归结果并不十分理想。

观察相关系数矩阵后不难发现，FDI 和企业规模之间存在一定的共线性，由于这里我们主要考虑服务进口，所以剔除变量 FDI。机构类型 Type 和年末在用计算机数 N 也未通过检验，剔除变量之后重新回归得到结果如表 5 – 19 所示。需要指出的是，上文描述性统计中服务进口的数额、企业规模的数额都很大，但是性别就业比例数值很小。这说明，虽然这里服务进口的系数、企业规模的系数和其他系数相比较小，但是不能由此认为这些变量对就业性别歧视的影响不大。相反，由于 P 值远小于 0.01，它们对性别就业比例的影响是十分显著的。

表 5 – 19　　　　　　　　　相关系数矩阵

coefficient	FDI	Scale	nn	Type	T	N
FDI	1					
Scale	0.7477	1				
nn	0.197	0.3343	1			
Type	-0.0023	-0.002	-0.0032	1		
T	0.4113	0.5391	0.3652	-0.0017	1	
N	0.2588	0.4041	0.6849	-0.0031	0.5156	1

服务进口（T）的回归系数为 $9.97e-08$，说明在一定程度上服务进口大约每增加一千万，企业员工中女性人数除以男性后的对数值增加 1，服务进口对改善就业中的性别歧视具有显著效果。资产总计（企业规模 Scale）的回归系数为 $2.34e-08$，这意味着企业规模越大，企业性别就业歧视现象越不明显。同时，研究生及以上学历人数的系数小于 0，说明研究生及以上学历人数越少，企业雇用员工时的性别歧视现象越少。另外，机构类型的影响不显著，说明私有或者国有的企业属性对企业雇用员工的男女人数比例影响并不大。

（四）小结与政策建议

服务进口确实缓解了中国服务业的就业性别歧视现象，以往贸易和劳动力市场的相关研究也得到了大致相同的结论，本节的研究进一步肯定了服务贸易的这种积极作用。我们发现，企业规模越小，员工的就业性别歧视越明显，即规模小的企业为了提升员工的工作效率，或者认为男性员工能力更强等因素，可能雇用更多的男性。同时，研究生及以上学历人数越多，企业就业性别歧视现象越明显，这与我们之前文献综述中何茵（2007）的结论较为吻合。我们也讨论了就业性别歧视现象及其更多的影响因素。第一，回归结果显示常数项均为负数，并且十分显著，说明就业中的性别歧视仍然明显存在。第二，从机构类型的影响我们可以看出，企业是私有还是国有对就业性别歧视没有影响。第三，从业人员中具有高学历的人数越多，员工中女性人数的比例越低，男女就业差距越大，这说明女性劳动生产率不如男性的观念仍然顽固，企业在技术、知识密集型的工作上更趋向于雇用男性。

综上所述，中国服务业当前的就业性别歧视仍然明显存在，尽管政府和社会、企业在消除歧视方面早有共识，但来自各个方面的力量显然不足。服务贸易能够在一定程度上缩小男女就业差距，但是随着企业不断发展，技术、知识密集型工作的比重日益上升，企业雇用员工的性别歧视现象越来越严重。况且，企业一时无法摆脱旧有观念，造成了消除歧视的又一障碍。因此，在中国最终消除就业性别歧视任重而道远，这不仅需要强化政府的政策引导、加速社会观念的革新，更为直接和重要的是用工企业对男女就业尽快拉平进入门槛和给予平等待遇。

第六章

服务外包加快劳动力市场调整

第一节 国际外包水平的计算方法及比较

一、研究背景与总述

20世纪80年代以来,经济全球化日趋深入,两个最主要的表现——跨国直接投资和生产全球化在世界范围内迅速发展。与跨国直接投资紧密结合的生产全球化的典型代表——外包,作为一种通过整合外部专业化资源以降低成本、提高效率的新型组织生产和国际分工模式(Olsen,2006),越来越引人注目。芬斯特拉和汉森(Feenstra & Hanson, 1996)根据美国投入产出表的数据推断,美国中间品进口比重从1972年的5.3%上升到1990年的11.6%,1990年OECD国家出口制成品中投入品进口占贸易额的21%,这一数字在1970~1990年增长了30%(Hummels et al., 2001)。外包正在充当着国际贸易的主要发生形式,其带来的中间产品贸易贡献了这一时期世界进出口增长的相当一部分。

伴随这一新变化,生产全球化背景下贸易双方各自国内的产业结构、技术进步、要素市场和收入分配等都受到不同程度的影响,而其中劳动力市场受到的冲击尤其突出。其实,就在国际外包如火如荼的20世纪80~90年代,美国熟练劳动力的相对工资增加、相对劳动需求提升;欧洲非熟练劳动力失业率上升、平均工资水平下降(喻美辞,2008)。由此发达国家的人们开始担心,生产环节被转移至国外的同时,相应的国内就业岗位会减少吗?外包的迅猛发展真的挤出了本国非熟练劳动力的就业,或者降低了这部分人的工资吗?世界银行(2009)估算，西方七国集团1%~5%的就业岗位正在向承接服务外包的发展中国家转移。而福里斯特（Forrester，2010）的研究报告称，2015年美国将有330万个工作岗位和1360亿美元的工资收入移向海外。当然，外包对劳动力市场的冲击还不仅于此，由于工资不平等、劳动力需求弹性等的影响，在发达国家，原先的制造业工人现在转而从事清洁工、电信业务员和卡车司机等，各类劳动力的行业间转移大规模存在法尔克和该倍耳（Falk & Koebel, 2002）。

近年来，中国在承接发达国家外包的同时，又大量进口发达国家产品作为中间投入（刘志彪和吴福象，2006；平新乔等，2005），目前外包已经成为我国加速融入国际分工体系和经济全球化的重要媒介。但是，相比发达国家，我们对外包冲击劳动力市场的认识还很模糊，国外发展外包过程中劳动力市场的适应性调整是否也在中国这样一个低技术劳动力相对丰裕的国家出现尚无定论，相应的对策研究与制定便无从展开。特别是，20世纪90年代中期以来，我国制造业熟练劳动力的相对需求和工资水平不断增加，熟练劳动力就业比重从1996年的2.08%上升到2008年的6.02%，与非熟练劳动力的工资差距从1996年的1.58扩大到2008年的3.26，如此国内外相似的劳动力市场变动，原因是否相同？本章将考虑要素投入、FDI和技术进步等方面的影响，通过全行业并结合行业、企业、个体特征的分组回归分析，研究不同类型的国际外包与劳动生产率、就业结构和工资差距等中国劳动力市场各重要变量的关系。一方面延伸或修正以往针对美国等发达国家样本相同主题研究的跨国适用性，另一方面也为我国利用国际外包优化劳动力结构、平衡收入差距和引导就业流向提供政策参考。

二、外包水平的计算

由于外包这一行为的微观属性，企业在综合考虑生产、销售等各个环节成本与效率的情况下决定是否进行外包，而主体本身需要考虑的因素和角度存在差异，如跨国公司面对的目标市场、专业化程度和运营目标等与一般企业会有不同，容易造成基于各自立场对外包的不同界定。截至目前，就外包的定义和范围尚未达成一致（Amiti & Wei, 2004；Olsen, 2006）。一般而言，根据OECD的分类：Outsourcing 和 Off-shoring。前者是指企业从外部（国内或者国外、行业内部或外部）获得物质材料或服务投入；后者是指企业从国外购买中间投入品，包括物质材料和服务，或者把企业内部特定生产活动转移到其他国家和地区。可见，Outsourcing 定义的外包更多是企业的个体行为，在比较外包产生的交易产本上升和生产成本下降之间权衡决定，跨国公司子公司间交易不属于此类外包的范畴，其相当于 In-sourcing。但是，Off-shoring 包括了国际 Outsourcing（把部分生产活动或者服务转移到国外公司）和国际 In-sourcing（把部分生产活动或者服务转移到国外子公司）。

鉴于计算的一致性和可比性，以及方便展开有关外包的后续实证和政策研究，本书使用 Off-shoring 这一概念，即外包行为的发包方为中国，承包方是其他不同国家和地区。

一国投入产出表提供了中间投入品和产出的行业数据，而中间投入品的进口比重正是外包得以量化的基础，因此基于投入产出表的计算始终居于外包量化分析的主导地位。芬斯特拉和汉森（Feenstra & Hanson，1996，1999）率先提出了后来被广为应用的外包计算方法——FH 指数，即中间投入品进口占中间品总投入的比重。随着中间品国内购买的大量增加，国内外包程度不断加强，而行业价值增值的减少抵减了中间品国内购买增量，其他条件不变情况下，实际上 FH 指数可能会低估国际外包度。格斯海克和戈尔格（Geishecke & Gorg，2008）克服了这一问题，他们用中间品进口占国内总产出的比重度量外包，此时 FH 指数中的 Y 不再是中间品总量，而是行业总产出，除了中间投入品，还包括价值增值和购买。这种改进被应用在之后许多 FH 指数计算中，还得到了更加独立和准确的国际外包度量结果。不过，艾格（Egger，2002）以及陈等人（Chen et al.，2005）曾指出，FH 指数计算忽略了国别差异的影响。例如，对大国而言国外中间品市场的相对重要性较低，但小国则更趋向于规模经济专业化生产小范围产品，高度依赖国外中间品投入，其进口渗透度相对大国而言较高，会影响外包的真实水平。相应地，这些学者探讨用中间投入品进口在总进口中所占的份额计算外包度，即 FH 指标中的表示行业总进口，以克服国家大小对计算结果的影响。其实，外包度的主流计算方法就是以原始 FH 指数为基础，通过后续研究在计算公式内容上的不断完善和形式上的不断调整而日臻成熟，成为现有数据条件下最具说服力的外包度量指标。

除此之外，一方面考虑国内生产涉及的国外部分，以垂直专业化作为外包量化的依据，重点考察出口品生产过程中国外投入品的垂直专业化指标 VS（Vertical Specialization，Hummels et al.，2001），从承接国角度对国际外包的水平和规模展开计算（Chen et al.，2005；Amador & Cabral，2008；平新乔等，2005；Chen & Chang，2006）；另一方面，借助加工贸易统计提供的中间品投入和进出口的丰富信息，利用最终产品中的免税进口品，即出口中间品经国外加工完成后再进口的投入品，艾格（Egger，2001）、赫尔格（Helg）和塔约利（Tajoli，2005）等都曾在此做出国际外包的近似计算。

国内有关中国承接国地位国际外包水平的度量已经大量出现（国务院发展研究中心课题组，2003；平新乔，2005；胡昭玲，2007；盛斌和马涛，2008），而发包国地位国际外包的计算却并不多见，徐毅和张二震（2008）依据格斯海克和戈尔格（Geishecker & Gorg，2008）改进的FH指数，将中间投入品的最终消费引入公式以体现一国经济地位对外包的影响，他们计算出1997年和2002年中国35个工业行业外包水平。刘海云和唐玲（2009）则以行业总产出和中间投入品进出口替换最终消费。

目前，流行的外包量化方法基于两类视角，一是发包方，即进口的中间投入品占最终产品生产过程总的中间投入品的比重，多以发达国家为样本，代表性方法为FH指数；二是承包方，即出口品中进口中间投入品的比重，多以发展中国家为样本，代表性方法为垂直专业化指数VS。FH指数一度占据外包量化分析的主导地位，但同时也因忽视国内外包、国别差异以及缺少对行业中间品进口的精确度量造成有偏估计，虽然格斯海克（Geishecker，2006）、格斯海克和戈尔格（Geishecker & Gorg，2008）、艾格（Egger，2002）以及陈等人（Chen et al.，2005）都曾努力在以上方面就计算公式的内容和形式进行完善与调整，但投入产出表的数据限制似乎仍是进一步优化FH指数一道不可逾越的屏障。VS指数重点考察出口品生产过程中国外投入品占比（Amador & Cabral，2008；平新乔等，2005；Dean et al.，2007；Chen & Chang，2006），尤其是借助加工贸易统计提供的中间品投入和进出口的丰富信息，计算最终产品中的免税进口，即出口中间品经国外加工完成后再进口的投入品数量（Yeats，1998；Egger，2001；Helg，Tajoli，2005；Gorg，2000）。

首先，在界定外包和以往研究的基础上，本书比较了计算外包的主流方法——FH指数、DJ指数、VS指数之间的异同，基于改进后的FH指数和DJ指数，利用1997年（124部门）、2002年（122部门）和2007年（135部门）三张投入产出表，计算了发包方视角下中国33个工业行业的服务外包。另外，又以19个工业行业为样本进行了计算，和以往学者基于42部门投入产出表的计算结果不同的是，加入2007年数据使得服务外包呈现两种截然不同的变化态势，这说明虽然目前外包计算受制于数据"瓶颈"难有大的突破，但对数据的合理处理和对现有方法的适当调整仍然至关重要。

其次，本书对中国就业进行时间、地区（城市）、行业、职业四个维度的全面考察，在此基础上总结中国劳动力市场在生产率、就业结构和工资差距三个方面的特征。其中，需要对照计算外包时选定的33个工业行业，设定评价指标（变量）进行三大特征的量化分析。其中，采用各行业年工业增加值与年均就业人数的比值，以及基于 DEA 方法的 Malmquist 全要素生产率指标来度量劳动生产率；以大中型企业的科技活动人员作为熟练劳动力的替代，以及基于企业和个体数据计算就业结构和工资差距指标。另外，应用伯尔曼（Berman et al.，1993）提出的因素分解方法，分析中国工业行业劳动力结构变动的原因。

再次，沿用 C-D 生产函数，同时在以往研究成果的基础上，通过国际外包对劳动生产率、就业和工资影响机制的模型分析，构建基于面板数据的计量方程。本书考虑了 FDI 及其与外包的乘积项产生的独立和共同影响、不同所有制企业中就业结构变动对工资差距的影响，以及 R&D 资本存量和国际 R&D 资本存量形成的技术进步效应等，应用计量经济学方法就服务外包对中国 33 个工业行业劳动生产率、就业结构和工资差距的影响，进行了全行业回归分析和初级产品生产行业、劳动和资源密集型产品生产行业以及技术密集型产品生产行业的分组回归分析。

最后，以外包为典型特征的生产全球化对一国劳动力市场的影响愈加深入和复杂，发达国家已经就此做出积极应对，而中国正在成为国际外包乃至参与和主导新一轮国际分工的主要国家，庞大而特殊的劳动力市场需要正视国际分工新格局带来的冲击。本章以此为背景，在实证研究的基础上，从技术进步和生产率促进、外溢和专业化学习、就业和产业结构优化、行业内收入差距的平衡以及行业间要素密集度差异等方面入手，为适应新形势的中国劳动力市场发展提出政策建议。

（一）FH 指数

当前，普遍接受的 FH 指数是在芬斯特拉和汉森（Feenstra & Hanson，1996，1999）的基础上逐渐发展起来的。对于给定的行 i，FH 指数是用进口中间投入品成本占中间品投入总成本的比重来度量行业 i 的外包度，即

$$FH_i = \sum_j \left(\frac{X_i^j}{Y_i}\right)\left(\frac{M_j}{C_j}\right) \qquad (6-1)$$

其中，X_i^j 表示 i 行业第 j 种中间投入品数量，Y_i 表示 i 行业中间投入品总量，M_j 表示第 j 种中间投入品进口，C_j 表示第 j 种中间投入品需求

$$C_j = P_j + M_j - E_j \qquad (6-2)$$

这里，P_j 表示第 j 种中间投入品所在行业总产出，E_j 表示第 j 种中间投入品出口。不考虑中间投入品是否属于被外包的行业，可称（6-1）式为广义外包度。同时，如果假定中间投入品须和最终产品来自同一行业，便得到狭义外包度：

$$FH_i = \left(\frac{X_i^i}{Y_i}\right)\left(\frac{M_i}{C_i}\right) \quad (6-3)$$

其中，X_i^i 表示 i 行业来自于本行业的第 i 种中间投入品数量。由于发达国家进口中间投入品一般直接用于最终产品生产，且发包环节相对属于劳动密集型行业，不易受到本国的竞争冲击，因此以中间投入品进口份额衡量外包度是可行的。

这里值得一提的是，达韦里和拉斯里欧（Daveri & Jona - Lasinio, 2008）利用意大利投入产出表各中间投入品的行业进口数据计算所谓 DJ 指数，成功克服了 FH 指数"相同比例假定"的缺陷，不仅简化了计算公式，还提高了计算精度。与 FH 指数一样，DJ 指数也存在广义（DJ_B）和狭义（DJ_N）之分。

$$DJ_B = \sum_j \frac{m_i^j}{y_i} \quad (6-4)$$

$$DJ_N = \frac{m_i^i}{K_i} \quad (6-5)$$

其中，m_i^j 表示 i 行业第 j 种中间投入品进口，y_i 是 i 行业中间投入品总量；K_i 表示 i 行业得自本行业的中间投入品。当然，狭义 DJ 指数可直接由各行业进口投入产出矩阵与投入产出矩阵对角线的比值得到。其实，DJ 指数和 FH 指数无本质区别，都是利用投入产出表计算中间投入品进口在中间投入品总量中所占的份额，关键在于数据利用的不同。显然，DJ 指数简便科学，但现实中难以通过投入产出表直接获取中间品进口的行业数据，且行业分类也是一大障碍。

（二）VS 指数

对于承包方来说，中间投入品进口的相当部分是国内加工之后再出口，从而产生垂直专业化。基于垂直专业化的外包量化重点是计算出口品中使用的国外部分。赫梅尔等人（Hummels et al., 2001）将垂直专业化指数定义为出口品中进口的中间投入品价值，或是出口品中包含的国外附加价值；其数据主要来自投入产出表的中间投入品进口、总产出和中间投入品出口等。

$$VS_i = \frac{\sum_j m_i^j}{y_i} x_i \quad (6-6)$$

其中，m_i^j 表示 i 行业第 j 种中间投入品进口；y_i 为 i 行业总产出；x_i 为 i 行业出口。除 m_i^j 以外的数据均可从投入产出表直接得到，不过可知 i 行业各种中间投入品的进口总量，即 $\sum_i m_i^j$，而非 $\sum_j m_i^j$。所以，将 (6-6) 式修正如下，

$$vs = \frac{VS}{X} = \frac{\sum_i VS_i}{\sum_i x_i} = \sum_i \left(\frac{x_i}{X}\right)\left(\frac{VS_i}{x_i}\right) = \sum_i \left(\frac{x_i}{X}\right) vs_i \quad (6-7)$$

这里，vs 表示总出口中 VS 比重，X 表示各行业出口总量，vs_i 是 i 行业的 VS 比重。实际计算中，往往更加关注 VS 的比重 vs，而不是具体的 VS 数值，因为 vs 更能反映贸易结构和生产结构。

（三）DJ 指数

除基本流量表外，投入产出表另一重要数据信息便是完全消耗系数，它是第 j 种中间投入品每提供一个单位最终使用时对 i 行业的直接消耗和间接消耗之和，各行业完全消耗系数矩阵表示为

$$b_{ij} = a_{ij} + \sum_{k=1}^{n} a_{ik} a_{kj} + \sum_{s=1}^{n}\sum_{k=1}^{n} a_{is} a_{sk} a_{kj} + \sum_{t=1}^{n}\sum_{s=1}^{n}\sum_{k=1}^{n} a_{it} a_{ts} a_{sk} a_{kj} + \cdots\cdots \quad (6-8)$$

其中，a_{ij} 表示第 j 种中间投入品对 i 行业的直接消耗量，$\sum_{k=1}^{n} a_{ik} a_{kj}$ 表示第 j 种中间投入品对 i 行业的第 1 轮间接消耗量，$\sum_{s=1}^{n}\sum_{k=1}^{n} a_{is} a_{sk} a_{kj}$ 表示第 2 轮间接消耗量。以此类推，第 n+1 项为第 n 轮间接消耗量，将直接消耗量和各轮间接消耗量加总就是完全消耗系数。若以 M^j 表示第 j 种中间投入品进口，则

$$M^j \times b_{ij} = m_i^j \quad (6-9)$$

i 行业第 j 种中间投入品进口 m_i^j 为行业 i 对进口第 j 种中间投入品的完全消耗量。

（四）方法的比较

FH 指数和 DJ 指数都是利用投入产出表，计算中间投入品进口在中间投入品总量中所占的份额。FH 指数一直以来受到广泛追捧，但方法简便的同时却带来了精度的损失，"相同比例假定"成为其重大缺陷长期为人诟病。DJ 指数正是为了突破该假定的限制，从数据着手，以行业中间投入品进口的确切数值优化了 FH 指数。然而，DJ 指数并未引起学界的关注，各国数据上的限制制约了 DJ 指数的可推广性，多数学者宁可牺牲精度也倾向于选择 FH 指数。

VS 指数主要关注出口品中进口投入品的价值，核心计算环节是垂直专业化比重，由 (6-5) 和 (6-6) 式看出，其物理意义是该行业进口中间投入品占总产出的份额，即

$$vs_i = \frac{VS_i}{x_i} = \frac{\sum_j m_i^j}{y_i} = \sum_j \frac{m_i^j}{y_i} \quad (6-10)$$

与（6-4）式相比，vs_i 数值等同于 DJ 指数，这在一定程度上反映出随着全球经济联系越来越紧密，各国都处于垂直专业化的某个环节，承包方和发包方的传统比较优势和贸易地位在逐渐重叠。

三、基于以上指数的计算与分析

（一）基于 FH 指数的计算

1. 数据来源与行业

中国国家统计局提供的 1997 年 124 部门、2002 年 122 部门和 2007 年 135 部门三张投入产出表对中国工业行业分类存在些微差异，为了保持计算口径的一致性，同时考虑行业特点，我们将投入产出表行业按 2007 年最新行业分类进行合并得到 33 个代表性工业行业[①]，以便和《中国统计年鉴》两位数行业分类一一对应（见表 6-1）。

表 6-1　　　　　　　　服务业行业分类调整对照表

本书	2007 年投入产出表	2002 年投入产出表	1997 年投入产出表
通信、计算机与信息服务业	电信和其他信息传输服务业、计算机服务业软件业	信息传输服务业、计算机服务和软件业	电信业
金融业	银行业、证券业和其他金融活动	金融业	金融业
保险业	保险业	保险业	保险业
商业服务业	租赁业、商务服务业	租赁业、商务服务业	商业
专业技术服务业	专业技术服务业	专业技术及其他科技服务业	综合技术服务业

2. 计算结果

本章结合行业特点，只选取与工业生产密切相关的 5 种服务业作为中间服务投入品来源，以此计算 33 个工业行业的服务外包度。

[①] 限于篇幅限制，不再将投入产出表、《中国统计年鉴》与本书工业行业对照表列出，如有兴趣作者可另行提供。这里，33 个工业行业是：煤炭开采和洗选业，石油和天然气开采业，黑色金属矿采选业，有色金属矿采选业，非金属矿采选业，农副食品加工业，食品制造业，饮料制造业，烟草制品业，纺织业，纺织服装、鞋、帽制造业，皮革、毛皮、羽毛（绒）及其制品业，木材加工及木、竹、藤、棕、草制品业，家具制造业，造纸及纸制品业，印刷业和记录媒介的复制行业，文教体育用品制造业，石油加工、炼焦及核燃料加工业，化学原料及化学制品制造业，医药制造业，化学纤维制造业，橡胶制品业，塑料制品业，非金属矿物制品业，黑色金属冶炼及压延加工业，有色金属冶炼及压延加工业，金属制品业，通用设备制造业，专用设备制造业，交通运输设备制造业，电气机械及器材制造业，通信设备、计算机及其他电子设备制造业，仪器仪表及文化、办公用机械制造业。

计算 i 行业服务外包度 FH_{Si},

$$FH_{Si} = \sum_{j=1}^{5} \left(\frac{X_i^j}{Y_i}\right)\left(\frac{M_j}{P_j + M_j - E_j}\right) \qquad (6-11)$$

结果如图 6-1 所示，整体来看我国服务外包虽然起点较低，但近年来发展迅速，特别是 2002 年较 1997 年，几乎 33 个工业行业外包度都有大幅上升，而 2007 年较 2002 年各行业服务外包已发展至一定规模，扩张速度较之前有所降低，不过大多数行业服务外包度总体上升态势已然显现。石油和天然气开采、非金属矿采选、非金属矿物制品和金属制品等行业服务外包度经历了先上升后下降的发展过程，尤其是石油和天然气开采业，从 2002 年的 0.91% 下降到 2007 年的 0.11%，减少近九成。值得关注的是，减少服务外包的行业主要为石油、矿产等重工业领域。同时，饮料制造业、文教体育用品制造业和医药制造业等高附加值行业服务外包度持续上升，涨幅均在 50% 以上。其中，医药制造业从 1997 年的 0.03% 增至 2002 年的 0.95%，再到 2007 年的 1.64%。

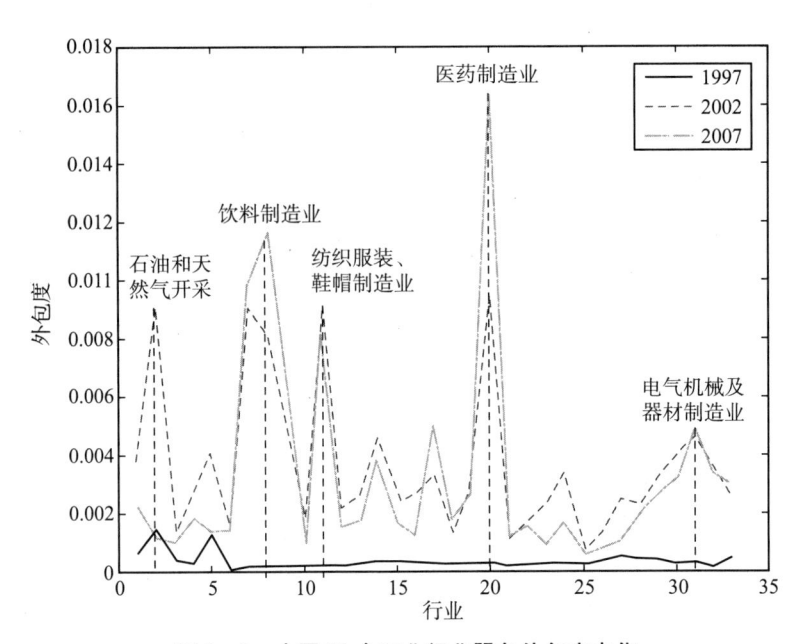

图 6-1 中国 33 个工业行业服务外包度变化

3. 结果分析

综上，相似行业外包度变化趋势基本一致。石油、金属等重工业的服务外包度 2007 年较 2002 年都有不同程度下降。同时，像饮料、医药制造业等高附加值行业，其服务外包水平显著提高。作为我国长期对外出口的优势行业，纺织服装等行业的外包度在经历短暂上升后都有明显降低，或许表明我国在发挥传统劳动力优势过程中，相关行业发展的产业关联性趋弱。

本节对中国33个工业行业外包水平的计算与以往基于42部门投入产出表的计算相比，行业选取和结果上更显可靠，尤其服务外包度计算方面，摒弃了多项与工业生产没有太大关联的服务投入品，如旅游业、住宿业等，由于投入产出表的进口量包括中间品进口和最终使用，删去这些干扰性服务业，有利于精确衡量服务外包水平。需要说明的是，在选取33个工业行业时，我们充分考察投入产出表所有行业的特点，尽量对相似度较高行业进行合并处理，又注意避免行业分类过粗。的确，相似行业外包度变化趋势基本相同。在此，仅把42部门投入产出表19个工业行业服务外包度的重复计算结果绘图如下，借此做出比较。

如图6-2所示，19个工业行业服务外包度2007年较2002年都有明显下降，与前述33个工业行业计算结果差异很大。此前，国内有关计算以1997年和2002年投入产出表为对象，例如徐毅和张二震（2008）、平新乔（2005）等，结论大致相同：服务外包度总体明显上升。但我们加入2007年数据后，服务外包度却出现截然不同的变化态势。

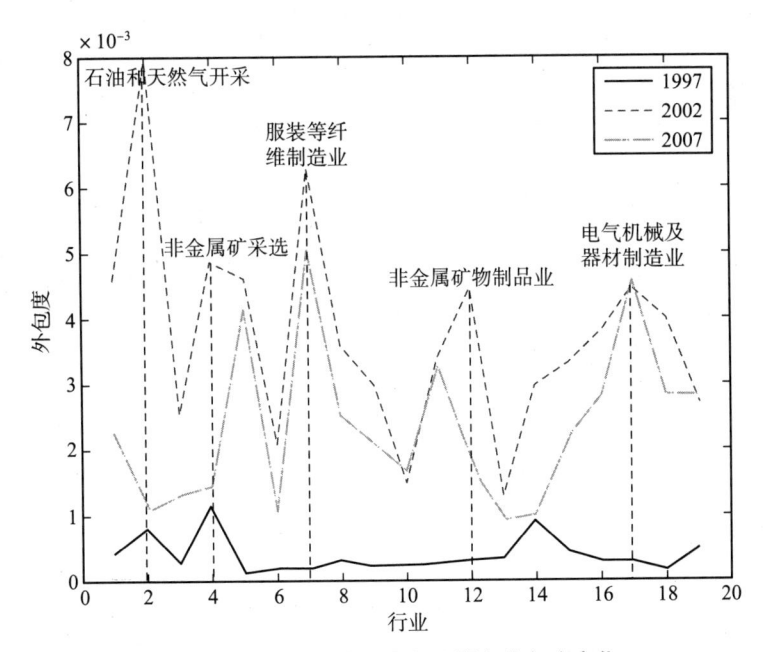

图6-2 中国19个工业行业服务外包度变化

观察表 6-2 提供的 2002 年和 2007 年中间服务品进口 M_j 及其占国内总需求的比重 $M_j/(P_j+M_j-E_j)$，记作 P_j。除了金融业进口有所下降，其他服务投入品进口都正在增加。而且，前述计算结果也显示，除部分重工业服务外包度下降以外，更多行业服务外包度总体上升。这与多数国家对外服务外包发展步调一致，全球国际服务外包正在以远高于材料外包的速度超常规发展。所以，19 个工业行业服务外包整体下降显然是不合理的。其实，33 个行业中的医药制造业、化学纤维制造业等都属于 19 个行业中的化学工业，前者服务外包度变化趋势明显不同，后者则掩盖了这些真实情况。这说明，行业分类口径的不一致是结果分歧的根本原因。显然，量化外包水平如果不能突破数据"瓶颈"，会极大限制方法的创新，不过对现有方法进行适当调整，加上对数据的合理处置，还是能够得到较为满意的结果。

表 6-2　　中国 19 个工业行业中间服务品进口及其占国内总需求的比重

中间服务品	2002 年 M_j	2002 年 P_j	2007 年 M_j	2007 年 P_j
信息传输服务业	196872	0.039794147	407114	0.056316807
计算机服务与软件业	1133867	0.020624942	3989871	0.039967118
金融业	2760460	0.036474634	1291732	0.006616138
租赁和商务服务业	6585013	0.155028351	24112559	0.219477121
综合技术服务业	0	0	0	0

（二）基于 DJ 指数的计算

本节通过投入产出表完全消耗系数矩阵和中间投入品进口数据得到中间投入品行业进口量，借此突破"相同比例假定"，直接计算 DJ 指数衡量的中国 1997 年、2002 年和 2007 年服务外包水平。

计算结果如图 6-3 所示，整体来看，我国服务外包虽然起点较低，但近年来发展迅速，特别是 2002 年较 1997 年，几乎 33 个工业行业外包率都有大幅上升，而 2007 年较 2002 年各行业服务外包已发展至一定规模，扩张速度较之前有所降低，不过大多数行业服务外包率总体上升态势已然显现。石油和天然气开采、非金属矿采选、非金属矿物制品和金属制品等行业服务外包率先上升后下降，尤其是石油和天然气开采业，从 2002 年的 0.91% 下降到 2007 年的 0.11%，减少近九成。值得关注的是，减少服务外包的行业主要为石油、矿产等重工业领域。同时，饮料制造业、文教体育用品制造业和医药制造业等高附加值行业服务外包率持续上升,涨幅均在50%以上。其中,医药制造业从1997年的0.03%增至2002年的0.95%,再到2007年的1.64%。

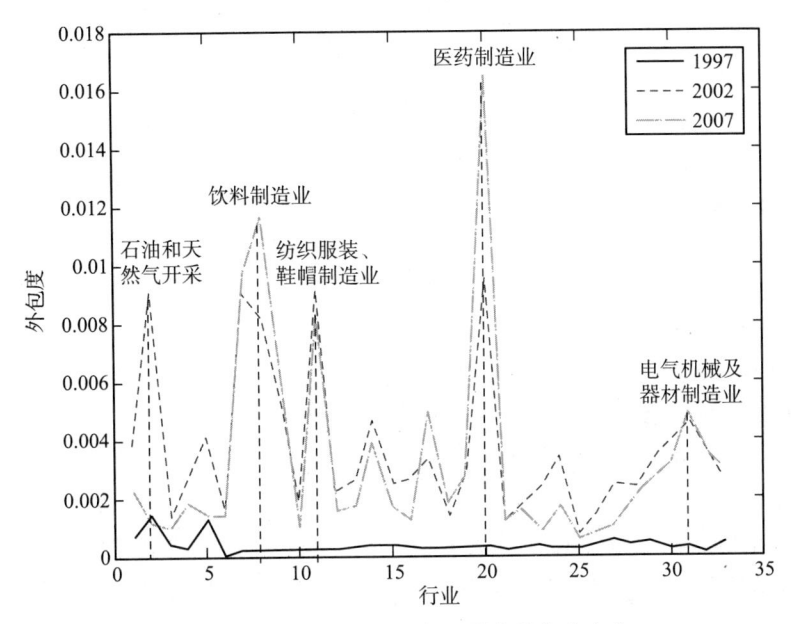

图6-3 中国33个工业行业服务外包率变化

第二节 服务外包与劳动生产率

一、经验事实分析

在就国际外包对劳动生产率的影响进行回归分析前,先行描述我国工业行业发包水平与其劳动生产率的关系。

把各行业不同年份的服务外包率与人均工业增加值一一对应,并拟合散点分布绘制成图6-4。可以看出,1997年各行业人均工业增加值和服务外包密集表现出稳定的正向关系。2002年,服务外包提升人均工业增加值作用趋缓,2007年三类外包与人均工业增加值变化基本一致,都呈现出弱正向联系。总体来看,服务外包可能更大程度地促进了行业劳动生产率增长。

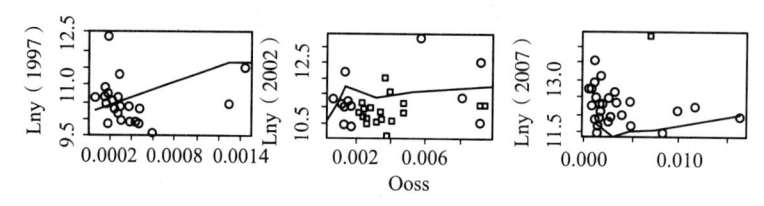

图 6-4　服务外包与年人均工业增加值变化关系

Malmquist 全要素生产率指数是指对有效投入 x、产出 y 的情形下，从 t 时期到 t+1 时期全要素生产率变动的刻画

$$M(x^{t+1}, y^{t+1}; x^t, y^t) = \frac{y_{t+1}/x_{t+1}}{y_t/x_t} \quad (6-12)$$

卡夫等人（Caves et al.，1982）和法尔等人（Fare et al.，1994）有关 Mi 指数的开创性工作将其彻底演化为实证指数，该指数自此被分解为技术效率变动 EC 和技术前沿变动 TC

$$M = EC(x^{t+1}, y^{t+1}; x^t, y^t) \times TC(x^{t+1}, y^{t+1}; x^t, y^t) \quad (6-13)$$

其中，EC 为每一期个体观测点向当期技术前沿的追赶，TC 为各期技术前沿随时间向前的推移。(6-13) 式表明，企业并非在每一期都处于技术前沿，它们的长期劳动生产率增长可以分解成两个部分：第一，企业从内部向技术前沿的追赶；第二，企业随技术前沿本身的技术变动。基于 DEA 方法的 Mi 指数计算就是对个体观测点进行包络分析以拟合出每期的技术前沿，同时随时间推移观察技术前沿的变动和各观测点向当期技术前沿的追赶，如图 6-5 所示。

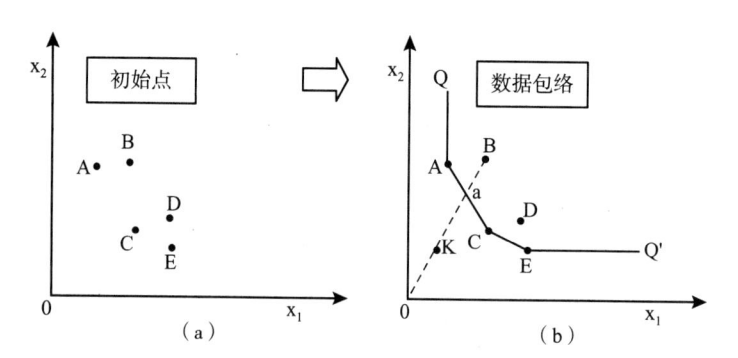

图 6-5　基于投入的技术效率计算：当期分析

图 6-5 显示，个体观测点存在两种投入 x_1 和 x_2，产出为 y。图 6-5（a）的 A、B、C、D 和 E 定位了 5 个观测点的投入产出，如果把距数轴或原点最近的

实际观测点连接起来，可以得到产出边界 Q - Q′（技术前沿），如图 6 - 5（b）所示。很明显，A、C、E 是有效率的点，B 是无效率点。OB 连线穿过 Q - Q′，交点为 a，Oa/OB 就是对 B 点生产效率的观测。不过，考虑当期情形还无法计算全要素生产率的增长，技术效率随时间变动的 Mi 指数计算及分解如图 2 - 2 所示。随着时间推移，企业生产同等产出的投入量递减，即技术前沿从 Q_1 变化至 Q_2，图中 B 企业在两时期的投入产出点分别位于 B_1 和 B_2。在此过程中，B 企业的技术进步包括两个因素：第一，B 被技术前沿带动向前推进技术，即技术前沿变动 TC，衡量技术前沿从 Q_1 至 Q_2 的整体变动；第二，B 改善自身技术效率从而追赶技术前沿，即技术效率变动 EC[①]。令第 1 期技术前沿 Q_1 为 1，根据费尔等人（Fare et al., 1994, 1997）和雷（Ray et al., 1997），B 从第 1 期到第 2 期的全要素生产率变动为

$$Mi = (OB_2/OB_1) = TC \times EC = [OQ_2/OQ_1][(OB_2/OQ_2)/(OB_1/OQ_1)]$$

其中，OQ_i 表示技术前沿，OQ_2/OQ_1 衡量技术前沿变动 TC，$(OB_2/OQ_2)/(OB_1/OQ_1)$ 表示技术效率变动 EC 对技术前沿的追赶。由于 Q_i 是技术前沿的拟合而不是实际观测点，那么如何精确计算 OQ_i？费尔等（1994，1997）和雷等（1997）以相邻时期技术前沿为参照计算技术效率，并对其求几何平均。令 E_{ij} 表示某观测点在时期 j 相对技术边界 i 的技术效率，有 $E_{11} = Od/OB_1$。相应地，令 E_{21} 表示在时期 1 相对于技术边界 2 的技术效率，$E_{21} = Oc/OB_1$，$E_{12} = OB_2/Ob$，$E_{12} = OB_2/Ob$。那么，参照不同时期的技术前沿，B 从时期 1 到时期 2 的技术效率变动为

$$M_1(1, 2) = \frac{E_{12}}{E_{11}} = \frac{\frac{OB_2}{Ob}}{\frac{OB_1}{Od}}, \quad M_2(1, 2) = \frac{E_{22}}{E_{21}} = \frac{\frac{OB_2}{Oa}}{\frac{OB_1}{Oc}},$$

$$\begin{aligned}M(1, 2) &= [M_1(1, 2) M_2(1, 2)]^{1/2} \\ &= (E_{22}/E_{11})[(E_{12}/E_{22})(E_{21}/E_{11})]^{1/2} \\ &= (OB_2/OB_1)\left(\frac{Oa/Ob}{Od/Oc}\right)^{1/2} \quad (6-14)\end{aligned}$$

$M_1(1, 2)$ 是根据时期 1 的技术前沿得到的时期 1 到时期 2 的全要素生产率变动，$M_2(1, 2)$ 是根据时期 2 的技术前沿得到的全要素生产率变动。$M(1, 2)$ 就是 B 点的 Mi 指数，而 E_{22}/E_{11} 为技术前沿变动 TC，$[(E_{12}/E_{22})(E_{21}/E_{11})]^{1/2}$ 为

---

① 由图 6 - 5 可知，B_2 和 Q_2 的距离相对于 B_1 和 Q_1 更短，表明 B 在第 1 期至第 2 期存在正的技术追赶效应，即技术效率变动 EC。

技术效率变动 EC。

图 6-6 所示 B_1 到 B_2 的变动过程，B 点的要素投入比例①发生了变化，随之出现要素配置效应，即一种投入对另一种投入的替代。据此，费尔等（1994，1997）将技术效率变动进一步分解为规模效率变动 SC、要素配置变动 CNC 和纯技术效率变动 PC，分别用来衡量控制其他因素时要素投入规模扩大、要素投入替代和要素生产效率提高引起的技术效率变动。

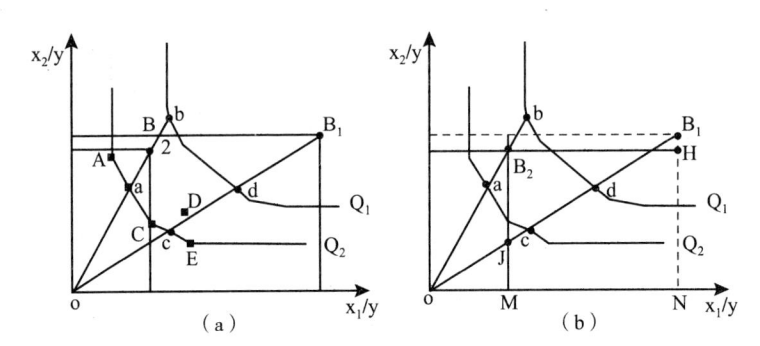

图 6-6 Malmquist 指数计算及分解：跨期分析

$$M_i(x^{t+1}, y^{t+1}; x^t, y^t) = PC \times SC \times CNC \times TC \qquad (6-15)$$

雷（Ray, 1997）就该问题对费尔（Fare, 1994, 1997）的增长率分解进行了修正。对于 TFP 变动以及将 TFP 变动分解为技术效率变动 EC 和技术前沿变动 TC，各项研究并无争议。所不同的是，雷（Ray, 1997）认为在基于 DEA 方法的 Mi 指数计算中，技术效率变动只分解成规模效率变动 SC 和纯技术效率变动 PC，无法对要素配置效率做出甄别。简言之，在控制规模效率的前提下，x_1 要素的纯技术效率提高也可以起到与 x_1 要素价格降低相同的作用，即 x_1 对 x_2 的替代。后续研究中，古玛等（Kumar, 2002）将 TFP 变动分解为三个层次：技术前沿变动、技术效率追赶和资本集聚。自此，基于 DEA 方法的 Mi 指数可以分解为

$$Mi = EC(x^{t+1}, y^{t+1}; x^t, y^t) \times TC(x^{t+1}, y^{t+1}; x^t, y^t) = PC \times SC \times TC \qquad (6-16)$$

根据费尔等（Fare et al., 1994, 1997）和雷等（Ray, 1997），假设每一时期 $t = 1, 2, \cdots, T$，第 $k = 1, 2, \cdots, K$ 个观测点使用 $n = 1, \cdots, N$ 种投入 $x_{k,n}^t$，得到第 $m = 1, \cdots, M$ 种产出 $y_{k,m}^t$。在 DEA 方法中，每一期规模报酬固定，投入要素可处置条件下的参考技术被定义为

---

① OB_1 斜率相对 OB_2 更小，表明了 x_2 对 x_1 的替代效应，即相对于 B_1 的要素投入比例，B 点使用 JB_2 段的 x_2 替代 MN 段的 x_1。

$$L^t(y^t \mid C, S) = \{(x_1^t, \cdots, x_N^t) : y_{k,m}^t \leq \sum_{k=1}^{K} z_k^t y_{k,m}^t, \ m = 1, \cdots, M$$

$$\sum_{k=1}^{K} z_k^t x_{k,n}^t \leq x_{k,n}^t, \ n = 1, \cdots, N$$

$$z_k^t \geq 0, \ k = 1, \cdots, K\} \tag{6-17}$$

(6-17) 式的 z 表示每一截面观测值的权重,而基于投入的某观测点技术效率的非参数规划是

$$F_i^t(y^t, x^t \mid C, S) = \min \theta^k$$

$$\text{s. t. :} \quad y_{k,m}^t \leq \sum_{k=1}^{K} z_k^t y_{k,m}^t, \ m = 1, \cdots, M$$

$$\sum_{k=1}^{K} z_k^t x_{k,n}^t \leq x_{k,n}^t, \ n = 1, \cdots, N$$

$$z_k^t \geq 0, \ k = 1, \cdots, K \tag{6-18}$$

进一步地,引入距离函数计算 Mi 指数(Fare 等,1994)。将距离函数写作技术效率的倒数,参考技术 $L^t(y^t \mid C, S)$ 条件下的距离函数为

$$D_i^t(y^t, x^t) = 1/F_i^t(y^t, x^t \mid C, S) \tag{6-19}$$

(6-19) 式可被认为某一生产点 (x^t, y^t) 向理想的最小投入点压缩的比例,也就是技术效率。当且仅当 $D_i^t(x^t, y^t) = 1$,(x^t, y^t) 在生产前沿面上,生产在技术上是有效率的。如果 $D_i^t(x^t, y^t) > 1$,生产在技术上无效率。同样,可由 (6-19) 式求得 t+1 时期的距离函数,而 (6-11) 式中的 Mi 指数可相应表示为

$$M_i^t = D_i^t(x^t, y^t)/D_i^t(x^{t+1}, y^{t+1}) \tag{6-20}$$

(6-20) 式计算了 t 时期技术条件下,从时期 t 到时期 t+1 的技术效率变动。因此,可定义在时期 t+1 的技术条件下,从时期 t 到时期 t+1 技术效率变动的 Mi 指数为

$$M_i^{t+1} = D_i^{t+1}(x^t, y^t)/D_i^{t+1}(x^{t+1}, y^{t+1}) \tag{6-21}$$

回到 (6-14) 式,从 t 时期到 t+1 时期的全要素生产率变动由两个 Mi 指数的几何平均求得,并可相应分解为

$$M_i(x^{t+1}, y^{t+1}; x^t, y^t) = \left\{ \left[\frac{D_i^t(x^t, y^t)}{D_i^t(x^{t+1}, y^{t+1})} \right] \left[\frac{D_i^{t+1}(x^t, y^t)}{D_i^{t+1}(x^{t+1}, y^{t+1})} \right] \right\}^{1/2}$$

$$= PC(x^{t+1}, y^{t+1}; x^t, y^t)SC(x^{t+1}, y^{t+1}; x^t, y^t)$$

$$TC(x^{t+1}, y^{t+1}; x^t, y^t) \tag{6-22}$$

如果 Mi 指数及各分解项为 1,不存在效率变动;如果指数大于 1,存在效率进步,反之效率下降。

二、国际外包对劳动生产率影响的实证分析

(一) 模型分析

沿用 C-D 生产函数,假定 i 行业产出 $Y_{it}=A_{it}F(K_{it},L_{it})$,其中,t 表示时间,生产率系数 A_{it} 可以是关于外包的函数,但由于外包又可能以产品内专业化分工、置换生产阶段以及要素重配,或是进口溢出、外部性等多种方式共同影响劳动生产率,故无法精确区分外包生产率效应的具体途径和形式,此处一并将这些因素纳入 A_{it}。K_{it} 为物质资本投入,L_{it} 为劳动力投入,将 Y_{it} 表示为人均产出 y_{it},则对生产函数取对数并进行二次泰勒级数展开(徐毅、张二震,2008),得到超对数生产函数如下,

$$\ln y_{it} = \ln A_{it} + \beta_0 + \beta_1 \ln K_{it} + \beta_2 \ln L_{it} + \frac{1}{2}\beta_3 (\ln K_{it})^2$$
$$+ \frac{1}{2}\beta_4 (\ln L_{it})^2 + \beta_5 \ln K_{it} \ln L_{it} \qquad (6-23)$$

如上外包影响劳动生产率的种种可能方式,加之为刻画外包带来的非中性技术变化(Egger & Egger,2006),可以将外包及其与物质资本投入、劳动力投入的乘积一并引入(6-23)式,构造计量方程,

$$\ln y_{it} = \alpha_0 + \alpha_1 O_{it} + \alpha_2 O_{it} \ln K_{it} + \alpha_3 O_{it} \ln L_{it}$$
$$+ \alpha_4 (O_{it} \ln K_{it})^2 + \alpha_5 (O_{it} \ln L_{it})^2$$
$$+ \alpha_6 O_{it}^2 \ln K_{it} \ln L_{it} + \lambda_{it} + \mu_{it} + \varepsilon_{it} \qquad (6-24)$$

其中,α_0 为截距项,ε_{it} 为误差项,λ_{it} 为面板数据模型中行业变化、时间不变效应,μ_{it} 为时间变化、行业不变效应。需要说明的是,外包项 O_{it} 将取服务外包 O_{itoss} 的含义。另外,利用(6-24)式估计外包对劳动生产率的影响时,可能会产生"内生性"问题,即劳动生产率和外包可能同期互为原因。考虑到时间变化效应,以下按照奥尔森(Olsen,2006)的滞后变量方法,通过外包滞后变量对模型的重新回归检验计量结果的可靠性。

(二) 数据变量

本书计量检验涉及变量和数据是基于如上中国 33 个工业行业的年人均产出、物质资本投入、劳动力投入和外包率。

(1) 劳动生产率。

y_{it} 为 i 行业 t 时期人均产出——劳动生产率，我们采用各行业年工业增加值与职工年均人数的比值表示，前者还以各行业工业品出厂价格指数把当年价格折算成 1997 年为基期的不变价，数据来自各年《中国工业经济统计年鉴》和《中国城市（镇）生活与价格年鉴》，后者来自《中国统计年鉴》。

(2) 物质资本投入。

目前，度量资本存量主要有永续盘存法和资本租赁价格法。近年来，国内有关资本存量的度量集中于全国或省际资本存量（王小鲁和樊纲，2000；张军，2004），工业行业资本存量研究成果较少。这里直接使用《中国工业经济统计年鉴》公布的各行业固定资产净值年均余额（张海洋，2005）表示物质资本投入，并以各行业工业品出厂价格指数折算成 1997 年为基期的不变价。

(3) 劳动力投入。

一般而言，劳动力投入应该用劳动时间来衡量，但该数据无法获得，因此通常用劳动力人数代替。出于计算的简便和数据的可得性，我们以《中国统计年鉴》各行业职工年均人数表示。

(三) 计量检验

利用前述模型和数据，使用 R 语言统计分析软件对中国国际外包影响劳动生产率进行计量检验。首先，对于模型误差项可能包含的两类影响因素：个体效应和时间效应，分别由 LM 检验（P = 0.000，拒绝原假设）和 F 检验（P = 0.5075，接受原假设）[1] 决定采用单向个体效应模型。其次，针对个体效应的两种处理方式：固定效应和随机效应模型，Hausman 检验拒绝原假设（如表 6 - 3 所示），故选择通过特定截距项反映个体差异的固定效应模型。最后，由于可能出现序列相关，根据 Breusch - Godfrey 检验结果（P = 0.0000，拒绝原假设），以下综合建立个体固定效应面板数据模型。

表 6 - 3　　　　服务外包影响中国工业行业劳动生产率计量结果

	模型 I	模型 II	模型 III	模型 VI
O × lnK	0.16***	8.54***	4.84*	0.15**
O × lnL	-0.22***	-9.99***	-6.39*	-0.25*

---

[1] 此处检验结果以材料外包率数据为例，服务外包率和狭义材料外包率的 LM 检验和 F 检验的相似结果不再赘述，下同。

续表

	模型 I	模型 II	模型 III	模型 VI
$(O \times \ln K)^2$	—	-1.28***	-0.23**	—
$(O \times \ln L)^2$	—	-0.34*	0.65***	—
O_{osm}				
O_{oss}		-11.87***		
$O_{osm(n)}$				
lag(O_{osm}, 1)	-0.067***			
lag(O_{oss}, 1)			-8.38*	
lag($O_{osm(n)}$)				-0.12*
lag(lny, 1)	0.76*	0.80**	0.97**	1.43*
Hausman 检验		10.01		
F 值	30.09	14.30	18.32	22.25
R^2	0.89	0.59	0.83	0.85
样本数	66	66	66	66

注：*、** 和 *** 分别表示在 10%、5% 和 1% 显著性水平上通过检验，"—"表示数值小于 1×10^{-4} 的情况。

表 6-3 中模型 II 对应 O_{it} 取值服务外包时 (6-24) 式模型方程，而模型 I、模型 III 和模型 IV 分别对应三种外包率取值滞后 1 期时的情形。可以看出，两者结果没有太大差异，说明"内生性"问题并不严重。采用 White 异方差一致的协方差矩阵估计，检验以上计量过程均接受不存在异方差的原假设。另外，考虑到 (6-24) 式中 $O_{it}^2 \ln K_{it} \ln L_{it}$ 系数 α_6 各检验均不显著，表 6-1 列示的计量过程已不包含此项。

分析表 6-3 可知，虽然计量结果完整报告了三类外包、物质资本投入和劳动力投入各自及交互共同影响劳动生产率的程度，且多半通过了不同水平的显著性检验，但二次级数表达式使得外包同时存在于模型其他因素中，一定程度上模糊了外包对劳动生产率的直接影响。为此，取 y_{it} 对 (6-24) 式外包项的偏微分

$$d\ln y_{it}/dO_{it}\ln K_{it} = \alpha_2 + 2\alpha_4 O_{it}\ln K_{it} \qquad (6-25)$$

$$d\ln y_{it}/dO_{it}\ln L_{it} = \alpha_3 + 2\alpha_5 O_{it}\ln L_{it} \qquad (6-26)$$

$$d\ln y_{it}/dO_{it} = \alpha_1 + \alpha_2 \ln K_{it} + \alpha_3 \ln L_{it} + 2\alpha_4 O_{it}(\ln K_{it})^2 +$$
$$2\alpha_5 O_{it}(\ln L_{it})^2 + 2\alpha_6 O_{it}\ln K_{it}\ln L_{it} \qquad (6-27)$$

第六章　服务外包加快劳动力市场调整　　▶ 183 ◀

把表 6-3 中的各系数估计值及各变量上四分位数与下四分位数的平均值①（见表 6-4）分别代入（6-25）式、（6-26）式和（6-27）式，计算结果如表 6-5 所示。

表 6-4　　　　　各变量上四分位数与下四分位数的平均值

y	108304.43	lny	11.28849	O_{osm}（%）	9.7591865
K	1194.67	lnK	6.8150275	O_{oss}（%）	0.16981075
L	118.50	lnL	4.56402	$O_{osm(n)}$（%）	2.0060595

表 6-5　　　　　外包项对劳动生产率的边际影响

	$dlny_{it}/dO_{it}lnK$	$dlny_{it}/dO_{it}lnL$	$dlny_{it}/dO_{it}$
O_{osm}	0.16	-0.23	0.07
O_{oss}	5.58	-10.00	3.64
$O_{osm(n)}$	0.43	-0.55	0.40

在计算的三类外包中，资本外包项对劳动生产率的边际影响为正，而劳动力外包项为负，表明外包造成了资本节约型技术进步，进一步计算外包对劳动生产率的直接影响，服务外包的边际效应取值 3.64，即服务外包率每增加 1% 会增加人均产出 3.64。需要说明的是，在一定程度上可以认为服务外包会提升中国工业行业的劳动生产率，服务外包的促进作用更强。当然，如果进一步考察三类外包边际影响上的差异，其深层次原因可能来自 33 个工业行业自身的差异性。由前述分析可知，外包水平，尤其是发包水平在不同行业表现出的趋势变化不尽相同，一方面国内各行业生产能力、效率和产业链水平明显不同，来自国外和国内、其他行业和本行业的材料和服务中间品投入的需求和可得性迥异；另一方面，行业发展的自身特点、现阶段以及未来该行业面临的新形势和新要求都成为外包能否流行开来和对外发包能否深入发展的制约因素。本书计量结果还给出了个体固定效应面板数据模型下各行业（截距项）的估计结果。

图 6-7 反映的各年份个体（行业）差异刻画了模型中服务外包在不同行业劳动生产率受到影响的各自程度。例如，家具制造业、印刷业和记录媒介的复制

---

① 四分位数是指，将所有数值按大小排列并分成四等份，处于三个分割点位置的得分。最小的四分位数称为下四分位数，中点位置的四分位数称为中位数，最大的四分位数称为上四分位数。如果分别用 Q_1 和 Q_3 表示数据 A 的下四分位数和上四分位数，用 Q 表示他们的平均数，有 Q = (Q_1 + Q_3)/2。一般而言，Q 相对于均值可以更好地消除极端值的干扰，相对于中位数更全面表现了数值特征，使结论更有说服力。

行业以及文教体育用品制造业等接近生产性服务的工业行业服务外包较大地促进了该领域劳动生产率的提升,显示这些行业的生产过程对服务投入依赖的同时,也表明增强竞争和生产能力需要进一步加大中间品服务含量及其国际化水平。服务外包对医药制造业、化学纤维制造业和橡胶制品业等化学工业的生产率增长的边际效应影响较大,一定程度上印证了当前这些传统高能耗、高投入的典型工业正在向资本、技术服务密集型转变,在此过程中行业发展获得了来自国外服务提供的动力。电气机械及器材制造业和通信设备、计算机及其他电子设备制造业等工业行业服务外包之于生产率的提升作用较其他行业略高。这说明,资本、技术密集型的新兴代表性行业,如化学工业等已同国外接轨,生产过程较高依赖国外中间服务品的进口,基本融入了同行业国际分工体系并处于产业链高端地位。

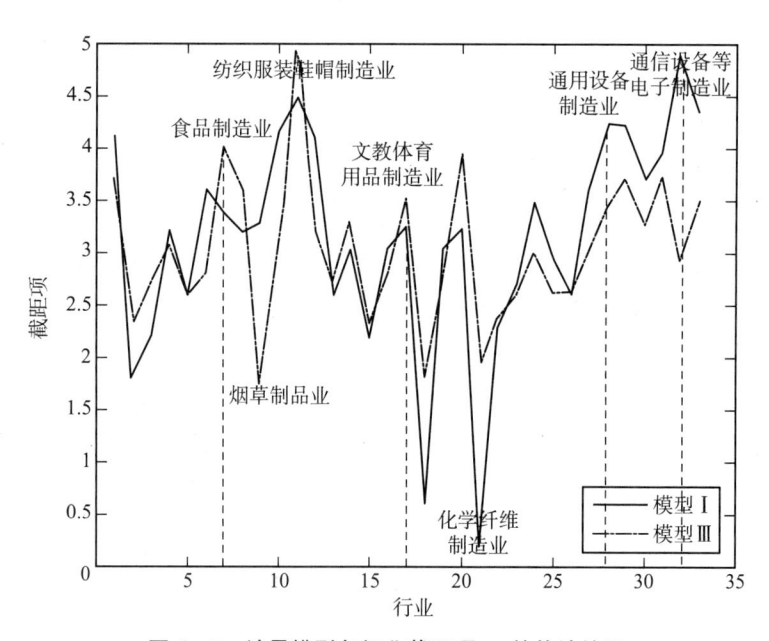

图 6-7 计量模型各行业截距项 α_0 的估计结果

(四) 结果讨论

与以往同类研究对比发现,以上计算结果与艾格 (Egger, 2006) 认为欧盟国家外包长期内提升了非熟练工人劳动生产率的结论十分接近。

作为国际贸易的新形式,外包浪潮已席卷全球,其不但日益成为发展中国家融入新的国际分工和参与国际竞争的重要途径,而且与国内技术进步、生产率提升和经济发展的联系越来越紧密。中国作为发展中大国,"世界工厂"的角色使得我们长期以来承接了大量发达国家生产环节外包,随着十年来中国经济的快速发展,国内生产开始把来自发达国家的原材料和服务作为中间品投入,使其通过专业化分工、要素替代、技术外溢、学习效应等在国内企业提高生产率和国民经济发展过程中发挥作用。本书研究发现,服务外包总体上提升了中国工业行业的劳动生产率。具体而言,服务外包近年来有所下降,且前者对生产率增长的贡献也高于后者。医药制造业等高附加值行业服务外包水平明显上升。

第三节 服务外包与就业

一、模型分析

借鉴格里纳韦(Greenaway,1998)等的方法,假定行业 i 在 t 时期服从 Cobb - Douglas 生产函数

$$Y_{it} = A^{\gamma} K_{it}^{\alpha} L_{it}^{\beta} \tag{6-28}$$

其中,Y_{it} 为行业 i 在 t 时期的实际产出,A 是影响产出的技术要素,K_{it} 和 L_{it} 分别表示物质资本和劳动力投入,γ、α 和 β 为各个变量的弹性系数。在生产者均衡条件下,劳动力的边际产品为 w_{it},物质资本的边际产品为 r_{it},则有

$$\begin{cases} w_{it} = A^{\gamma} K_{it}^{\alpha} \beta L_{it}^{\beta-1} \\ r_{it} = A^{\gamma} L_{it}^{\beta} \alpha K_{it}^{\alpha-1} \end{cases} \tag{6-29}$$

$$\frac{w_{it}}{r_{it}} = \frac{K_{it}^{\alpha} \beta L_{it}^{\beta-1}}{L_{it}^{\beta} \alpha K_{it}^{\alpha-1}} = \frac{K_{it} \beta}{L_{it} \alpha} \Rightarrow K_{it} = \frac{w_{it}}{r_{it}} \frac{L_{it} \alpha}{\beta} \tag{6-30}$$

将(6-30)式代入(6-28)式

$$Y_{it} = A^{\gamma} K_{it}^{\alpha} L_{it}^{\beta} = A^{\gamma} \left(\frac{w_{it}}{r_{it}} \frac{L_{it} \alpha}{\beta} \right)^{\alpha} L_{it}^{\beta} \tag{6-31}$$

假定资本的边际产品价格取决于物质资本投入 K_{it},即厂商一定时期内购置、转入和自产自用的固定资产,扣除用于销售和转出的部分,(6-31)式扩展为

$$Y_{it} = A^{\gamma} \left(\frac{w_{it}}{r_{it}} \frac{L_{it} \alpha}{\beta} \right)^{\alpha} L_{it}^{\beta} = A^{\gamma} w_{it}^{\alpha} L_{it}^{\alpha+\beta} \left(\frac{\alpha}{\beta} \right)^{\alpha} K_{it}^{-\alpha} \tag{6-32}$$

一般而言,技术要素随时间 T_i 变化,且假定与行业研发投入 RD_{it} 和外包水平 O_{it} 密切相关,此处设定

$$A_{it}^{\gamma} = e^{\rho_0 T_i} RD_{it}^{\rho_1} O_{it}^{\rho_2} \qquad (6-33)$$

将 (6-33) 式代入 (6-32) 式, 两边取对数可得

$$\ln Y_{it} = \gamma\rho_0 T_i + \gamma\rho_1 \ln RD_{it} + \gamma\rho_2 \ln O_{it} + \alpha \ln w_{it} +$$
$$(\alpha + \beta) \ln L_{it} + \alpha \ln\left(\frac{\alpha}{\beta}\right) - \alpha \ln K_{it} \qquad (6-34)$$

假定行业 i 在 t 时期的劳动力投入 L_{it} 由熟练劳动力 L_{it} (skilled) 和非熟练劳动力 L_{it} (unskilled) 构成,

$$S_{it} = \frac{L_{it}(\text{skilled})}{L_{it}} \qquad (6-35)$$

将 (6-35) 式代入 (6-34) 式,

$$(\alpha + \beta) \ln S_{it} = \gamma\rho_0 T_i + \gamma\rho_1 \ln RD_{it} + \gamma\rho_2 \ln O_{it} +$$
$$\alpha \ln w_{it} + (\alpha + \beta) L_{it}(\text{skilled}) +$$
$$\alpha \ln\left(\frac{\alpha}{\beta}\right) - \alpha \ln K_{it} - \ln Y_{it} \qquad (6-36)$$

另外, 考虑到在华跨国企业从业人员占行业总就业的比重 (inFDI_{it}), 即内向 FDI 企业就业份额对行业劳动力结构变化的影响, 以及熟练劳动力投入与被解释变量的关系, 将 (6-36) 式中的 L_{it}(skilled) 替换为 L_{it} 和 inFDI_{it}。最后, 综合出口 (EXP_{it}) 和进口 (IMP_{it}) 对实际产出的影响, 将其一并引入计量方程。以 (3-10) 式为基础, 整理构造模型方程如下:

$$S_{it} = \eta_0 + \sum_j \eta_1 \ln RD_{i,t-j} + \sum_j \eta_2 O_{i,t-j} + \sum_j \eta_3 \ln w_{i,t-j} + \sum_j \eta_4 \ln L_{i,t-j} +$$
$$\sum_j \eta_5 \ln K_{i,t-j} + \sum_j \eta_6 \ln Y_{i,t-j} + \sum_j \eta_7 \ln EXP_{i,t-j} + \sum_j \eta_8 \ln IMP_{i,t-j} +$$
$$\sum_j \eta_9 \text{inFDI}_{i,t-j} + \lambda_i + T_i + \mu_{it} \qquad (6-37)$$

需要说明的是, 为检验诸多自变量对被解释变量的跨期影响, (6-37) 式体现为回归方程的动态形式。其中, 外包项 $O_{i,t-j}$ 以下将选用服务外包 $O_{s,i,t-j}$ (模型 I) 的含义, η_0 表示截距项, λ_i 为行业特定效应, μ_{it} 为误差项。

二、数据变量

接下来, 计量检验涉及的变量是基于 1997 年、2002 年和 2007 年 33 个行业的就业结构、研发投入、外包率、平均工资率、劳动力投入、物质资本投入、实际产出、出口额、进口额和在华跨国企业就业份额, 它们均为三年隔断式面板数据。

（1）就业结构。以工业行业大中型企业的科技活动人员作为替代变量，计算《中国科技统计年鉴》行业熟练劳动力人数与《中国统计年鉴》行业总就业人数的比值。

（2）行业研发投入。借助《中国科技统计年鉴》"分行业大中型企业科技经费活动筹集"提供的年度R&D支出数据，以1997年为基期利用行业投资价格指数将名义研发支出平减为实际支出。其中，投资价格指数来自《中国统计年鉴》和《中国工业经济统计年鉴》。

（3）平均工资率。行业名义平均工资数据来自《中国劳动统计年鉴》，此处使用居民消费价格指数将其折算成1997年为基期的不变价，价格指数来自《中国城市（镇）生活与价格年鉴》。

（4）实际产出。采用各行业年工业增加值与年均劳动力投入的比值表示人均实际产出，前者以各行业工业品出厂价格指数折算成1997年为基期的不变价，数据来自《中国工业经济统计年鉴》，后者以《中国统计年鉴》行业职工人数表示。

（5）物质资本投入。直接使用《中国工业经济统计年鉴》公布的各行业固定资产净值年均余额作为物质资本投入，并以各行业工业品出厂价格指数折算成1997年为基期的不变价。

（6）出口额和进口额。将联合国COMTRADE数据库提供的商品进出口额由国际贸易标准分类（SITC，Rev.3）的三位数统计调整对应至本书的行业样本。由于原始贸易数据均以美元计价，我们采用来自国际货币基金组织的《国际金融统计年鉴》年度中间汇率换算为人民币计价，再以居民消费价格指数折算为1997年不变价。

（7）在华跨国企业就业份额。根据按工业行业划分的外商和港澳台投资企业从业人数与该行业总就业人数的比值计算得到，数据来自《中国统计数据应用支持系统》和《中国统计年鉴》。

三、计量检验

（一）模型识别与回归方法选择

针对样本数据时间跨度较短，采用POLS和GLS方法可能产生有偏估计的问题（Wooldridge，2002），一方面可以通过加权截面回归平缓偏差，另一方面也可考虑采用P2SLS和GMM方法。阿雷拉诺和邦德（Arelleno & Bond，1991）提出的差分 GMM 方法在解决内生性问题的同时，会损失部分样本信息。这里的样本数据只有隔断三年，差分处理会极大影响信息的完整性。阿雷拉诺和保威（Arellano & Bover，1995）以及布伦德尔和邦德（Blundell & Bond，1998）利用系统 GMM 方法克服了损失样本信息的问题，但作为研究目标之一，外包对模型的水平干扰方向尚不能先验确定，系统 GMM 方法容易导致方程无法识别。所以，以下使用 P2SLS 方法对隔断面板数据展开计量分析。另外，为明确外包对行业就业结构当期和滞后调整的影响，加之样本容量的局限，在此选取解释变量的最大一期滞后。

（二）计量结果

首先，内生性检验结果表明，$InFDI_{it}$ 变量存在显著的内生性[①]，我们对（6-37）式差分以消除行业固定效应，而后利用滞后 1 至 2 期水平内生变量及其他外生解释变量，作为存在内生性解释变量的工具变量。

其次，引入服务外包，对（6-37）式模型方程的计量检验结果如表 6-6 所示。

表 6-6　　　　　行业面板数据回归结果（被解释变量为 S_{it}）

解释变量	模型 I
$O_{m,i,t-j}$	
$O_{s,i,t-j}$	66.0508** (29.1229)
$O_{nm,i,t-j}$	
RD_{it}	4.2807*** (1.4907)
w_{it}	-3.1707 (20.8060)
L_{it}	0.0028* (0.0015)
K_{it}	0.0005*** (0.0001)
Y_{it}	-0.0006*** (0.0001)

[①] 利用两步法对模型变量进行内生性自检，限于篇幅，未将结果列出，作者可另行提供。

续表

解释变量	模型 I
EXP_{it}	-2.6105 ***
	(0.6711)
IMP_{it}	-6.7706
	(7.4006)
$inFDI_{it}$	-0.0051
	(0.0079)
$S_{it}(-1)$	0.9767 ***
	(0.0500)
HausmanP 值	0.9341
调整的 R-squared	0.8325

注：( ) 显示内容为标准误，*、**和***分别表示通过10%、5%和1%显著性水平检验。

从表6-6三种类型外包的回归结果看出，除外包以外的其他控制变量表现稳定，显著性和边际影响符号基本一致，可见设定模型比较稳健且能够解释行业就业结构的变化。其中，三种类型外包对行业就业结构的影响均显著，服务外包最大程度提升了行业就业结构（66.05），来自本行业的材料中间投入品比重的增加也会对行业就业结构优化起到促进作用。

值得关注的是，R&D 投入的增加显著带动了行业熟练劳动力比重的提高，投入每增加1%，比重提高4%以上，且这一结果并不因外包类型不同而有所差异，相似情况也出现在物质资本投入、行业实际产出和出口额上。具体地，物质资本投入每增加1%，熟练劳动力比重增加0.0005%；行业实际产出每增加1%，比重减少约0.0006%；出口额每增加1%，比重减少约2.5%。很明显，当实际产出和出口额等物质产品生产增加时，行业就业结构趋于恶化。究其原因，可能是物质产品生产大多需要生产性工人，而这类企业从业人数短期内又不能大幅上涨。平均工资率、在华跨国企业就业份额和进口额的增加对就业结构几乎不存在显著影响，不过熟练劳动力比重的当期水平对下一期有正向作用，这主要应是自我实现预期所致。

表6-7报告了初级产品生产行业、劳动和资源密集型产品生产行业和技术密集型产品生产行业的分组回归结果。与全行业分析不同的是，服务外包的影响却不显著。劳动和资源密集型产品生产行业情况相似，不同的是来自行业自身的材料中间投入品的增加降低了熟练劳动力的比重。技术密集型产品生产行业中，三种类型的外包都会显著提升该行业就业结构，服务外包的促进作用最为明显。

另外，外包影响下实际产出、出口额对就业结构的作用也表现出行业差异性，研发投入、物质资本投入的显著性和作用方向基本一致，初级产品生产行业、劳动和资源密集型产品生产行业中在华跨国企业就业人数的增加不利于我国行业就业结构的优化。

表 6-7　　　　三类行业面板数据分组回归结果（被解释变量为 S_{it}）

解释变量	A类行业 模型I	A类行业 模型II	A类行业 模型III	B类行业 模型I	B类行业 模型II	B类行业 模型III	C类行业 模型I	C类行业 模型II	C类行业 模型III
$O_{m,i,t-j}$	8.776** (3.986)			5.920* (3.171)			18.203** (7.857)		
$O_{s,i,t-j}$		-4.760 (8.117)			67.879 (44.264)			221.868* (121.276)	
$O_{nm,i,t-j}$			18.019* (8.903)			-11.536* (5.798)			20.780** (9.222)
RD_{it}	1.271 (3.711)	6.001*** (1.501)	-5.581 (8.541)	-3.221* (1.651)	-4.321** (1.381)	-3.991** (1.451)	1.211 (1.061)	2.651* (1.331)	1.311 (1.121)
$RD_{it}(-1)$		3.551*** (0.955)	8.041 (4.591)					-6.511* (3.021)	
w_{it}	8.141*** (1.071)	-1.201** (0.404)	-1.051 (1.711)	-1.221*** (0.357)	-1.191*** (0.356)	-1.381** (0.398)	-2.011 (3.000)	-4.131 (3.401)	-1.631 (3.001)
$w_{it}(-1)$								-5.131 (3.191)	1.861 (2.571)
L_{it}	-0.014*** (0.003)	-0.022*** (0.001)	-0.020*** (0.003)	-0.008*** (0.002)	-0.011*** (0.002)	-0.010*** (0.002)	0.011 (0.009)	0.016 (0.011)	-0.001 (0.009)
K_{it}	0.002*** (0.000)	0.002*** (0.001)	0.002*** (0.000)	0.001** (0.000)	0.001*** (0.000)	0.001*** (0.000)	-0.001** (0.000)	-0.001*** (0.000)	-0.001*** (0.000)
Y_{it}	-0.001*** (0.000)	-0.001*** (0.000)	-0.0003 (0.000)	0.0007 (0.003)	-0.0002 (0.000)	-0.0002 (0.000)	0.0005 (0.001)	0.0005 (0.001)	0.0007 (0.001)
EXP_{it}	-2.291 (3.771)	5.561*** (0.974)	3.981 (4.061)	2.201 (1.231)	2.851* (1.141)	2.371* (1.221)	-7.171** (3.021)	-5.261 (3.931)	-6.711* (3.351)
IMP_{it}	-6.471*** (0.913)	-6.761*** (0.342)	-9.571*** (1.951)	-3.361 (4.021)	3.511 (2.671)	7.561** (3.771)	3.051 (3.481)	5.081 (3.411)	2.551 (3.651)
$inFDI_{it}$	-0.077* (0.039)	-0.027** (0.004)	-0.013 (0.015)	-0.045*** (0.009)	-0.044*** (0.009)	-0.040*** (0.009)	-0.060 (0.050)	0.012 (0.037)	-0.067 (0.047)
Hausman P 值	0.859	1.000	0.100	0.560	0.341	0.612	0.647	0.991	0.885
调整的 R-squared	0.455	0.475	0.492	0.842	0.836	0.855	0.494	0.574	0.542

注：( ) 显示内容为标准误，*、** 和 *** 分别表示通过10%、5%和1%显著性水平检验。

四、结果讨论

与国外同类研究相比,本书对中国工业行业的计量经济分析与芬斯特拉和汉森(Feenstra & Hanson,1995,1996)以及艾格(Egger,2005)认为外包促进了非熟练劳动力向熟练劳动力转移的结论十分接近,同时各类型外包对就业结构的影响存在显著的行业差异(Falzoni & Tajoli,2008)。

作为当前国际分工的新形式,外包不但日益成为发展中国家融入新的全球分工和参与国际竞争的重要途径,而且与一国技术进步、生产率提升和就业、收入差距等方面的联系越来越紧密。中国作为发展中大国,十年来正在把来自发达国家的原材料和服务作为中间品投入,使其通过专业化分工、要素替代等在国民经济发展过程中发挥作用。这一时期,正是国内劳动力市场发生重大变化,劳动力结构伴随适应性调整的关键期,生产的全球化——外包自然在这场结构性变革中扮演重要角色。本书研究发现,中国工业行业就业结构总体不断优化,行业内劳动节约型技术进步或者生产效率的提高是我国就业结构整体优化的主要动力,在行业内各影响因素中服务外包最大程度促进了全行业劳动力结构优化。

第四节 服务外包与工资

一、模型分析

根据芬斯特拉和汉森(Feenstra & Hanson,2001)估计行业内熟练劳动力相对需求变化时建立的回归模型,本书设定生产商品 n 所需资本投入 K_n、熟练劳动力投入 L_{nh} 和非熟练劳动力投入 L_{nl},生产函数写作 $Y_n = F(K_n, L_{nh}, L_{nl}, Z_n)$,其中 Z_n 为影响产出的诸多外生变量。由于短期内资本存量是给定的,企业决策是在最小化成本的目标下进行劳动力投入组合。因此,如果熟练劳动力工资为 w_h,非熟练劳动力工资为 w_l,则成本函数可表示为

$$C_n(w_h, w_l, K_n, Y_n, Z_n) = \min(w_h L_{nh} + w_l L_{nl}), \text{ s.t. } Y_n = F(K_n, L_{nh}, L_{nl}, Z_n) \quad (6-38)$$

对(6-38)式作对数型二次泰勒级数展开,定义 $w_i = (w_h, w_l)$ 和 $x_k = (K_n, Y_n, Z_n)$,得到线性超对数成本函数

$$\ln C_n = \alpha_0^n + \sum_{i=1}^m \alpha_i^n \ln w_i + \sum_{k=1}^\kappa \beta_k^n \ln x_k + \frac{1}{2}\sum_{i=1}^m \sum_{j=1}^m \gamma_{ij}^n \ln w_i \ln w_j +$$
$$\frac{1}{2}\sum_{k=1}^\kappa \sum_{v=1}^\kappa \delta_{kv}^n \ln x_k \ln x_v + \sum_{i=1}^m \sum_{k=1}^\kappa \varphi_{ik}^n w_i \ln x_k \tag{6-39}$$

其中,m是成本最小化时的劳动力投入数量,κ为模型中前定变量的数量,包括资本投入、产出等。将(6-39)式对$\ln w_i$求一阶偏导,即$\partial \ln C_n / \partial \ln w_i = w_i L_{ni}/C_n$,可得生产商品n的劳动力要素i的工资成本份额

$$s_{ni} = \alpha_i^n + \sum_{j=1}^m \gamma_{ij}^n \ln w_j + \sum_{k=1}^\kappa \varphi_{ik}^n \ln x_k \tag{6-40}$$

(6-40)式$s_{ni} = s_{nh} = w_h L_{nh}/(w_h L_{nh} + w_l L_{nl})$或$s_{ni} = s_{nl}$,前者取决于熟练劳动力和非熟练劳动力的工资率、资本投入、产出和Z_n。梅钦和万瑞南(Machin & Van Reenan, 1998)以及许和李(Xu & Li, 2008)等认为,截面数据中的工资差距承载的信息不足以解释各类型劳动力成本份额的变动,可将工资率项的影响归于常数项ϕ_0或截面固定效应ϕ_n。这样,把熟练劳动力的工资成本份额表示为

$$s_{nh} = \phi_0 + \phi_n + \phi_K \ln K_n + \phi_Y \ln Y_n + \phi_Z \ln Z_n \tag{6-41}$$

借鉴喻美辞(2010)对芬斯特拉和汉森(Feenstra & Hanson, 2001)回归方程的应用,着重从以下方面拓展(6-41)式进而建立计量经济模型。①结合以往文献有关外包影响行业工资差距的正反两方面观点,就服务外包影响工资差距对中国工业行业数据进行重新检验。②考虑到外包经常伴随FDI的形式发生,将设置FDI及其与外包的乘积项考察其对工资差距的独立和共同影响。③相比行业总就业水平,在华跨国企业就业人数占该行业全部从业人员的比重更能体现不同所有权性质的企业中劳动力结构变动可能对各类型劳动力间工资差距产生的影响。④在当前开放型经济日趋成熟的条件下,制约熟练劳动力要素收益的重要因素——行业技术进步,不仅取决于本行业R&D投资,还受到来自进口贸易R&D溢出的作用,这里以国内工业行业R&D资本存量和国际R&D资本存量分别衡量技术进步的工资差距效应。

$$S_{it} = \eta_0 + \sum_j \eta_1 \ln K_{i,t-j} + \sum_j \eta_2 \ln Y_{i,t-j} + \sum_j \eta_3 O_{i,t-j} + \sum_j \eta_4 \ln FDI_{i,t-j}$$
$$+ \sum_j \eta_5 O_{i,t-j} \ln FDI_{i,t-j} + \sum_j \eta_6 \mathrm{in}FDI_{i,t-j} + \sum_j \eta_7 \ln RD_{i,t-j}^d$$
$$+ \sum_j \eta_8 \ln RD_{i,t-j}^f + \lambda_i + \mu_{it} \tag{6-42}$$

其中,行业i在t时期熟练劳动力的工资份额是S_{it},外包水平为O_{it},在华跨国企业从业人员占行业总就业的比重为$\mathrm{in}FDI_{it}$,RD_{it}^d表示行业i在t时期的国内R&D

资本存量，RD^f_{it}表示通过进口 R&D 溢出获得的国际 R&D 资本存量。根据李奇勃格和范·波蒂略（Lichtenberg & Van Potterie，1998），假定行业 i 在 t 时期从 q 国的进口贸易额是 IMP_{iqt}，q 国 t 时期的产出为 Y_{qt}，R&D 资本存量为 RD^d_{qt}，则 $RD^f_{it} = \sum_{q \neq i}(IMP_{iqt}/Y_{qt})RD^d_{qt}$。需要说明的是，为检验诸多自变量对被解释变量的跨期影响，(6-40) 式体现为回归方程的动态形式，这里的 j 代表滞后阶数。外包项 $O_{i,t-j}$ 以下将取用服务外包 $O_{s,i,t-j}$ 的含义，η_0 表示截距项，λ_i 为行业特定效应，μ_{it} 为误差项。

二、数据变量

（一）变量和数据说明

（1）行业工资差距。由于暂时难以获得按照受教育程度或职业划分的各行业熟练劳动力和非熟练劳动力的人数与工资水平，此处以工业行业大中型企业的科技活动人员作为熟练劳动力的替代，其与非科技活动人员平均工资的比值即为该行业工资差距，对应数据来自《中国科技统计年鉴》和《中国统计数据应用支持系统》。

（2）外商直接投资。以《中国统计数据应用支持系统》提供的外商和港澳台投资企业"资产总计"项的细分行业数据作为工业行业外商直接投资额，通过固定资产投资价格指数对其折算成 1997 年为基期的不变价。

（3）行业 R&D 资本存量。使用永续盘存法计算我国工业行业 R&D 资本存量，假设折旧率为 5%（李小平和朱钟棣，2006），并用 R&D 投入平减指数[①]将各行业名义 R&D 投入折算为实际值，相关数据来自《中国科技统计年鉴》。

（4）国际 R&D 资本存量。目前全球 R&D 投入主要集中于少数发达国家，对各主要发达国家 R&D 投入占 GDP 比重的高低进行排序，选取排名前 10 位的 OECD 国家[②]，其年度 R&D 投入数据来自 OECD 数据库[③]。计算各国 R&D 资本存量时，由科尔和赫尔普曼（Coe & Helpman，1995）得到 1991 年 R&D 资本存量数据，再以永续盘存法计算之后所需年份的 R&D 资本存量。

[①] 借鉴李小平等（2008）的方法，利用消费物价指数和固定资产投资价格指数的加权平均值表示 R&D 投入平减指数，其权重分别为 0.55 和 0.45。

[②] 美国、日本、德国、法国、英国、意大利、加拿大、澳大利亚、韩国和荷兰。

[③] 部分国家少数年份的 R&D 投入数据有所缺失，作者运用线性插入方法将其补充完整。

（二）经验事实分析

在就国际外包对行业工资差距的影响进行回归分析前，先行描述我国工业行业发包水平与行业内工资差距的关系，如前文中图 5 – 1 所示。

把各行业不同年份的服务外包率与行业工资差距一一对应，并拟合散点分布绘制成图 6 – 8。总体来看，服务外包对行业内工资差距的影响不显著或尚无法明确二者的实际联系。

三、计量检验

利用前述模型和数据，使用 R 语言统计分析软件对中国国际外包影响行业内工资差距进行计量检验。首先，对于模型误差项可能包含的两类影响因素：个体效应和时间效应，分别由 LM 检验（P = 0.000，拒绝原假设）和 F 检验（F = 9.6096，接受原假设）决定采用单向个体效应模型。其次，针对个体效应的两种处理方式：固定效应和随机效应模型，Hausman 检验拒绝原假设，故选择通过特定截距项反映个体差异的固定效应模型。最后，由于可能出现序列相关，根据 Breusch – Godfrey 检验结果（P = 0.0000，拒绝原假设），以下综合建立个体固定效应面板数据模型。

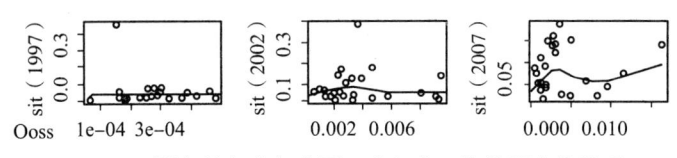

图 6 – 8　服务外包率与中国工业行业工资差距变化关系

表 6 – 8 中的模型 I 和对应 O_{it} 取值服务外包时（5 – 5）式模型方程，而模型 II 对应三种外包率取值滞后 1 期时的情形。可以看出，两者结果没有太大差异，说明"内生性"问题并不严重。采用 White 异方差一致的协方差矩阵估计，检验以上计量过程均接受不存在异方差的原假设。

表 6 – 8　　　　　　外包影响中国工业行业工资差距计量结果

	模型 I	模型 II
lnK	– 0.078* （– 2.413）	– 0.148* （– 2.549）
lnY	0.019 （0.637）	0.061 （1.377）

续表

	模型 I	模型 II
O_m		
O_s	5.632 (0.622)	1.410 (-0.263)
O_{nm}		
lnFDI	0.037* (2.120)	0.019 (0.553)
$O \times$ lnFDI	-0.794 (-0.633)	2.878 (0.268)
inFDI$_{it}$	-0.132* (-2.400)	-5.285 (-0.218)
lnRD^d	0.002 (0.153)	0.044 (1.408)
lnRD^f	0.082 (1.514)	0.362 (1.442)
lag(O_m, 1)		
lag(O_s, 1)		-2.048 (-0.203)
lag(O_{nm}, 1)		
R^2	0.480	0.341
样本数	84	56

注：( ) 显示内容为 t 值，*、** 和 *** 分别表示在10%、5%和1%显著性水平上通过检验。

由表6-8可以看出，服务外包虽然也对行业内工资差距具有较大的正向影响，但未通过10%的显著性水平检验。随着工业行业对进口中间投入品，特别是来自本行业的中间投入品的需求迅速增加，越来越多的生产环节具有了日趋浓重的国际化色彩，因此我国工业行业高技术工人或熟练劳动力的需求进一步提升，相应其工资水平也在上涨。同时，外包与FDI乘积项的系数均为负，且与独立外包项的显著性水平相同，说明结合FDI的因素对外发包缩小了工业行业工资差距。由于引进外商直接投资可能带来的知识和技术溢出推动了我国制造业技术进步和革新，行业内高技术工人和低技术工人的差距会因此缩小，相应的两种劳动力的需求和工资水平也将通过逐步的动态调整趋于平衡。

在服务外包的计算中，物质资本投入对工业行业工资差距的影响为负。这是因为现实中多数行业的资本产出比呈现不断下降的趋势，资本投入的减少一定程度上代表资本节约型的技术进步,所以物质资本投入的系数为负意味着这种技术进步逐步缩小了工业行业的相对工资差距。相反,工业行业吸引外商直接投资的增加显著地提高了熟练劳动力所占的工资份额,整体上扩大了行业内工资差距。过去十余年间,我国制造业大多形成了"两头在外"的加工生产模式,对于处在高技术水平的材料、设备和研发设计等的进口必然增加对熟练劳动力的需求,引起这部分人员的工资上涨。其中,在服务外包情形下,在华跨国企业从业人员的比重提高显著减少了工业行业熟练劳动力的工资份额。服务外包水平较高的行业主要集中于技术、资本密集型行业,当工业行业整体上因外商直接投资的增加而扩大行业内工资差距时,不同要素密集型行业的熟练劳动力工资份额究竟会因此上升还是下降,要在考虑部门特征及其差异之后才能进一步明确。另外,工业行业的国内 R&D 投资对行业内熟练劳动力的工资份额的影响不显著。究其原因,国内 R&D 投资对我国工业行业熟练劳动力需求和相对工资差距的影响可能存在滞后性,R&D 效应的显现具有一定的时滞和较大的不确定性。R&D 项目从最初投资到新技术进入市场,再到利用新技术制造出新产品往往是一个较长的过程,其市场效应的显现将经历一个更为漫长的时期。我国的 R&D 投资大多集中在国有大中型企业,在国有企业治理结构不完善的情况下,R&D 投资的回收期限更长、不确定性更高。相比之下,来自发达国家的进口贸易的 R&D 溢出和知识的学习是技能偏向性的,这刺激了我国工业行业增加对熟练劳动力的相对需求,从而扩大了相对工资差距。

如上所述,各类型外包、进口贸易的 R&D 溢出和物质资本投入等对工业行业工资差距的影响会因为行业在技术水平、要素密集度等方面的差异而有所不同,同时计量经济分析有关特定截距项的结果也显示了明显的行业差异[①],在此有必要对初级产品生产行业、劳动和资源密集型产品生产行业以及技术密集型产品生产行业进行分组回归分析,以进一步推进对外包影响行业内工资差距的认识。

如表 6-9 所示,与全行业分析相同的是,服务外包的影响仍然不显著。外包与 FDI 乘积项的系数显著均为负,表明行业内技术进步对相对工资差距扩大的抑制作用。与全行业分析不同的是,技术密集型产品生产行业的物质资本投入对行业内工资差距的影响为负,而初级产品生产行业中的影响为正。由于后者相比前者在生产过程的物质资本投入上尚未出现资本产出比下降的情况,我国这类制造业生产中还是大量依靠劳动力、资本等要素投入,所以整体回归分析中的资

---

① 有关个体截距项的计量结果未被列出,读者如有兴趣作者可另行提供。

本节约型技术进步逐步缩小相对工资差距的结果没有出现在初级产品生产行业中。另外，在劳动和资源密集型产品生产行业以及技术密集型产品生产行业中，进口贸易的 R&D 溢出对熟练劳动力工资份额的增加具有较为显著的促进作用，国内 R&D 投资的影响不显著；在初级产品生产行业中，相对工资差距的扩大来源于国内 R&D 投资，与进口贸易的 R&D 溢出关联性不强。

表 6-9 三类行业面板数据分组回归结果（被解释变量为 S_{it}）

解释变量	初级产品生产行业			劳动和资源密集型产品生产行业			技术密集型产品生产行业		
	模型 I	模型 III	模型 V	模型 I	模型 III	模型 V	模型 I	模型 III	模型 V
lnK	0.129* (2.815)	0.101 (0.794)	0.144* (2.768)	0.011 (0.664)	0.034 (-0.167)	0.009 (0.593)	-0.214* (-2.749)	-0.255* (-2.418)	-0.228 (-1.722)
lnY	0.133* (3.135)	0.027 (-1.197)	0.148* (3.067)	0.737 (0.447)	0.011 (0.569)	0.070 (1.549)	0.053 (1.126)	0.028 (0.478)	0.002 (0.053)
O_m	2.732** (3.707)			3.116** (3.592)			3.133* (2.897)		
O_s		0.271 (0.119)			1.841* (2.531)			1.213 (0.391)	
O_{nm}			3.137** (3.744)			2.870** (3.843)			5.020** (3.788)
lnFDI	0.088* (2.795)	0.026 (1.521)	0.101* (2.831)	0.046 (1.857)	0.014 (1.886)	0.042* (2.695)	0.092* (3.019)	0.090* (2.363)	0.191* (3.375)
O×lnFDI	-0.515** (-3.381)	0.224 (0.102)	-0.590** (3.408)	-0.387** (-3.584)	-0.413* (-2.614)	-0.356** (-3.997)	-0.414* (-2.836)	-1.265 (-0.324)	-0.600** (-3.838)
$inFDI_{it}$	-0.189 (-1.901)	0.107** (3.753)	-0.218 (-1.926)	0.034 (0.787)	-0.006 (-0.996)	0.032 (1.554)	-0.036 (-0.557)	-0.069 (-0.475)	-0.040 (-0.785)
$lnRD^d$	0.078*** (4.132)	0.029 (0.674)	0.087*** (4.054)	0.010 (-1.266)	0.054 (0.649)	-0.008 (-1.371)	0.041 (1.368)	0.044 (1.136)	0.025 (0.947)
$lnRD^f$	0.240 (2.441)	0.015 (0.059)	0.276 (-2.474)	0.056 (1.775)	0.058 (1.194)	0.052** (3.213)	0.132 (1.743)	0.124 (1.348)	0.155* (2.190)
R^2	0.960	0.812	0.957	0.659	0.306	0.862	0.868	0.804	0.895
样本数	18	18	18	30	30	30	36	36	36

注：( ) 显示内容为 t 值，*、** 和 *** 分别表示通过 10%、5% 和 1% 显著性水平检验.

四、结果讨论

本书利用中国工业行业数据再次验证了对外发包与本国熟练劳动力相对需求和工资上升的关联性（Feenstra & Hanson, 1996），并支持了外包扩大行业工资差距的观点（Borjas et al.，1992；Abraham & Taylor，1996；Slaughter，2000）。在影响程度上，本书的计算结果与格斯海克和戈尔格（Geishecker & Gorg，2004）针对德国制造业的研究最为接近。

研究发现，服务外包对我国工业行业熟练劳动力的工资份额的影响尚不显著。随着工业行业对进口中间投入品，特别是在技术密集型产品生产行业中，来自本行业的中间投入品的需求迅速增加，对熟练劳动力的需求进一步提升，相应其工资水平迅速上涨。在初级产品生产行业中，国内 R&D 投资的增加扩大了相对工资差距，而技术进步的作用不显著；在劳动和资源密集型产品生产行业以及技术密集型产品生产行业中，资本节约型技术进步能够缩小相对工资差距，而进口贸易的 R&D 溢出对行业工资差距的扩大有显著的促进作用。

第七章

服务业双向投资与创新竞争力

经济新常态背景下，随着构建开放型经济新体制的顺利推进，以制造业开放为主向服务业开放为主转变，成为我国对外开放迈向深水区的重要标志（杨长涌，2015）。事实上，自2001年实施"走出去"战略以来，不仅我国引进外资成绩斐然，对外直接投资的表现也十分抢眼。据《2014年中国对外直接投资统计公报》统计，对外投资规模从最初的27亿美元增加至2014年的1231.2亿美元，双向投资（引进外资FDI和对外投资ODI）首次接近平衡。来自服务业双向投资的统计也发现，2014年我国服务业实际使用外资662.3亿美元，占全国比重的55.4%；同期对外直接投资903.7亿美元，占全国比重的73.4%，均高于制造业。这表明我国服务业对外开放步伐正逐步加快，双向投资稳步推进，并日渐成为新一轮对外开放的重要引擎。但不容忽视的是，源于后危机时代世界经济艰难复苏和当前宏观经济处于"三期"叠加的不利局面，我国服务业在利用外资和对外投资方面存在的问题也十分突出。一方面，从引资占比看，服务业引资规模还存在较大的增长空间，且"市场换技术"策略收效甚微。长期以来，通过让渡部分国内市场，以达到外资带动内资企业技术进步的思路是我国引进外资的基本出发点，但不少学者研究证明此举并未达到预期效果（仲伟周和邢治斌；2012）。更重要的是，吸引外资的传统优势逐渐弱化，外资独资化趋势明显，技术溢出效应偏弱，国际产业转移承接能力不足。另一方面，对外投资也存在诸多问题，如长期存在的体制机制障碍导致难以充分释放服务业企业在信息、人才和科技方面的优势；企业跨国能力不足，逆向技术溢出的效果不明显，对服务创新的带动作用有限等。那么，随着对外开放新格局的形成，我国服务业未来面对的国际国内竞争必将进一步加剧，如何协调引进来与"走出去"，提升服务业创新竞争力成为我国发展现代新型服务业、积极融入全球创新网络亟须解决的重大战略问题。

对此，关于企业国际化与创新竞争力的理论学者，主要从引进外资的技术外溢效应和对外投资的逆向技术溢出效应，进行了深入探讨（Hu & Jefferson, 2001；冼国民和严兵，2005）。在此基础上，通过梳理双向投资的内在关联及其影响创新竞争力的理论路径，可以将相关影响机制总结为如下：①示范—模仿效应，通过学习模仿外资企业的新技术与先进管理手段，或通过在技术创新活跃地区建立分公司及R&D机构来接近技术研发密集地区，进而获得"示范效应"；②竞争效应，通过FDI和ODI参与国际市场竞争，刺激企业加大对创新投入，提升创新竞争力；③关联效应，通过FDI（ODI）嵌入到东道国（母国）的产业链获取上下游关联，进而形成创新溢出；④人才流动效应，FDI和ODI企业通过员工培训和技术人才的流动来获得技术外溢，提升国内研发人员的整体水平，增强企业创新竞争力。

上述理论分析为本书理解服务业双向投资如何影响创新竞争力提供了较为清晰的思路，但仍未就双向投资的互动机制及其影响效果达成一致，且多数研究主要集中在研究服务业引进外资对制造业生产率的影响及对东道国全要素生产率的考察（魏作磊和佘颖，2013），涉及服务业创新竞争力的研究极为鲜见。与本书最为相关的研究为王恕立和胡宗彪（2013）利用2004~2013年中国服务业分行业数据，实证检验了双向FDI的生产率效应，并发现引进外资与对外投资间存在微弱的相互促进关系。但遗憾的是，采用行业层面的数据分析难以控制行业内的异质性企业特征对创新竞争力的影响，且对于生产率效应的考察并未体现出创新竞争力的差异。因此，本书利用商务部《境外投资企业（机构）名录》和2008年第二次全国经济普查服务业企业数据，在构造双向投资与创新竞争力指标基础上，通过分位数回归方法实证检验了双向投资对不同分位点企业创新竞争力的影响，并细致考察了分行业和分重点省市（北京、上海和广东）的影响差异。此后结合2015年国务院发布的《关于北京市服务业扩大开放综合试点总体方案的批复》对服务业重点行业扩大开放试点的要求，本书提出在开放型经济新体制下服务业扩大开放与创新竞争力提升的相关政策建议。

第一节 以往研究概述

国内外有关引进外资和对外投资创新效应的研究，多遵循技术外溢和逆向技术溢出的理论机制展开，并取得丰硕成果。而关于二者协调机制的文献则相对少见，尤其是系统考察引进外资和对外投资协调机制影响创新竞争力的研究，正日渐成为学术界关注的焦点。

（一）基于技术外溢的FDI创新效应研究

FDI 技术外溢效应是外商直接投资对东道国技术创新的间接影响效应，而引进发达国家的 FDI，消化吸收释放外溢效应，被认为是快速提升中国技术实力、实施创新驱动战略的重要路径。部分学者认为，FDI 为本土企业带来了充足的资金，先进的技术和管理模式，培养一大批本土研发人才，通过示范效应与人才效应对本地企业自主创新有着积极的促进作用，并通过实证研究证明了这一结论（Hu & Jefferson，2001）。杜等（Du，2012）利用 1998～2007 年中国工业企业数据的研究也发现，FDI 通过内资企业的前、后向关联效应带动技术创新。铂尔曼斯（Boermans，2013）基于梅里兹（Melitz，2003）的异质性企业框架，探讨了经济转型国家出口、FDI 和外包对企业创新活动的影响，并证实了 FDI 对内资企业创新具有促进作用。国内学者张等（Zhang，2014）通过构建理论分析框架阐述了 FDI 对新兴市场内资企业技术溢出过程中，外资进入模式、内资企业模仿障碍和时间效应的调节作用，并利用 1998～2007 年中国工业企业数据进行了验证。钟昌标（2015）进一步的研究在确认 FDI 对企业生产率带动作用的同时，也发现 FDI 的进入速度对外资的技术溢出效应呈现负向调节作用。

当然，也有学者对 FDI 的正向技术溢出提出了质疑，哈达德和哈里森（Haddad & Harrison，1993）基于摩洛哥经验研究指出，外资企业凭借在技术、原材料来源、规模经济、销售渠道和产品开发更新能力等方面的优势，挤占内资企业的市场份额，并对其创新成长造成不利影响。苏阳托和萨利姆（Suyanto & Salim，2013）通过印度尼西亚制药行业引进外资的研究也证实了 FDI 存在行业间技术溢出的负效应。而迪亚科夫和霍克曼（Djankov & Hoekman，2000）基于 1992～1996 年捷克企业数据的研究则发现，FDI 进入对捷克内资企业的技术进步的影响并不显著，即不存在明显的技术外溢效应。杨高举和黄先海（2013）通过中国数据的实证研究也证实，对于高技术产业而言，FDI 的技术溢出效应十分有限。尽管上述分析反映出 FDI 技术外溢机制的广泛存在，且研究成果丰富，但学者们并未就溢出效应的具体影响达成一致，相关影响机制的识别仍需下文更为细致的实证研究。

（二）基于技术逆向溢出的ODI创新效应研究

有关对 ODI 对投资国的技术能力和自主创新影响的文献最早源于科格特和常（Kogut & Chang，1991）的研究，并引发了一系列对于逆向技术溢出存在性的后续讨论。部分学者们运用不同国家数据，得出较为肯定的结论。例如，布兰施泰特（Branstetter，2000）利用日本企业对外投资数据、玛利亚（Maria，2005）等利用意大利企业的数据等的实证研究，均发现各国企业通过对外直接投资获得逆向技术溢出，并对母公司的生产率起到明显的促进作用。唐和阿苏勒（Tang and Altshuler，2015）基于美国标准普尔数据库，实证研究了美国企业对外投资对国内供应商具有显著的技术溢出效应，且这种溢出效应依赖于企业出口状况、企业规模和吸收能力。来自中国的经验也同样如此，赵伟等（2006）、蔡冬青和周经（2012）的理论或实证分析认为，我国ODI同样具有明显的逆向技术溢出效应。陈岩（2011）利用中国2003~2008年省级层面对外投资数据的研究也得出了类似结论。但李（Gwanghoon Lee，2006）基于16个OECD国家的经验研究却发现，ODI并不是有效的技术溢出渠道。李梅（2010）利用1985~2008年我国对外直接投资的流量和存量数据，也发现由于技术获取型对外投资比例偏小、技术吸收能力偏弱、传导机制复杂和对国内投资的"挤出效应"等原因，ODI对我国技术进步并未起到应有的作用。由此可见，学术界对ODI的逆向技术溢出机制，并未形成一致意见。除上述争论外，我们也注意到，大量研究将关注的重心集中在对制造业ODI逆向技术溢出效应上，而研究服务业的学者更多关注的是如何加快服务业的发展，很少涉及服务业创新竞争力。因此，本书对服务业ODI影响其创新竞争力的考察显得极为重要，当然上述集中于制造业的技术逆向溢出文献对研究服务业领域的ODI创新效应提供了深刻洞见。

（三）FDI与ODI协调机制影响创新竞争力的新探索

正如前文所言，作为资本输入和输出大国，引进外资和对外投资对我国服务业创新产生了深刻影响，且二者的交互作用正在持续。对此，为数不多的研究，集中在从微观企业层面探讨对外投资与引进外资共同影响一国创新活动，并着重考察企业内部外资参与如何影响企业对外投资的创新效应（陈岩，2011）。但上述研究忽略了我国企业对外投资的发展现实可能会对引进外资的创新效应施加影响，同时也未考虑企业外部本土同行业或相关行业引进外资与对外投资的协调机制对创新的影响。另外，在双向投资协调发展的宏观研究中，部分学者关注到了引进外资与对外投资需要协调发展以及协调发展对中国产业结构升级和防范产业空心化具有重要意义（马相东和王跃生，2014），但对于协调发展的路径以及协调发展对驱动我国创新竞争力提升作用的文献相对较少。

综上来看，已有文献多遵循"FDI—技术外溢—创新竞争力提升"和"ODI—逆向技术溢出—创新竞争力提升"的相对独立的研究路径，而对二者协调机制对创新竞争力的影响则少有涉及。同时,部分研究考察了企业内部的外资参与如何影响企业对外投资的创新效应,忽略了企业外部本土同行业间或相关行业间双向投资的创新影响,同时也未考虑服务业双向投资对创新竞争力的作用机理及影响效果。因此,本书在匹配对外投资与服务业数据库基础上,测算了服务业双向投资和创新竞争力指标,并利用分位数回归方法系统检验了不同行业、地区服务业双向投资对创新竞争力的影响,并探讨研究结论对我国扩大服务业开放新格局的政策含义。

第二节 双向投资影响中国创新竞争力的典型事实

自 2002 年实施"走出去"战略以来,我国的对外投资从 20 多亿美元,增长到 1160 亿美元,成为资本输出大国;实际使用外资金额由 527 亿美元增长至 1195.6 亿美元,据联合国贸易和发展会议公布《全球投资趋势报告》的数据显示,2014 年中国首次超越美国成为全球外国投资的第一大目的地国。中国吸引外资进入和对外投资的目的在于引进、学习先进技术,提升自身能力和竞争力。经过多年发展,我国的创新能力逐步提高,但与发达国家相比还有一段差距。据《中国创新发展报告(2014)》的数据显示,中国在创新产出方面由 19.6 分增长至 42.2 分,高于发达国家的平均分,仅次于美国的 54.9 分;在创新持续竞争力方面,由 32 分增长至 46.6 分,略高于发达国家的平均水平。但在在创新投入竞争力方面和创新综合竞争力方面,虽有改善(创新投入竞争力由 32.6 分增长至 40.5 分,创新综合竞争力由 25.7 增长至 38.8)呈逐步上升态势,但仍然低于发达国家平均水平。

引进外资和对外投资作为国家、企业接近先进技术和知识以提升自身创新的两大重要渠道,如何充分发挥二者的创新效应,是我们亟需解决的重大问题。习近平总书记在 2014 年 8 月 18 日召开的中央财经领导小组第七次会议上指出"坚持'引进来'和'走出去'相结合,积极融入全球创新网络,全面提高我国科技创新的国际合作水平是实施创新驱动发展战略的基本要求之一"。从 2002 年实施"走出去"战略到 2014 年中国境外投资在短短 12 年间增长了近 40 倍,成为资本输出大国;与此同时,实际使用外资金额由 527 亿美元增长至 1195.6 亿美元,且我国利用外资与对外投资的比例日趋接近于 1(如图 7-1 所示)。

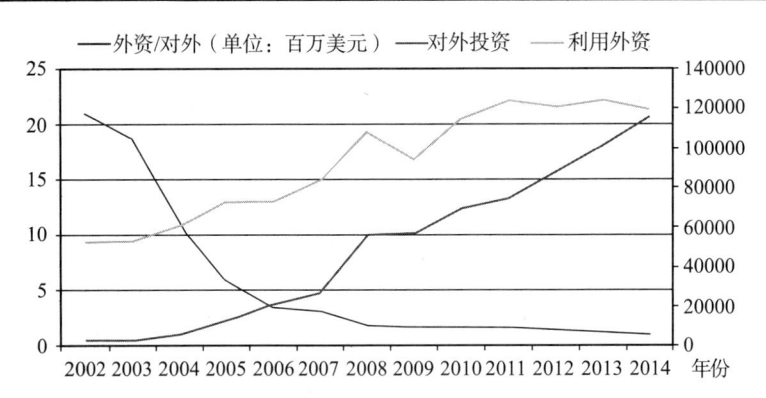

图 7-1 我国 2002~2014 年外国直接投资和对外直接投资流量

资料来源：《中国统计年鉴》(2014)。

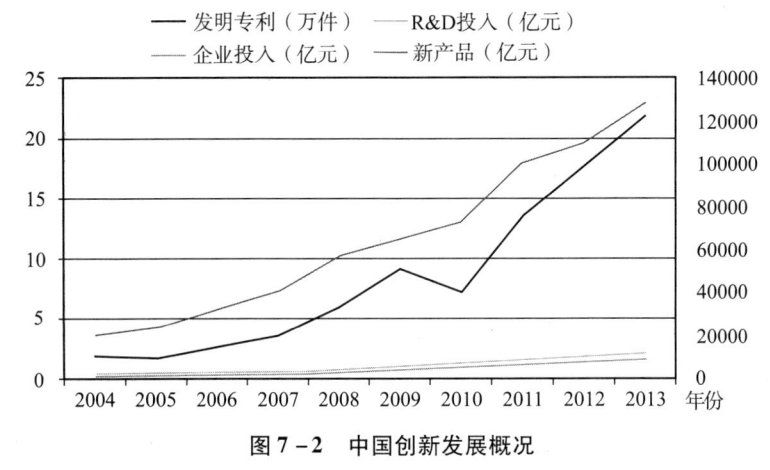

图 7-2 中国创新发展概况

资料来源：《中国统计年鉴》。

如图 7-2 所示，2004~2013 年中国的创新投入由 1966.3 亿元增长至 11846.6 亿元，发明专利申请量由 2 万件增长至 21.9 万件，新产品销售收入由 20421.2346 亿元增长至 128460.7 亿元。初步发现中国的发明专利、新产品销售基本与对外投资的投资额、引进外资的投资额的发展趋势一致。据商务部的数据显示，不计中国香港、开曼群岛和维京群岛，中国投资主要目的地集中在美国、东盟、欧盟、澳大利亚及俄罗斯等经济体，投资产业由早期集中在能源矿产类扩展到科技、地产、金融、农业、医疗等多个领域。

表 7-1 报告了 2005~2014 年中国服务业双向投资变化情况。数据显示，在 2005~2014 年的十年间我国服务业实际利用外资显著增长，服务业 FDI 占比迅速

提高，由 2005 年的 25.53% 提高至 2014 年的 63.01%。与此同时，服务业对外直接投资也增长迅速。截至 2014 年，中国对外直接投资对服务业投资增长 27.1%，占比提高到 77.12%，在中资海外并购涉及的行业中，TMT（高科技、电信等行业）、能源矿产和不动产行业居前三位。中国企业当前更多地专注于 TMT 行业，并积极在欧美等成熟市场寻找优质并购目标，将海外的技术、知识产权、品牌引入中国，如联想集团以 29.1 亿美元收购美国摩托罗拉公司移动手机业务，东风汽车有限公司以 10.9 亿美元收购法国标致雪铁龙集团 14.1% 股权。而外商直接投资（FDI）中，服务业比重增长，制造业比重下降，服务业实际使用外资 662.4 亿美元，同比增长 7.8%，在全国总量中的比重为 55.4%；制造业实际使用外资金额 399.4 亿美元，同比下降 12.3%，在全国总量中的比重为 33.4%；其中通信设备、计算机及其他电子设备制造业，交通运输设备制造业，化学原料及化学制品业实际使用外资规模较大，分别为 61.5 亿美元、38.2 亿美元、31.8 亿美元。

表 7-1　　　　2005~2014 年中国服务业双向投资变化情况　　　　单位：万美元

	FDI 总额	服务业 FDI	服务业 FDI 占比	ODI 总额	服务业 ODI	服务业 ODI 占比
2005 年	6032500	1540050	25.53%	1226117	819225	66.81%
2006 年	6302100	2059550	32.68%	2116396	1141406	53.93%
2007 年	7476800	3141657	42.02%	2650609	2004811	75.62%
2008 年	9239500	3904074	42.25%	5590717	4814580	86.12%
2009 年	9003300	3921988	43.56%	5652899	4060214	71.83%
2010 年	10573500	5142354	48.63%	6881131	5789830	84.14%
2011 年	11171600	5837802	52.26%	7465404	5236916	70.15%
2012 年	11601100	5917036	51.00%	8780353	6413094	73.04%
2013 年	11758600	6743714	57.35%	10784371	7402564	68.64%
2014 年	11956156	7533545	63.01%	12311986	9495144	77.12%

注：表中 FDI 为当年实际利用外资额，ODI 为当年对外直接投资流量总额。
资料来源：国家统计局，http://data.stats.gov.cn/easyquery.htm?cn=C01。

第三节　理论分析、模型构建及数据说明

（一）理论分析

引进外资通过技术溢出影响东道国创新（Kugler，2001；Hu & Jefferson，

2001；冼国民和严兵，2005；王红领等，2006；何泽军，2011），主要通过四个路径（见图3）：示范—模仿效应，即本土企业通过学习模仿外资企业的新技术与先进的管理手段而主动提高自身的创新能力；竞争效应，外资企业与本土企业在东道国市场上相互竞争，从而对本土企业创新能力产生影响；关联效应，外资企业作为本土企业的客户或者是供应商与东道国企业产生联系而带来本土企业创新能力提高的溢出效应；人员流动效应，外资企业对东道国的当地员工（管理人才、科技人才、普通技工等）进行培训，提高当地劳动力的素质，这些劳动力在空间上的流动促进外资企业的创新溢出，提升本土的创新能力。

相对于引进外资，对外投资对创新的影响往往更加主动。对外投资主要通过以下五个路径影响创新：技术转移效应，通过并购方式进行对外直接投资，以直接获得被并购公司的先进技术和知识，并将这些技术和知识返流到母公司，增强母公司的技术基础，促进母公司创新能力的提升；示范—模仿效应，在技术创新活跃的地区建立分公司或者 R&D 机构，通过接近技术研发密集的地区以获得东道国行业领先企业在新技术应用、研发制度和创新理念等方面的"示范效应"，同时，可通过借鉴模仿东道国企业的创新理念、研发模式来改进企业的技术创新体系，增强企业的创新能力；竞争效应，通过对外投资进入到国际市场的竞争中，面对巨大的竞争压力，企业会加大对创新投入，以保证其技术优势或者避免与竞争对手在技术上形成过大的差距；关联效应，通过在东道国建立分公司或者并购当地企业，可以帮助企业嵌入到东道国的产业链中，从而获取上下游关联产业的创新溢出，提升创新能力；人才流动效应，在拥有技术优势国家的投资，企业可以通过技术人才的流动来获得技术外溢，提升国内研发人员的整体水平，增强企业创新能力。

关于对外投资与引进外资共同影响一国创新的已有研究主要集中于考察企业内部的外资参与如何影响企业对外投资的创新效应（陈岩等，2014；Chen et al.，2015），忽略了企业外部本土同行业间或相关行业间的 FDI 对 ODI 协调的创新影响，同时也未考虑企业 ODI 的发展对 FDI 的创新影响。本书从服务业 FDI 和 ODI 的动机、来源地、行业选择和进入方式入手，将引进外资和对外投资的投资动机划分为自然资源需求型、效率寻求型、市场寻求型、战略资源寻求型和战略资源利用型，来源国（目的国）划分为发达国家、新兴经济体国家、发展中国家和欠发达国家，进入方式划分为并购、合资、绿地等形式，投资行业从行业类型、行业产能是否过剩等特征考察如何能更好地推动利用外资和对外投资的良性互动以及二者的协调对北京创新驱动发展的影响。接下来，通过示范—模仿效应、竞争效应、关联效应和人员流动效应等影响机制系统阐述了服务业双向投资对提升北京创新竞争力的影响（具体见图 7-3）。

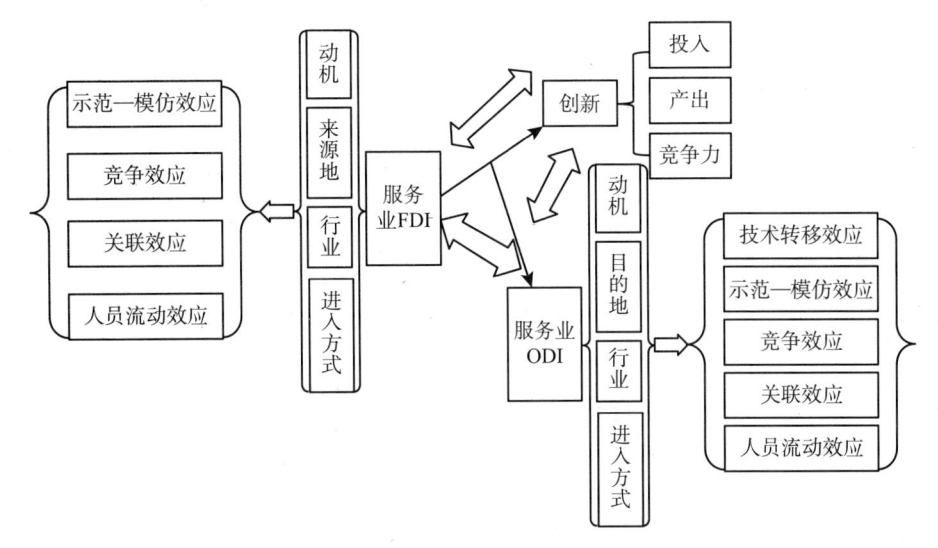

图7-3 服务业双向投资影响创新竞争力的理论分析

(二) 计量模型构建

本书的实证分析主要采用分位数回归的方法，着重考察在条件分布不同位置，服务业双向投资对创新竞争力的影响差异。该方法最早源于肯克和巴西特（Koenker & Bassett, 1978）的研究，是一种以被解释变量的条件分布来拟合解释变量的线性回归方法。之所以选择分位回归，主要基于以下两方面的考虑：第一，传统 OLS 的结果反映的是各种解释变量对企业创新竞争力的条件分布的均值的影响，至于这些解释变量对企业创新竞争力条件均值不同分位点的影响则不清楚。而分位数回归通过选择合适的分位点，可以对条件分布的不同位置进行分析。同时，分位回归还可以检验是否存在异方差，即如果条件分布的形状随着解释变量而变化，则不同分位点的回归系数也将不同。第二，OLS 的回归结果对异常值非常敏感，就本书的研究而言，如果企业创新竞争力出现剧烈波动（非测量误差造成），OLS 就会面临选择上的困境。如果不剔除这些异常值，回归结果会受到很大影响，如果剔除，又会损失某些重要的信息，而且并不存在一个客观的标准来判断多大的变动值算"异常"需要被剔除。而分位回归对异常值的敏感程度远远小于均值，分位回归只受到是否存在异常值的影响，而与其具体位置无关。

鉴于分位数回归在考查数据集不同分位点特征时的灵活性，本书利用比泽尔和科尔科斯（Bitzer and & Kerekes, 2008）、王恕立和胡宗彪（2013）方程设定

的基本思路,将某一特定分位点的计量模型设定如下

$$TEC_{ij}^d = X_{ij}\beta^\tau + d\delta^\tau + \varepsilon_{ij}, \quad Q_{\varepsilon_i}^\tau = 0 \qquad (7-1)$$

其中,i 代表企业,j 代表省市。X 表示影响创新竞争力的解释变量向量,包括 FDI 和 ODI;β^τ 表示对 X 向量进行参数估计的第 τ 个分位数的回归参数;ε_i 表示第 τ 个分位数的回归残差。TEC 为企业的创新竞争力水平,我们用以随机前沿 SFA 方法测算的创新效率来表示。在上述基准方程的基础上,为识别双向投资对创新竞争力的影响,我们进一步引入 FDI 和 ODI 的交互项、各省市人均 GDP 及企业控制变量,并将计量模型改写为

$$TEC_{ij}^d = \alpha + FDI_i\beta_1^\tau + ODI_i\beta_2^\tau + FDI \times ODI_i\beta_3^\tau$$
$$+ lnagdp_i\beta_4^\tau + Z_i\beta_5^\tau + d\delta^\tau + \varepsilon_i, \quad Q_{\varepsilon_i}^\tau = 0 \qquad (7-2)$$

式中,FDI 及 ODI 代表企业双向投资规模,二者交互项系数代表服务业 FDI 及 ODI 对企业创新竞争力影响的协同效应。lnagdp 代表各省市人均 GDP 水平,地区经济发展水平越高,通常意味着基础设施越完善,政府政策和制度越健全,融资环境更加宽松,这些有助于增强企业的知识技术吸收能力。Z 为其他企业控制变量,具体包括:(1)企业年龄(age),文献中通常认为年轻企业会比成熟企业更有创新动力,本书用 2008 减去企业成立时间来表示;(2)企业规模(scale),虽然企业规模具体对企业创新产生什么样的影响在文献中有很大争论,但企业规模会影响企业创新是已有研究的共识,本书使用企业资产总计的对数值来表示;(3)企业人均工资水平(lnwage)和人力资本情况(HR),本哈比和施皮格尔(Benhabib and Spiegel,1994)指出,人力资本一方面可以直接影响国内的技术创新效率,另一方面可以影响从国外吸收、学习新技术的速度。因此人力资本投资可以提升内资企业的吸收能力,从而促进国际技术的扩散。本书用员工工资和福利总和的对数值衡量企业工资水平,以大专及以上学历从业人员在年末从业人员中的比重来表示;(4)企业资本密集度(lnk/l),陆根尧和云鹤(2010)对比了我国不同产业集群的自主创新竞争力,发现资本密集型产业集群的自主创新竞争力总体上比劳动密集型产业集群要强;(5)国有资本占比(SOE),当企业创新竞争力由于融资约束发生波动时,国有资本进入及随之带来的融资优先性可能冲抵融资约束,进而对投资活动起到平滑作用(阿贝尔,Abel,艾伯利,Eberly,2011)。另一方面,国有资本可能会对企业研发产生"挤出"效应,在国有资本的刺激下,研发活动的要素市场需求增加,要素价格提升,从而提高企业的研发成本,导致企业减少研发支出(任曙明和吕镯,2014),因而国有资本对企业创新竞争力的影响不确定。

(三) 指标测度及变量描述

接下来,根据实证研究需要,我们将首先构建创新竞争力指标、引进外资和对外投资指标。

(1) 创新竞争力指标。对于创新效率的测算,学术界通常采用数据包络分析法 (DEA 方法) 和随机前沿函数法 (SFA 方法),前者是非参数方法,一般通过线性规划技术构造生产前沿面,利用距离函数得到各生产单元的效率;后者则是参数方法,通过分解随机误差项和技术无效率项,利用计量方程对前沿生产函数进行估计。考虑到数据包络分析将所有数据随机误差均视为是效率的不同,进而导致测算偏差,本书利用随机前沿分析方法测算创新效率,并以此作为创新竞争力的替代变量 (赵志耘和杨朝峰,2013)。

根据贝斯特和科埃利 (Battese & Coelli, 1995) 对方程的设定,我们将随机前沿函数模型设定为

$$\text{lnvalue}_{ij} = \beta_0 + \beta_1 \text{lnlabour}_{ij} + \beta_2 \text{lnRD}_{ij} + \nu_{ij} - \mu_{ij} \quad (7-3)$$

其中,lnvalue 表示高技术服务业产值的对数,lnlabour 表示中高技术职称从业人员数的对数,lnRD 表示资本存量的对数,β_1 和 β_2 表示劳动和资本的产出弹性系数,i、j 分别表示企业和行业;β_0 为常数项,ν_{ij} 表示随机变量,服从正态分布;μ_{ij} 表示非负的随机变量,表示创新活动中的无效率项,服从非负断尾正态分布 $N(m_{ij}, \delta^{2\mu})$,且 m 越大表示创新效率越低。那么企业的创新效率可定义为

$$TE_{ij} = \exp(-\mu_{ij}) \quad (7-4)$$

根据上式的基本定义,TE 为技术效率,若 $\mu_{ij} > 0$,可认为此种状态为技术非效率,表明服务业生产点位于前沿线之下,若 $\mu_{ij} = 0$ 则认为其处于技术效率前沿线上。据此,即可计算出服务业企业的创新竞争力指标。

(2) FDI 和 ODI 指标。对于引进外资 FDI 的测度,我们以企业外资占比,即外商资本和港澳台资本占资本总额的比重来进行衡量,数据来源于 2008 年全国经济普查服务业企业数据。而对于对外投资 ODI 指标的测度则比较棘手,由于普查数据中并未统计服务业企业对外投资信息,因此我们利用学术界广为使用的商务部《境外投资企业 (机构) 名录》、各省市商务厅对外投资数据与服务业企业普查数据相结合,考虑到最终匹配的企业数目有限,进而加总至各省市层面的服务业对外投资数据,最终计算各省市服务业对外投资占其对外投资总额的比重来衡量。①

---

① 考虑到单一年份数据会由于数据波动带来统计偏差,我们采用 2006~2008 年各省市服务业企业对外投资平均值作为最终测算数据。

接下来，图7-4分别报告了FDI和ODI与创新竞争力的相关关系，从图中可以看出FDI和ODI本身与服务业企业创新竞争力间呈现明显的正相关关系，与前文对FDI技术外溢效应和ODI的逆向技术溢出效应的影响机制相吻合。表7-2进一步给出了各主要变量的定义及简要统计描述，其中需要关注的是，无论是服务业外资占比（0.0254）还是对外投资（0.0957）的均值都相对较低，反映出我国服务业对外开放水平并不高，有序扩大服务业对外开放并提升创新竞争力将是"十三五"及未来一段时期我国对外开放的重要着力点。

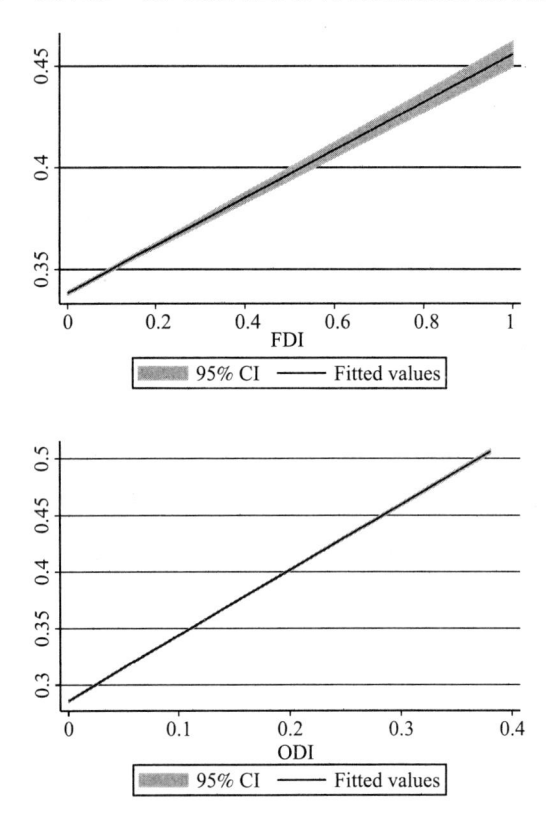

图7-4 FDI和ODI与服务业企业创新竞争力的相关关系

表7-2 主要变量定义及统计描述

变量名称	变量定义	样本	均值	标准差
TEC	创新竞争力，以创新效率衡量，利用SFA方法测算	311704	0.3413	0.2755
FDI	外资占比=（外商资本+港澳台资本）/企业资本总额	311704	0.0254	0.1498
ODI	对外投资，各省市服务业企业对外投资占总投资比重	311693	0.0957	0.1430

续表

变量名称	变量定义	样本	均值	标准差
lnagdp	各省市人均 GDP 对数	311704	10.5046	0.6387
age	企业年龄 = 2008 - 企业成立时间	311704	8.2582	9.4237
lnwage	企业人均工资对数 = ln(工资 + 福利)	311704	6.3859	1.8321
scale	企业规模 = 企业资产总计的对数	311704	8.3797	2.2295
HR	人力资本 = 大专及以上学历从业人员/年末从业人员总数	311704	0.5026	0.3512
lnK/L	资本密集度 = ln(企业资本总额/年末从业人数比重)	311704	5.0128	1.6240
SOE	国有资本占比 = (国家资本 + 集体资本)/企业资本总额	311704	0.1805	0.3773

第四节 实证研究及结果讨论

世界银行《2008 年全球经济展望：发展中国家的技术扩散》提出，发展中国家的技术扩散既取决于其获得外国技术的途径，又取决于其吸收技术的能力。这对中国的"走出去"和"引进来"同样具有重要启示：一方面，FDI 的技术外溢和 ODI 的逆向技术溢出会受到国际技术传递渠道的影响；另一方面，企业必须具备一定得知识技术吸收能力才能顺利承接 FDI 及 ODI 外溢的新知识。因此，下文的实证分析不仅要考虑宏观环境，也要考虑企业内部因素的影响，如企业的利润、规模、人力资本、工资水平等。在控制上述影响国际技术传递渠道和企业技术吸收能力变量的基础上，我们分别从全国层面、行业层面和重点区域细致考察双向投资对服务业创新竞争力的影响差异。

（一）全国层面的基准回归

表 7 - 3 首先报告基于全国层面的基准回归结果。模型（1）~（3）是 OLS 的回归结果，分别考察 FDI、ODI 及 FDI 与 ODI 协同机制对服务业企业创新的影响。模型（4）~（8）是分位数回归的结果，我们选择企业创新竞争力有代表性的 5 个分位点（q10、q25、q50、q75、q90）分别进行考察。从回归结果看，当单独考察 FDI 和 ODI 对企业创新竞争力的影响时，它们都表现出显著的正向影响，说明通过技术外溢及逆向技术溢出效应，服务业 FDI 和 ODI 都显著提升了我国服务业企业的创新竞争力。引入 FDI * ODI 交互项后，各变量的系数大小及显著性水平基本保持不变，说明服务业双向投资的协调发展能有效增进我国服务业企业的创新竞争力。关于 FDI 与 ODI 的协同机制，我们可以从如下两方面理解：一方面，FDI 和 ODI 能够相互促进。企业引进外资，通过有效转移、吸收溢出的知

识技术,能提升市场竞争力,为企业"走出去"、更广泛的参与国际竞争创造条件。同时,通过学习仿效国外的先进经验,在制度安排、管理架构上按照海外市场的要求进行调整,有利于减少进入海外市场的准入障碍。另一方面,企业"走出去"也有利于国际先进技术和经验引进来,企业在海外市场上科学的品牌运作,有助于树立企业良好的国际形象和产品信誉,能吸引海外企业进行国际合作。同时,企业亲自参与国际竞争,更好地了解国外企业的市场战略、竞争优势、产品特色等,进而在需要利用外资时能够做到有的放矢,减少因信息不对称造成的损失。

表 7–3　　　　　　　　　　　　　　基准回归

	OLS (1)	OLS (2)	OLS (3)	q10 (4)	q25 (5)	q50 (6)	q75 (7)	q90 (8)
FDI	0.3008*** (49.74)		0.2301*** (38.54)	0.0788*** (46.43)	0.2621*** (112.90)	0.4858*** (132.58)	0.5517*** (100.71)	0.2927*** (42.55)
ODI		0.3873*** (115.59)	0.3679*** (108.92)	0.0531*** (17.90)	0.1027*** (25.00)	0.2811*** (43.41)	0.4509*** (50.60)	0.2489*** (23.97)
FDI * ODI			0.2965*** (17.45)	0.1772*** (21.24)	0.3228*** (27.72)	0.5190*** (28.17)	0.1603*** (6.24)	0.0886*** (3.07)
lnagdp	0.0348*** (45.03)	0.0392*** (52.01)	0.0358*** (47.25)	0.0021*** (5.62)	0.0077*** (15.13)	0.0265*** (32.29)	0.0574*** (46.31)	0.0652*** (42.53)
age	−0.0010*** (−17.35)	−0.0010*** (−18.45)	−0.0009*** (−16.29)	−0.0002*** (−7.65)	−0.0003*** (−8.87)	−0.0004*** (−7.34)	−0.0014*** (−15.03)	−0.0018*** (−16.32)
lnwage	0.0170*** (26.10)	0.0136*** (21.20)	0.0112*** (17.41)	0.0076*** (26.39)	0.0121*** (29.44)	0.0174*** (24.87)	0.0142*** (12.76)	0.0079*** (5.62)
scale	−0.0592*** (−76.61)	−0.0490*** (−64.02)	−0.0464*** (−60.52)	−0.0156*** (−45.20)	−0.0308*** (−62.63)	−0.0542*** (−65.18)	−0.0683*** (−52.71)	−0.0555*** (−34.24)
HR	0.0997*** (66.21)	0.0810*** (54.45)	0.0735*** (49.22)	0.0101*** (14.24)	0.0333*** (33.53)	0.0740*** (45.66)	0.1187*** (48.35)	0.1219*** (39.48)
lnK/L	0.0390*** (50.39)	0.0303*** (39.71)	0.0270*** (35.28)	0.0037*** (10.07)	0.0069*** (13.62)	0.0205*** (24.73)	0.0518*** (40.68)	0.0573*** (36.52)
SOE	0.0575*** (43.17)	0.0505*** (38.55)	0.0533*** (40.75)	0.0011* (1.79)	0.0122*** (13.76)	0.0446*** (31.44)	0.0845*** (40.21)	0.0951*** (38.47)
常数项	0.0975*** (12.35)	0.0222*** (2.87)	0.0582*** (7.49)	0.0890*** (23.78)	0.1589*** (30.48)	0.1461*** (17.34)	−0.0198 (−1.56)	0.0454*** (2.90)
N	311704	311693	311693	311693	311693	311693	311693	311693
R^2/PseudoR^2	0.15	0.18	0.18	0.03	0.07	0.12	0.16	0.11

注:括号内的数据为 t 值,***、**、* 分别表示1%、5%和10%水平上显著,其中模型(1)至(3)采用 OLS 回归方法,报告 R^2 值,模型(4)至(8)采用分位数回归方法,报告 Pseudo R^2 值。

按此逻辑，服务业企业不仅通过 FDI 及 ODI 提升自身创新竞争力的机制能够相互强化，而且基于技术外溢和逆向技术溢出机制也能提升创新竞争力。所以除"走出去"和"引进来"的行为本身外，更为重要的是要促进外溢的知识技能在企业内部有效流动、吸收和转移（斯理娃，Silva 等，2012）。对于存在 FDI 或 ODI 行为的企业而言，为了促进外溢知识技能的有效吸收和转化，会逐渐加大企业的 R&D 投入，如购买先进的机械设备、完善创新激励制度、加大对员工的技能培训。这些措施不仅有利于企业当期的创新水平提升，对企业后续的竞争力提升也能产生积极的影响。此外，关于影响企业创新竞争力的控制变量相关回归结果与以往文献研究类似，具体来说，企业所在地区 GDP 水平（lnagdp）、企业平均工资（lnwage）、人力资本（HR）、资本密集度（lnK/L）、国有资本占比（SOE）与企业创新竞争力正相关；成立年限（age）和企业规模（scale）与创新竞争力负相关。

从分位数回归的结果来看，服务业双向投资对企业创新竞争力有显著的正向影响，这也进一步验证了 OLS 回归结果。同时，不同分位点处的结果存在一定差异，在 q10 和 q90 分位点处，服务业双向投资对创新的正向影响较小，在 q50、q75 分位点处双向投资对企业创新竞争力的提升效果更显著，即服务业双向投资对我国企业竞争力的影响，具有明显的倒 U 型分布特征，在创新竞争力的低端和高端，双向投资对企业创新的拉动相对较小，而对于处在创新水平中端的企业来说，双向投资对创新竞争力的提升更加显著。

对此，我们认为对于处在创新水平低端的服务业企业而言（q10 和 q25 分位点），由于依靠大量廉价劳动力投入，对技术和设备的依赖程度低，导致企业内部缺少组织有效学习的框架制度，面对 FDI 及 ODI 溢出的知识技能没有相应的人力资本积累，导致其实现外溢知识的内部化过程较为缓慢。同时，低竞争力的服务业企业多通过贴牌或代工的方式嵌入全球价值链中劳动密集型、技术含量低的低端环节。受制于发达国家消费者对进口服务产品质量、性能的要求，国内企业也普遍购买国外关键生产设备，这就形成了对发达国家先进生产设备的引进依赖和成本降低型生产效率的提升，而不是其自身自主创新竞争力或技术创新型生产效率的提高，最终导致这部分企业通过全球价值链的低端价值溢出获得了低生产率水平的规模扩张，落入"扩张陷阱"，使得其创新竞争力增长速度下降。对于处在创新竞争力高端的服务业企业而言（q75 和 q90 分位点），重要的不是通过国际技术溢出，而是依靠自主研发投入来获取具有经济价值的新知识，以寻求在将来的市场竞争中获取垄断利润（哈儒雅玛，Haruyama，2006）。同时，由于企业本身往往处在技术的最前沿，"天花板效应"导致其通过 FDI 或 ODI 技术外溢获取的创新竞争力提升有限。对于创新水平中端的服务企业而言（q50 分位点），由于其创新水平与高技术企业存在差距，竞争压力使得这些企业具有倾向于采用加大研发投入的内在动机，提高自身生产效率的竞争策略来获得生存和发展空间，这将导致产业内创新活动呈现上升态势。

（二）分行业的回归

为了识别出不同技术水平服务业企业的双向投资对企业创新竞争力的影响，我们根据《国民经济行业分类》（GB/T4754 - 2011）四位码行业分类，将国家统计局颁布的《高技术产业（服务业）分类 2013》与 2008 年全国经济普查数据服务业的行业代码进行匹配，进而将服务业企业划分为高技术服务业和中低技术服务业企业，并进行分组检验。[①] 表 4 报告了分行业的分位数回归结果，从中可以看出：（1）无论是高技术行业，还是中低技术行业，FDI 均通过技术外溢效应对服务业企业的创新竞争力产生了正向影响；（2）对高技术行业和中低技术行业的分位数回归结果也呈现明显的倒 U 型，即处在创新竞争力两端的企业，双向投资对创新的提升效果较小，处在中间的企业提升效果更加明显；（3）无论是从总体行业层面，还是从每个具体分位点上来看，中低技术行业的服务业企业通过 FDI 及 ODI 获取的创新竞争力提升均大于高技术行业。需要注意的是，加入其他控制变量后，处在高技术行业的服务业企业的 ODI 水平对创新竞争力有显著的负向影响。可能的解释是，高技术的 ODI 对企业自身的研发活动有替代作用，如果本土企业的技术来源主要依靠跨国公司的技术转移，就容易产生"技术锁定"的问题，甚至落入"技术陷阱"。

对于中低技术行业中，服务业企业通过 FDI 或 ODI 获取的创新水平提升更为显著。对此，根据产业组织理论的 SCP 分析框架，竞争会对创新产生两种截然相反的影响，一是"熊彼特效应"，由于企业创新研发投入需要以企业内源融资为主的大量资金，而竞争会减少企业的超额利润；因而，相对于自由竞争，垄断会增强企业进行研发创新的内在动力。二是逃离竞争效应，即企业有通过创新来逃离产业内其他竞争企业的动力。同时，上述影响在不同的产业结构中表现也并不一致，首先，NN 型（Neck-and - Neck）结构因为逃离竞争效应占优于熊彼特效应，所以竞争能够促进企业进行创新的内在动机。而 LL（Leader - Laggard）型

[①] 根据《国务院办公厅关于加快发展高技术服务业的指导意见》（国办发〔2011〕58 号），国家统计局将高技术服务业定义为采用高技术手段为社会提供服务活动的集合，包括信息服务、电子商务服务、检验检测服务、专业技术服务业中的高技术服务、研发设计服务、科技成果转化服务、知识产权及相关法律服务、环境监测及治理服务和其他高技术服务 9 大类，63 个小类。

结构则熊彼特效应占优于竞争逃离效应,因而竞争会抑制创新(张杰等,2014),且开放的市场环境会进一步强化竞争与创新的倒 U 型关系(海瑞亚,Haruyama,2006)。无论是服务业"引进来"还是"走出去",都会加剧竞争,并导致熊彼特效应和竞争逃离效应更加显著,最终影响企业的创新竞争力。根据我们对服务业的划分,高技术服务业通常具有高附加值、高知识人才和高技术含量,以信息等高技术为依托,且进入门槛高,持续发展的难度大,但其一旦获得市场优势地位,就能快速获得高额的回报。鉴于此,在高技术行业也只有少数企业能利用自身拥有的技术、资金、人力资本等方面的优势成长为领导型企业,其余多数沦为跟随企业,成长为 LL 型产业,如在电子商务领域的阿里巴巴、京东,银行业领域的五大国有商业银行,电器销售领域的苏宁、国美等。来自前文的分析也表明,由于研发创新往往需要企业依靠内源融资获取资金支持,而在 LL 型产业中,多数企业只是跟随企业,不能获取垄断利润,也就无法为企业研发创新提供资金支持,导致高技术行业 FDI 及 ODI 对企业创新竞争力的提升作用较小。相反,低技术服务业更接近于 NN 型产业,能够充分释放因竞争而产业的创新竞争力提升潜力。

表 7-4　　　　　　　　　　　　分行业的分位数回归

	高技术行业			中低技术行业		
	q10	q50	q90	q10	q50	q90
	(1)	(2)	(3)	(4)	(5)	(6)
FDI	0.0789*** (8.22)	0.2713*** (17.42)	0.0113** (2.14)	0.0884*** (57.17)	0.5773*** (156.02)	0.4456*** (50.72)
ODI	-0.0766*** (-7.20)	-0.1061*** (-5.92)	-0.0435*** (-7.23)	0.0543*** (17.53)	0.2450*** (33.02)	0.5127*** (37.48)
FDI*ODI	0.1901*** (3.78)	0.5933*** (7.82)	0.0906*** (4.12)	0.1751*** (24.70)	0.5643*** (31.17)	0.0796** (2.13)
Lnagdp	0.0132*** (6.86)	0.0566*** (18.17)	0.0232*** (22.54)	0.0005 (1.49)	0.0204*** (24.88)	0.0628*** (33.01)
age	-0.0008*** (-5.24)	-0.0020*** (-7.22)	-0.0007*** (-7.52)	-0.0002*** (-8.87)	-0.0003*** (-6.04)	-0.0016*** (-12.24)
Lnwage	0.0153*** (11.55)	0.0082*** (3.43)	-0.0087*** (-10.32)	0.0049*** (17.91)	0.0079*** (10.85)	0.0032* (1.80)
Scale	-0.0241*** (-13.36)	-0.0341*** (-10.57)	0.0139*** (12.56)	-0.0115*** (-36.01)	-0.0418*** (-49.33)	-0.0600*** (-29.87)

续表

	高技术行业			中低技术行业		
	q10	q50	q90	q10	q50	q90
	(1)	(2)	(3)	(4)	(5)	(6)
HR	0.0177*** (4.66)	0.1179*** (18.86)	0.0611*** (29.38)	-0.0027*** (-3.95)	0.0100*** (5.74)	0.0320*** (8.01)
lnK/L	0.0140*** (7.51)	0.0192*** (5.91)	-0.0064*** (-5.59)	0.0018*** (5.44)	0.0117*** (13.96)	0.0609*** (31.57)
SOE	-0.0038 (-1.19)	0.0267*** (5.06)	0.0097*** (5.59)	0.0004 (0.71)	0.0409*** (28.70)	0.1103*** (35.54)
常数项	-0.0147 (-0.75)	-0.1438*** (-4.51)	0.5540*** (53.15)	0.0972*** (28.89)	0.2107*** (24.98)	0.0927*** (4.75)
N	65413	65413	65413	246280	246280	246280
Pseudo R^2	0.0084	0.0251	0.0153	0.0239	0.1287	0.1527

注：同表2

(三) 基于重点省市的对比研究

对外直接投资逆向技术溢出效应的地区差异已经被很多学者所证实（沙文兵，2012），因而要考察FDI或ODI对企业创新竞争力的影响显然不能忽视区域因素。本部分选择服务业双向投资占比较大、发展水平较高的北京、上海和广东三个省市进行重点检验，以识别出双向投资对企业创新竞争力影响的地区差异。表7-5报告了基于北京、上海、广东三个省市的分位数回归结果，通过对比三个省市，我们发现了一些有趣的结论：（1）北京地区FDI对企业创新竞争力有显著的负向影响；（2）相对于北京，上海市处在中低分位点的服务业企业双向投资对创新竞争力的提升作用更大，处在高分位点企业的提升作用相对较小；（3）在所有分位点处，广东省服务业企业通过双向投资获取的创新竞争力提升均大于北京和上海。

表7-5　　　　　　　　基于重点省市的分位数回归

北京	P10	P25	P50	P75	P90
	(1)	(2)	(3)	(4)	(5)
FDI	-0.4600*** (-20.46)	-1.0927*** (-28.93)	-1.9341*** (-36.91)	-1.9810*** (-46.80)	-0.3133*** (-24.85)
ODI	0.0826*** (8.13)	0.1598*** (9.27)	0.4366*** (18.78)	0.5092*** (26.10)	0.0717*** (12.29)

续表

北京	P10	P25	P50	P75	P90
	(1)	(2)	(3)	(4)	(5)
FDI * ODI	0.3244 ***	0.5621 ***	0.9559 ***	0.6438 ***	0.1086 ***
	(7.93)	(8.21)	(10.06)	(7.52)	(4.04)
控制变量	YES	YES	YES	YES	YES
N	35298	35298	35298	35298	35298
Pseudo R^2	0.046	0.0957	0.1375	0.0914	0.0149

上海

	P10	P25	P50	P75	P90
FDI	0.3410 ***	0.7575 ***	1.5665 ***	1.7619 ***	0.5683 ***
	(26.95)	(31.69)	(37.34)	(34.40)	(18.28)
ODI	0.0698 ***	0.1259 ***	0.3485 ***	0.5722 ***	0.1867 ***
	(8.19)	(7.73)	(11.79)	(16.37)	(9.56)
FDI * ODI	0.4892 ***	0.6750 ***	0.9972 ***	0.3322 ***	0.0907
	(15.59)	(11.56)	(9.82)	(2.74)	(1.26)
控制变量	YES	YES	YES	YES	YES
N	20522	20522	20522	20522	20522
Pseudo R^2	0.0351	0.0804	0.1324	0.1453	0.0399

广东

	P10	P25	P50	P75	P90
FDI	0.4549 ***	0.8727 ***	0.9315 ***	1.0623 ***	0.4890 ***
	(20.16)	(27.75)	(24.38)	(29.71)	(24.99)
ODI	-0.0208 *	-0.0167	0.1087 ***	0.2493 ***	0.0770 ***
	(-1.84)	(-0.99)	(4.38)	(7.96)	(3.58)
FDI * ODI	0.5873 ***	1.5022 ***	2.4170 ***	1.8319 ***	0.7488 ***
	(4.64)	(9.73)	(12.98)	(8.47)	(5.18)
控制变量	YES	YES	YES	YES	YES
N	27848	27848	27848	27848	27848
Pseudo R^2	0.0312	0.0773	0.1071	0.0798	0.0377

注：限于篇幅表中并未报告全部控制变量的回归结果，备索；其余同表7-2。

对于上述结论，我们认为主要来源于地区间服务业生产效率及开放程度差异。由于各地区城市定位不同，如北京作为首都，重点打造成全国的文化、政治中心，上海着力打造国际金融中心，拥有相对宽松的金融环境。城市定位差异导致服务业发展面临的市场环境、政策资源存在很大差异。再加上各地区经济发展腹地、产业配套设施、细分服务业均衡发展条件各异，进一步加剧各省市服务业发展效率的差异。当FDI和ODI溢出大量新知识技能时，各省市因为自身条件的差异，对新知识的转移、消化和吸收能力也会差生效率上的差别，最终导致各省市服务业创新竞争力提升速度不一致。以北京和上海为例，按 2000 年不变价格，上海 2010 年服务业劳动生产率为 5.84 万元/人，为北京（4.83 万元/人）的 1.2 倍，服务业劳动生产率明显优于北京。从增长速度看，上海也大幅领先于北京，2000～2010 年，上海服务业劳动生产率年均增长率比上海高 4.1 个百分点（李彦军，2014）。通过计算北京和上海两地服务业的规模优势和效率优势，孙元欣等（2013）指出虽然上海和北京服务业的劳动生产率水平始终高于全国平均水平，但上海服务业的效率优势在北京之上。

从产业效率的差异看，广东和上海作为长三角和珠三角的核心地带，在与其周边地区进行经济技术合作与分工的过程中，逐步建成完善的产业体系和配套设施，尤其是大量金融机构和外贸企业汇集也有力地支撑了当地经济发展和效率的提升。与上海和广东相比，虽然北京正逐步成为区域现代制造业的研发、营销中心和总部所在地，但北京现代制造业发展的经济腹地狭小，区域支撑不足，缺乏有效的生产配套。因此，服务业的经济效率难以得到最大程度的提升，研发与生产也不能有效地互动。进一步从服务业开放程度看，灵活的开放政策也使上海和广东具有较为宽松的金融和贸易环境，特别是上海和广东自贸区的设立为投资便利化、资本项目可兑换、人民币跨境使用等服务业双向投资提供了良好的发展机遇和成长空间。

第五节 结论及政策启示

坚持对外开放，把"走出去"和"引进来"更好地结合起来是十七大报告确立的基本开放战略，而十八届五中全会进一步强调了有序扩大服务业对外开放，着力推进双向投资平衡对构建开放型经济新体制的重要意义。而在理论研究中，FDI 和 ODI 通过技术外溢和逆向技术溢出对本国产业升级、技术创新产生会产生重要影响，也得到诸多关注，但意见不一。基于此，本书利用 2008 年服务业企业微观数据，通过分位数回归方法细致探讨了服务业双向投资对企业创新竞争力的影响。实证研究发现：（1）整体来看，服务业双向投资显著提升了我国服务业企业的创新竞争力，证实了技术外溢和逆向技术溢出效应的存在性。（2）无论是总体样本，还是分行业、分地区的分析，都表明服务业双向投资对企业创新竞争力的提升呈倒 U 型的分布，即处在创新效率两端（q10、q90）的企业，双向投资对创新竞争力的提升作用较小，对于处在创新效率分布中间（q50）的企业来说,这种提升效果更加明显。(3)进一步分行业来看,中低技术企业双向投资对企业创新竞争力提升效应更明显,而高技术企业的影响效应则相对较小。(4)服务业双向投资对企业创新竞争力的提升效应存在地区差异。从重点省市来看,相对于北京,上海处在创新效率分布中间的企业,双向投资对创新效率的提升更为明显,在分布高端的企业则相对较小,而广东在所有分布上服务业企业通过双向投资获取的创新效率提升都较为明显。

上述发现,对我国双向投资平衡背景下提升服务业创新竞争力具有重要政策含义。首先,从全局上要通过有效利用外资与对外投资的协作推进,打造基于"技术外溢和逆向技术溢出"的相对综合比较优势的对外投资和外商投资新优势,释放引进外资与对外投资协调发展的创新竞争力提升效应,着力实现服务业企业的"高水平引进来、大规模走出去"。其次,要确定服务业的重点开放领域,在国务院 2015 年《关于北京市服务业扩大开放综合试点总体方案的批复》的六大重点领域基础上,① 着力提升高端服务业的开放水平和引进质量,进一步释放高技术服务业双向投资对整体行业创新竞争力的带动作用。同时,要重点提防中低技术服务业的产业链"低端锁定"。最后,统筹各地服务业协调发展,根据各地比较优势,合理引导服务业有序开放,缩小地区开放差距。同时注重试点省市的服务业开放经验总结和推广,如北京服务业扩大开放综合试点,上海和广东自贸区试点等;以更加积极主动地对内对外开放政策推动区域服务业大发展,提升我国服务业整体的创新竞争力。

---

① 2015 年 5 月 21 日,国务院发布《关于北京市服务业扩大开放综合试点总体方案的批复》,同意北京市在科学技术服务、互联网和信息服务、文化教育服务、金融服务、商务和旅游服务、健康医疗服务六大领域进行扩大开放试点。

参 考 文 献

[1] Aaditya Mattoo, Financial Service and the World trade organization: Liberalization Commitment of the Developing and Transition Economies, World Bank Policy Research Working Paper 2188, September 1999.

[2] Abel, A. B., Eberly, J. C., How Q and Cash Flow Affect Investment Without Frictions: An Analytic Explanation, The Review of Economic Studies, 2011, 78 (4), pp. 1179 – 1200.

[3] Adlung and Miroudot., Poison in the Wine? Tracing GATS – Minus Commitments in Regional Trade Agreements, WTO Staff Working Paper ERSD, 2012 (04).

[4] Adlung, R., Roy, M., Turning Hills into Mountains? Current Commitments under the General Agreement on Trade in Services and Prospects for Change, Journal of World Trade, 2005, 39 (6), pp. 1161 – 1194.

[5] Amin, M., A. Mattoo., Do Institute Matter More for Services, WPS 4032, 2006.

[6] Anita Wolfl., The Service Economy in OECD Countries, Statistical Analysis of Science, Technology and Industry, DSTI/DOC, 2005 (3).

[7] Battese, G. E., Coelli, T. J., A Model for Technical Inefficiency Effects in a Stochastic Frontier Production Function for Panel Data, Empirical economics, 1995, 20 (2), pp. 325 – 332.

[8] Benhabib, J., Spiegel., The Role of Human Capital in Economic Development Evidence from Aggregate Cross-country data, Journal of Monetary economics, 1994, 34 (2), pp. 143 – 173.

[9] Bernard Hoekman, Tentative First Steps: An Assessment of the Uruguay Round Agreement on Services, presented at the World Bank Conference on the Uruguay Round and the Developing Economies, World Bank Policy Research Working paper 1455, May 1995.

[10] Bin Xu, Jiangyong Lu, Foreign Direct Investment, Processing Trade and

the Sophistication of China's Exports, China Economic Review, 2009, 20 (3), pp. 425 - 439.

[11] Bin Xu, The Sophistication of exports: Is China Special? China Economic Review, 2010 (21), pp. 482 - 493.

[12] Bitzer, J., Kerekes, M., Does Foreign Direct Investment Transfer Technology Across Borders? New Evidence, Economics Letters, 2008, 100 (3), pp. 355 - 358.

[13] Borchert, I., Gootiiz, B., Mattoo, A., Restrictions on Services Trade and FDI in Developing Countries, Washington DC: World Bank, forthcoming, 2010.

[14] Branstetter, L. G., Sakakibara, M., When do Research Consortia Work Well and Why? Evidence from Japanese Panel Data (No. w7972), National Bureau of Economic Research, 2000

[15] Brown D., Deardoff A., Fox A., Stern R., Computational Analysis of Goods and Service Liberalizaion in the Uruguay Round, *In Martin W., Winters A. (Eds). The Uruguay Round and the Developing Economies*, Cambridge University Press: New York, D. C, 1996.

[16] Carsten Fink, Martin Molinuevo, East Asian Preferential Trade Agreements in Services: Liberalization Content and WTO Rules, World Trade Review (7), 2008 (4), pp. 641 - 673.

[17] Copel and B., Benefits and Costs of Trade and Investment Liberalization in Services: Implications from Trade Theory. *In: Curtis J., Ciuriak D. (Eds). Trade Policy Research* 2002. *Minister of Public Works and Government Service*, Canada, 2002, pp. 107 - 218.

[18] Copenhagen Economics, Economic Assessment of the Barriers to the Internal Market for Services., *Copenhagen Economics*, January, 2005.

[19] David C. W., The Trade - Off between Cash Flow and Net Present Value, Scandinavian Journal of Economics, 1993, 95 (1), pp. 65 - 75.

[20] Dee P., Hanslow K, Multilateral Liberalization of Service Trade, *Productivity Commission Staff Research Paper*, Ausinfo, Canberra, 2000.

[21] Dirk Czarnitzki and Andreas Fier, Do R&D Subsidies Matter? Evidence for the German Service Sector, Centre for European Economic Research, Discussion Paper No. 01 - 19, 2001.

[22] Djankov, S., Hoekman, B., Foreign Investment and Productivity Growth

in Czech Enterprises, The World Bank Economic Review, 2000, 14 (1), pp. 49 – 64.

[23] Du, J., Lu, Y., Tao, Z., Institutions and FDI Location Choice: The Role of Cultural Distances, Journal of Asian Economics, 2012, 23 (3), pp. 210 – 223.

[24] Egger, Peter and Rainer Lanz, The Determinants of GATS Commitments Coverage. World Economy, 2008, 31 (12), pp. 1666 – 1694.

[25] European Service Forum, ESF Preliminary Views on Subsidies in Services, Brussels, 1999.

[26] Falvey R. E., Kierzkowski H. Product Quality, intra-industry trade and (im) Perfect Competition. In: Kierzkowski (ed.), Protection and Competition in International Trade, Basil Blackwell, Oxford, 1987, pp. 143 – 161.

[27] Falzoni, A. M., Grasseni, M., Home Country Effects of Investing Abroad: Evidence from Quantile Regressions (No. 170). KITeS, Centre for Knowledge, Internationalization and Technology Studies, Universita'Bocconi, Milano, Italy. 2005

[28] Fan C. S., Increasing Returns, Product Quality and International Trade. Econometrica, 2005 (72), pp. 151 – 169.

[29] Findlay, C., Warren, T., Impediments to Trade in Services: Measurement and Policy Implications, New York: Routledge, 2001.

[30] Fink, C., M. Jansen., Services Provisions in regional trade agreements: stumbling or building block for multilateral liberalization? In R. Baldwin and P. Low (eds.), Multilateralizing Regionalism. Cambridge: Cambridge University Press, 2009.

[31] Fink, C. A., Mattoo and I. Neagu. Trade in International Maritime Services: How Much Does Policy Matter?, *World Bank Economic Review*, 2001, 16 (1), pp. 81 – 108.

[32] Flam H., Helpman E. Vertical Product Differentiation and North – South Trade, The American Economic Review, 1987, 77 (5), pp. 810 – 822.

[33] Francois J., Wootton, I., Market Structure, Trade Liberalization, and the GATS. *European Journal of Political Economy*, 2001, 17, pp. 389 – 402.

[34] Francois, J. F., Trade in Producer Services and Returns Due to Specialization under Monopolistic Competition, Oxford Economic Papers, 1990 (42), pp. 715 – 729.

[35] Francois, J. F., Woerz, J., Producer Service, Manufacturing Linkages,

and Trade. Tinbergen Institute Discussion Paper, 2007.

[36] Friedman, M., The Plucking Molel of Business Fluectuation Reivew, Economic Inquiry, 1993, 31 (2), pp. 171 – 177.

[37] Ghani, Ejaz and Homi Kharas, Overview in The Service Revolution in South Asia, edited by Ejaz Ghani, Oxford University Press, 2010.

[38] Gloria O. Pasadilla., Prospects of Services Trade Liberalization in Japan – RP Bilateral Agreement, The PIDS Discussion Paper Series NO. 2004 (08).

[39] Haddad, M., Harrison, A., Are There Positive Spillovers from Direct Foreign Investment? Evidence from Panel Data for Morocco. Journal of Development Economics, 1993, 42 (1), pp. 51 – 74.

[40] Hallak J. C. A Product Quality View of the Linder Hypothesis. NBER Working Paper, 2006, No. 12712.

[41] Hardin, A., Holmes, L., Services Trade and Foreign Direct Investment, Staff research paper, Industry Commission. Canberra: Australian Government Publishing Services, 1997.

[42] Harding T., Javorcik B. S, FDI and Export Upgrading, Department of Economics, University of Oxford, Discussion Paper Series, 2011.

[43] Harms Philipp, Aaditya Mattoo, Ludger Schuknecht, Explaining Liberalization Commitments in Financial Service Trade, Review of World Economics 139 (1), pp. 82 – 113.

[44] Haruyama, T., An Inverted U Relationship Between Competition and Innovation: A Revisit, Discussion Papers, 2006.

[45] Hausmann, Ricardo, Jason Hwang, and Dani Rodrik, — What You Export Matters, Journal of Economic Growth, 2007, 12 (1), pp. 1 – 25.

[46] Hertel T., Potential Gains from Reducing Trade Barriers in Manufacturing, Services and Agriculture. 24*th Annual Economic Policy Conference*, Federal Reserve Bank of St. Louis, 1999.

[47] Hoekman Bernard, Mattoo Aaditya, Services Trade Liberalization and Regulatory Reform: Re-invigorating International Cooperation, The World Bank, Policy Research Working Paper, 2011.

[48] Hoekman Bernard, Mattoo Aaditya and Spir Andre., The Political Economy of Services Trade Liberalization: a Case for International Regulatory Cooperation? Oxford Review of Economic Policy, 2007, 3 (23), pp. 367 – 391.

[49] Hoekman, Bernard, Aaditya Mattoo, Services Trade and Growth, World Bank Policy Research Working Paper No. 4461, 2008.

[50] Horst Raff, Marc von der Ruhr, Foreign Direct Investment in Producer Services: Theory and Empirical Evidence, Applied Economics Quarterly (formerly: Konjunkturpolitik), Duncker, Humblot, Berlin, 2007, 53 (3), pp. 299 – 321.

[51] Hu, A., Jefferson, G., FDI, Technological Innovation and Spillover: Evidence from Large and Medium Size Chinese Enterprises, Brandeis University: Waltham, MA, 2001, pp. 1 – 12.

[52] Hummels, David and Klenow, Peter J., The Variety and Quality of a Nation's Exports, American Economic Review, 2005 (95), pp. 704 – 723.

[53] Jay Kandampully, The Impact of Demand Fluctuation on the Quality of Service: a Tourism Industry Example, Managing Service Quality, 2000, 10 (1), pp. 10 – 18.

[54] Juan Marchetti, Martin Roy, Is There Reciprocity in Preferential Trade Agreements on Services? WTO staff working paper ERSD2012 – 16.

[55] Koenker, R., Bassett Jr, G., Regression Quantiles, Econometrica: Journal of the Econometric Society, 1978 (23), pp. 33 – 50.

[56] Kogut, B., Chang, S. J., Technological Capabilities and Japanese Foreign Direct Investment in the United States [J]. The Review of Economics and Statistics, 1991, 73 (3), pp. 401 – 413.

[57] Konan D., Maskus K., Quantifying the Impact of Service Liberalization in a Developing Country, *Journal of Development Economics*, 2006.

[58] Kox, H., A. Lejour, A., The Effects of the Service Directive on intra – EU trade and FDI, *Revue Economique*, 2006, 57 (4), 747 – 769.

[59] Kox, H., A. Lejour, A., Regulatory Heterogeneity as Obstacle for International Services Trade, *CPB Discussion Paper*, 2005 (49).

[60] Kox, H., A. Lejour and R. Montizaan, The Free Movement of Services within the EU, *CPB Document* 69, The Hague, 2004.

[61] Kox, Henk L. M. and Nord. as, Hildegunn Kyvik, Services Trade and Domestic Regulation, *OECD Trade Directorate and CPB Netherlands Bureau for Economic Policy Analysis*, February, 2007.

[62] Krugman, P. R., Increasing Returns and the Theory of International Trade, NBER Working Papers, Nov, 1985 (1752).

[63] Lall S., Weiss J. and Zhang J., The Sophistication of exports: a New Trade Measure, World Development, 2006, 34 (2), pp. 222 - 237.

[64] Langhammer, Rolf J., The EU Offer of Service Trade Liberalization in the Doha Round: Evidence of a Not - Yet - Perfect Customs Union, Journal of Common Market Studies, Vol. 43, No. 2, June 2005, pp. 311 - 325.

[65] Limao Nuno, Are Preferential Trade Agreements with Non - Trade Objectives a Stumbling Block for Multilateral Liberalization? The Review of Economic Study, 2007, 74 (3), pp. 821 - 855.

[66] Limao Nuno, Preferential Agreements as Stumbling Blocks for Multilateral Trade Liberalization: Evidence for the United States, The American Economic Review, 2006, 96 (3), pp. 896 - 914.

[67] Limao Nuno., Are Preferential Trade Agreements with Non - Trade Objectives a Stumbling Block for Multilateral Liberalization?, The Review of Economic Study, 2007, 3 (74), pp. 821 - 855.

[68] Limao Nuno. Preferential Agreements as Stumbling Blocks for Multilateral Trade Liberalization: Evidence for the United States, The American Economic Review, 2006, 3 (96), pp. 896 - 914.

[69] Long, V., Riezman R., Fragmentation, Outsourcing and Service Sector, CIRANO Working Paper, 2001 (43).

[70] Low P., Mattoo A., Is There a Better Way? Alternative Approaches to Liberalization under GATS. In: SauveP., Stern R. (Eds). GATS 2000: New Directions in Services Trade Liberalization. Brookings Institution Press: Washington DC, 2000, pp. 449 - 472.

[71] MacBean, A. I., Export Instability and Economic Development, Cambridge MA: Harvard University Press, 1966, pp. 72 - 115.

[72] Marc Beintah, Subsidies, Services and Sustainable Development, ICTSD issued paper February 2005 (1).

[73] Marc Beintah, Subsidies, Services and Sustainable Development, ICTSD issued paper No. 1, February 2005.

[74] Marel Erik van der and Miroudot Sebastien, The Economics and Political Economy of Going beyond the GATS. GEM paper, 2012.

[75] Marel Erik van der and Miroudot Sebastien., The Economics and Political Economy of Going beyond the GATS. GEM paper, 2012.

[76] Markusen, James R. Trade in Producer Services and in Other Specialized Intermediate Inputs, American Economic Review, 1989 (79), pp. 85 – 95.

[77] Markusen, J., Rutherford, T. and Tarr, D, Trade and Direct Investment in Producer Services and the Domestic Market for Expertise, Canadian Journal of Economics, 2005, 38 (3), pp. 758 – 777.

[78] Markusen, James R. Trade in Producer Services and in Other Specialized Intermediate Inputs, American Economic Review, 1989 (79), pp. 85 – 95.

[79] Martin Roy, Democracy and Political Economy of Multilateral Commitments on Trade in Services. Journal of World Trade, 45 (6), pp. 1157 – 1180.

[80] Martin Roy, Juan Marchetti, Hoe Lim., Service Liberalization in the New Generation of Preferential Trade Agreements (PTAs): How Much Further than the GATS, World Trade Organization staff working paper Economic Research and Statistics Division, 2006 (07).

[81] Masayuki Morikawa, Demand Fluctuations and Productivity of Service Industries, Research Institute of Economy, Trade and Industry (RIETI), 2008.

[82] Massimo Geloso Grosso, Analysis of Subsidies for Services: the Case of Export Subsidies, OECD Trade Policy Working Paper, 2007 (66).

[83] Mattoo Aaditya, Sauve Pierre, The Preferential Liberalization of Services NCCR Trade Regulation

[84] Mattoo, A., S. Wunsch, Pre – Empting Protectionism in Services: the WTO and Outsourcing, Journal of International Economic Law, 2004 (7), pp. 765 – 800.

[85] Mattoo, A., Services in a Development Round: Three goals and Three Proposals, Journal of World Trade, 2005 (39), pp. 1223 – 1238.

[86] Mattoo, A. 2005. Services in a Development Round: Three goals and Three Proposals, Journal of World Trade, 39, pp. 1223 – 1238.

[87] Mattoo, Aaditya and Olarreaga, Marcelo, Reciprocity across Modes of Supply in the World Trade Organization – A Negotiating Formula, *World Bank*, *Policy Research working paper series*, 2000.

[88] Miroudot, S., J. Sauvage and Sudreau. Multilateralising Regionalism: How Preferential Are Services Commitments in Regional Trade Agreements? OECD Trade Policy Working Papers, OECD Publishing, 2010 (106).

[89] Miroudot, S., J. Sauvage and Sudreau. Multilateralising Regionalism: How

Preferential Are Services Commitments in Regional Trade Agreements?, OECD Trade Policy Working Papers, OECD Publishing, 2010 (106).

[90] Miroudot, S., J. Sauvage, Sudreau, Multilateralising Regionalism: How Preferential Are Services Commitments in Regional Trade Agreements? OECD Trade Policy Working Papers, 2010 (106), OECD Publishing.

[91] Miroudot, S., J. Sauvage, Sudreau. Multilateralising Regionalism: How Preferential Are Services Commitments in Regional Trade Agreements? OECD Trade Policy Working Papers, 2010 (106), OECD Publishing.

[92] Mora D., The Role of Comparative Advantage in Trade within Industries. Weltwirtschaftliches Archiv, 2002 (138), pp. 291–316.

[93] Murphy K. M., Shleifer A. Quality and Trade. Journal of Development Economics, 1997 (53), pp. 1–15.

[94] Nicoletti, G., S. Scarpetta and O. Boylaud, Summary Indicators of Product Market Regulation with an Extension to Employment Protection Legislation, *OECD Economics Department Working Papers*, 1999 (226).

[95] Nicoletti, G., Scarpetta, S., Regulation, Productivity and Growth, *Economic Policy*, 2003 (36).

[96] OECD, The Linkages between Open Services Market and Technology Transfer, OECD Trade Policy Working Papers, OECD Publishing, 2006 (29).

[97] Paul Conway, Véronique Janod, Giuseppe Nicoletti, Product Market Regulation in OECD Countries: 1998 to 2003, *OECD Economics Department Working Papers*, NO. 419, 2005.

[98] Pietro Poretti, The Regulation of Subsidies with the General Agreement on Trade in Service of the WTO: Problems and Prospects, The Netherlands: Kluwer Law International BV, 2009.

[99] 艾素君：《论服务贸易补贴的多边规则》，载《国际商务（对外经济贸易大学学报）》，2009年4月。

[100] 蔡冬青、周经：《对外直接投资对出口技术水平的提升研究》，载《世界经济研究》，2012年第12期，第52–57页。

[101] 程大中：《中国服务贸易显性比较优势与"入世"承诺减让的实证研究》，载《管理世界》，2003年第7期，第29–37页。

[102] 程大中：《中国生产者服务业的增长、结构变化及其影响：基于投入—产出法的分析》，载《财贸经济》，2006年第10期。

[103] 陈宪、谭智勇:《"商业存在"与"跨境贸易"在 GATS 下的融合》,载《世界经济研究》,2003 年第 7 期。

[104] 成新轩、王英:《自由贸易区与多边贸易体制的冲突和协调》,载《世界经济与政治》,2009 年第 7 期。

[105] 陈怡:《我国服务贸易发展的波动性分析》,载《南京审计学院学报》,2006 年第 3 卷第 1 期。

[106] 陈岩:《中国对外投资逆向技术溢出效应实证研究——基于吸收能力的分析视角》,载《中国软科学》,2011 年第 11 期。

[107] 杜婷、庞东:《国际贸易冲击与中国经济的周期波动》,载《经济经纬》,2006 年第 5 期。

[108] 杜修立、王维国:《中国出口贸易的技术结构及其变迁:1980~2003》,载《经济研究》,2007 年第 7 期。

[109] 方慧:《服务贸易技术溢出的实证研究:基于中国 1991~2006 年数据》,载《世界经济研究》,2009 年第 3 期。

[110] 付亦重:《服务补贴制度与绩效评估——基于美国服务补贴制度的研究与启示》,对外经济贸易大学出版社,2010 年。

[111] 高传胜、刘志彪:《生产者服务与长三角地区制造业集聚和发展》,载《上海经济研究》,2005 年第 8 期。

[112] 郭根龙、冯宗宪:《过境交付服务贸易的发展及其影响》,载《国际贸易问题》,2006 年第 2 期。

[113] 高凌云、王永中:《R&D 溢出渠道、异质性反应与生产率:基于 178 个国家面板数据的经验研究》,载《世界经济》,2008 年第 2 期。

[114] 黄先海、陈晓华、刘慧:《产业出口复杂度的测度及其动态演进机理分析——基于 52 个经济体 1993~2006 年金属制品出口的实证研究》,载《管理世界》,2010 年第 3 期。

[115] 李梅:《外商直接投资对中部地区技术创新能力影响的实证检验》,载《国际商务:对外经济贸易大学学报》,2010 年第 5 期,第 78-85 页。

[116] 罗楠、杜兆恩:《基于多种贸易理论的我国金融服务贸易模式探究》,载《国际金融研究》,2006 年第 6 期。

[117] 李小平、卢现祥、朱钟棣:《国际贸易、技术进步和中国工业行业的生产率增长》,载《经济学(季刊)》,2008 年第 2 期。

[118] 刘学武:《投资、消费、国际贸易与中国经济增长:1989~1999 年经验分析》,载《世界经济》,2000 年第 9 期。

[119] 李彦军:《北京服务业产业效率的演变、空间分异与提升策略研究》,载《发展研究》,2014年第3期,第52-57页。

[120] 陆根尧、云鹤:《基于要素密集度视角的产业集群自主创新能力研究》,载《中国软科学》,2010年第S2期,第295-304页。

[121] 江静、刘志彪、于明超:《生产者服务发展与制造业效率提升:基于地区和行业面板数据的经验分析》,载《世界经济》,2007年第8期。

[122] 金孝柏:《服务贸易补贴与我国外贸发展方式转型》,载《国际贸易》,2011年6月。

[123] 马相东、王跃生:《对外直接投资的双重效应与中国双向投资均衡发展》,载《中共中央党校学报》,2014年第18(6)期,第98-103页。

[124] 潘爱民:《中国服务贸易开放与经济增长的长期均衡与短期波动研究》,载《国际贸易问题》,2006年第2期。

[125] 潘向东:《经济制度安排、国际贸易与经济增长影响机理的经验研究》,载《经济研究》,2005年第11期。

[126] 任曙明、吕镯:《融资约束,政府补贴与全要素生产率——来自中国装备制造企业的实证研究》,载《管理世界》,2014年第11期,第10-23页。

[127] 盛斌:《中国加入WTO服务贸易自由化的评估与分析》,载《世界经济》,2002年第8期,第10-18页。

[128] 世界贸易组织秘书处. 乌拉圭回合协议导读(中译本)北京法律出版社,2001。

[129] 石静霞:《新一轮服务贸易谈判若干问题》,载《法学研究》,2006年3月。

[130] 孙立坚、孙立行:《对外开放和经济波动的关联性检验》,载《经济研究》,2005年第6期。

[131] 沈铭辉、周念利:《亚洲区域经济合作新领域:区域服务贸易自由化》,载《太平洋学报》,2010年2月。

[132] 沙文兵:《对外直接投资,逆向技术溢出与国内创新能力——基于中国省际面板数据的实证研究》,载《世界经济研究》,2012年第3期,第69-74页。

[133] 孙元欣、王菁、杨汝梁:《上海与北京服务业发展的比较优势分析》,载《科学发展》,2013年第8期,第77-85页。

[134] 唐海燕、张会清:《产品内国际分工与发展中国家的价值链提升》,载《经济研究》,2009年第9期。

[135] 魏作磊、佘颖:《生产性服务业FDI对中国制造业竞争力的影响研

究》，载《国际经贸探索》，第 29（1）期，第 71－79 页。

[136] 谢珵：《服务贸易补贴的特点和各国做法》，载《国际贸易》，2009年 10 月。

[137] 冼国明、严兵：《FDI 对中国创新能力的溢出效应》，载《世界经济》，2006 年第 28（10）期，第 18－25 页。

[138] 王恕立、胡宗彪：《服务业双向 FDI 的生产率效应研究——基于人力资本的面板门槛模型估计》，载《财经研究》，2013 年第 11 期，第 90－101 页。

[139] 危旭芳、郑志国：《服务贸易对我国 GDP 增长贡献的实证研究》，载《财贸经济》，2004 年第 3 期。

[140] 王小平：《我国服务价格波动的实证分析与启示》，载《价格理论与实践》，2007 年第 12 期。

[141] 王小平：《中国服务贸易周期波动的实证分析》，载《财贸经济》，2006 年第 7 期。

[142] 杨高举、黄先海：《内部动力与后发国分工地位升级》，载《中国社会科学》，2013 年第 2 期，第 25－45 页。

[143] 杨长湧：《我国扩大服务业对外开放的战略思路研究》，载《国际贸易》，2015 年第 4 期，第 59－66 页。

[144] 杨锦权、王迎新：《国际服务贸易提供方式：一个理论的研究视角》，载《财贸经济》，2007 年第 5 期。

[145] 姚洋、章林峰：《中国本土企业出口竞争优势和技术变迁分析》，载《世界经济》，2008 年第 3 期。

[146] 姚洋、张晔：《中国出口品国内技术含量升级的动态研究——来自全国及江苏、广东省的证据》，载《中国社会科学》，2008 年第 2 期。

[147] 钟昌标：《外商直接投资地区间溢出效应研究》，载《经济研究》，2010 年第 1 期，第 80－89 页。

[148] 郑长娟、徐建中：《服务国际化的特殊性及进入模式研究》，载《国际商务（对外经济贸易大学学报）》，2005 年第 1 期。

[149] 周念利：《缔结"区域贸易安排"能否有效促进发展中经济体的服务出口》，载《世界经济》，2012 年第 11 期。

[150] 周念利：《区域服务贸易安排"特惠实质"的政治经济分析》，载《财贸经济》，2012 年第 6 期。

[151] 周念利：《区域服务贸易自由化安排的"GATS＋"特征分析》，载《国际贸易问题》，2008 年第 5 期。

[152] 周念利:《RTAs 框架下的服务贸易自由化分析与评估》,载《世界经济研究》,2008 年第 6 期。

[153] 张杰、郑文平、翟福昕:《中国出口产品质量得到提升了么?》,载《经济研究》,2014 年第 49(10)期,第 46-59 页。

[154] 张卿:《服务需求波动:引入随机性外生冲击的思考》,载《南方经济》,2004 年第 07 期。

[155] 赵伟、古广东、何元庆:《外向 FDI 与中国技术进步:机理分析与尝试性实证》,载《管理世界》,2006 年第 7 期,第 53-60 页。

[156] 仲伟周、邢治斌:《我国制造业"市场换技术"有效性分析——基于产业安全视角》,载《科学学与科学技术管理》,2012 年第 12 期,第 62-70 页。

[157] 王永进等:《基础设施如何提升了出口技术复杂度?》,载《经济研究》,2010 年第 7 期。

[158] 赵志耘、杨朝峰:《转型时期中国高技术产业创新能力实证研究》,载《中国软科学》2013 年第 1 期,第 32-42 页。